AF411230

NAPOLÉON

d'après le *Mémorial de Sainte-Hélène*

DU MÊME AUTEUR

Capitaine Maurice GAGNEUR

NAPOLÉON

d'après
le Mémorial de Sainte-Hélène

« Ce serait un travail bien précieux
et bien goûté sans doute, que de
se dévouer à réduire avec goût
et discernement, les principaux
ouvrages de notre langue .. »

NAPOLÉON.
Mémorial de Sainte-Hélène.

Préface de M. le Général MALLETERRE

PARIS
LIBRAIRIE DELAGRAVE
15, RUE SOUFFLOT, 15

1921

Au Général **MALLETERRE**

Directeur du Musée de l'Armée
Commandant de l'Institution Nationale des Invalides
Gardien du Tombeau de Napoléon,

Hommage reconnaissant

Maurice GAGNEUR.

PRÉFACE

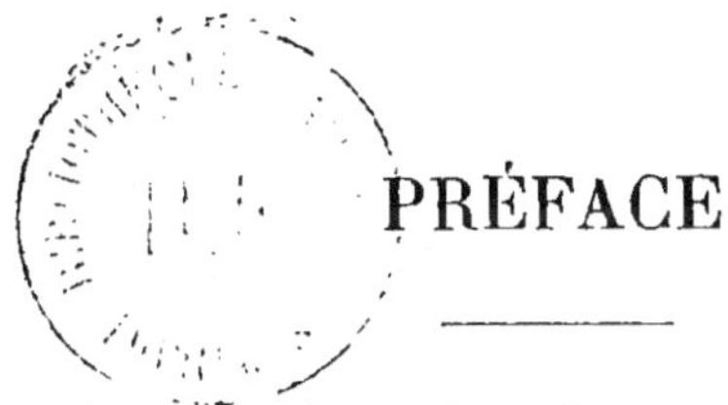

Le capitaine Maurice Gagneur a eu l'heureuse idée de présenter comme une sorte d'anthologie des parties essentielles du Mémorial de Sainte-Hélène.

Napoléon, comme tous les grands hommes dont l'action est soudain arrêtée, soit par la vieillesse, soit par les ostracismes politiques, soit par l'exil même, a voulu laisser à la postérité son témoignage personnel. Ce n'est ni une explication ni une justification de ses actes. C'est l'autobiographie de l'homme dont le cerveau survit à la déchéance politique et qui érige sa propre histoire.

Mais combien peu de ces hommes ont eu devant eux six années du plus dur isolement, pendant lesquelles la pensée peut se concentrer tout entière, sans que rien ne l'en détourne, dans ce retour intérieur sur le drame de leur vie. César a écrit ses Commentaires au cours même de ses campagnes.

A Sainte-Hélène, Napoléon à peine âgé de 46 ans, frappé par la foudre en pleine maturité de son génie, arrive avec deux résolutions : l'une d'écrire ce qu'il a fait, — il l'a assuré à ses grenadiers au moment de l'abdication, — l'autre de faire un nouveau retour de l'Ile d'Elbe. Si, à la longue, l'évasion ne lui paraît pas possible, il gar de l'espoir secret que peut-être la France le rappellera. Puis, lentement, sur ce roc où il est attaché, comme

Prométhée, il agonise, le cœur déchiré par le désespoir qui peu à peu envahit son âme. Il meurt en six années, plus du feu intérieur qui le dévore et qui n'a plus d'issue, que du cancer qui ronge son estomac. Mais sa volonté de se raconter pour la postérité a dominé l'agonie et la douleur. Il écrit à Sainte-Hélène ses Commentaires et il dicte à Las Cases le Mémorial.

Las Cases qui pourrait s'appeler, lui aussi, le « Loyal Serviteur », recueille, au hasard de la dictée et du monologue impérial, les impressions, les souvenirs, les jugements du grand Exilé. Il ne les déforme pas, il les écrit, tel quel; et c'est ainsi que nous voyons, dans le Journal intime, se juxtaposer le grand drame de l'épopée à la vie quotidienne de Longwood, avec ses moments de tristesse, les querelles mesquines de l'entourage, les odieuses persécutions de Hudson Lowe.

La lecture des deux gros volumes du Mémorial n'est pas à la portée de tout le monde. Le résumé qu'en a fait le capitaine Maurice Gagneur, avec un discernement remarquable, pourra au contraire être facilement parcouru. Et je souhaite qu'il pénètre dans nos milieux scolaires et dans nos casernes.

La prestigieuse légende de Napoléon gagnera à être réduite aux proportions de l'histoire. Tant de Zoïles se sont attaqués et s'attaquent encore à lui qu'il est bon de le présenter tel qu'il fut, à la fois génial et humain.

Général Malleterre.

NAPOLÉON

I

LAS CASES ET LE MÉMORIAL

> « Ce serait un travail bien précieux
> et bien goûté sans doute, que de se
> dévouer à réduire avec goût et dis-
> cernement, les principaux ouvrages
> de notre langue... »
>
> Napoléon. — *Mémorial de
> Sainte-Hélène*[1].

« L'Univers est plein de sa gloire, de ses actes, de ses monuments; mais personne ne connaît les nuances véritables de son caractère, ses qualités privées, les dispositions naturelles de son âme; or, c'est ce grand vide que j'entreprends de remplir ici, et cela avec un avantage peut-être unique dans l'histoire. »

« J'ai recueilli, consigné, jour par jour, tout ce que j'ai vu de Napoléon, tout ce que lui ai entendu dire, durant les dix-huit mois que j'ai été auprès de sa personne. Or, dans ces conversations du dernier aban-don, et qui se passaient comme étant déjà de l'autre monde, il devra s'être peint lui-même comme dans un miroir, et dans toutes les positions et sous toutes les faces : libre à chacun désormais de l'étudier, les erreurs ne seront plus dans les matériaux. »

C'est en ces termes que le comte de Las Cases explique l'œuvre qu'il a tenté et réussi d'accomplir. En

1. 22 janvier 1816.

nous faisant ainsi connaître et partager sa puissante impression que si Napoléon était un génie dominateur il était en même temps un homme — auquel rien d'humain n'était étranger, suivant la parole antique — Las Cases s'est acquis là son plus grand, son plus précieux titre à la reconnaissance de la postérité.

Dans ces documents, ces conversations, ces anecdotes qui composent le Mémorial de Sainte-Hélène, Las Cases a su enfermer non seulement les gestes, les volontés, les idées de celui qui fut l'organisateur de la Révolution Française et l'arbitre de l'Europe — ce que mille documents authentiques ou officiels nous avaient transmis — mais surtout l'évolution des sentiments intimes et du caractère personnel de ce jeune lieutenant Corse devenu l'exilé de Sainte-Hélène après avoir été l'Empereur d'Occident.

Sans se prévaloir de l'antithèse facile que présente constamment cette destinée unique, il nous a su dépeindre sans phrases cherchées, en un document passionnant, et la bonhomie ignorée de Napoléon, même évoquant les souvenirs de l'empereur victorieux, tout comme l'autorité réfléchie du grand organisateur surgissant brusquement dans le promeneur pensif de Sainte-Hélène. Deux simples anecdotes du Mémorial sont très représentatives de cette haute compréhension de notre témoin, compréhension due d'ailleurs, je le crois, plutôt à l'acuité de sa sensibilité qu'à l'observation de son intelligence :

Napoléon, entre autres faits, rapporte un jour devant Las Cases qu'on lui a présenté *d'illustres et précieux monuments*, qu'il a eu en main l'épée de Frédéric II. Comme Las Cases témoigne tout son étonnement — laissons-lui la parole — « *qu'il n'ait pas fait tous ses efforts pour conserver l'épée du Grand Frédéric* : « Mais j'avais la mienne », *a-t-il repris avec une douceur de voix et un souris tout particulier en me serrant légèrement l'oreille. Et, en fait, il avait raison, je lui disais là une grosse bêtise[1]. »*

Maintenant, l'Empereur, au début de sa captivité, installé à Briars, est allé contempler la rade : « *Au retour il a été rencontré par madame Balcombe, la maîtresse de notre maison et une madame Stuart, jeune femme de vingt-ans, fort jolie retournant de Bombay en Angleterre. L'Empereur a causé avec elles des mœurs, des usages de l'Inde... Des esclaves chargés de lourdes caisses ont croisé notre route; madame Balcombe leur ayant dit fort rudement de s'éloigner, l'Empereur s'y est opposé en disant :* « Respect au fardeau, *Madame!* » Et la jeune madame Stuart laisse échapper cette conclusion qui dut monter souvent aussi aux lèvres des innombrables lecteurs du Mémorial : « *Mon Dieu que voilà une figure et un caractère bien différents de ce qu'on m'avait dit[1].* »

Las Cases naquit en 1766 d'une vieille famille noble; après une éducation complète et soignée il se trouvait aspirant de la marine au moment de la Révolution, aussi suivit-il le mouvement d'émigration et se rendit à Coblentz. Quelques années après, déçu par la guerre civile et les partis, il se retira en Angleterre pour y mener une vie obscure[2].

« Défaits sur nos frontières; licenciés, dissous par l'étranger; repoussés, proscrits par les lois de la patrie, grand nombre de nous gagnèrent l'Angleterre qui ne tarda pas à nous jeter sur les plages de Quiberon. Assez heureux pour ne pas y avoir débarqué, je pus réfléchir, au retour, sur l'horrible situation de combattre sa patrie sous des bannières étrangères; et dès cet instant, mes idées, mes principes, mes projets furent ébranlés, altérés, ou changés.

1. *Mémorial*, 13 novembre 1816 et 10 novembre 1815.
2. *Mémorial*, Préambule.

« Désespérant des événements, abandonnant le monde et ma sphère naturelle, je me livrai à l'étude et, sous un nom emprunté, je refis mon éducation en essayant de travailler à celle d'autrui. »

Son esprit cultivé et avide d'agir conçut un *Atlas historique* qu'il publia sous un nom d'emprunt, celui de *Lesage*. Il terminait à peine ce grand ouvrage, que Bonaparte, devenu de général Consul, réorganisait la France tout en imposant son indépendance et même sa suprématie à l'étranger.

Le traité d'Amiens et la Loi d'amnistie offraient aux exilés la possibilité du retour. Las Cases séduit par l'activité organisatrice du nouveau gouvernement et aussi par la personnalité de Bonaparte, devenu Napoléon — qu'il estime un personnage de l'histoire antique — revient en France.

Il explique en ces termes l'évolution de ses sentiments :

« Le lustre de la patrie s'élevait à une hauteur inconnue dans l'histoire d'aucun peuple : c'est une administration sans exemple par son énergie et par ses heureux résultats ; un élan simultané qui, imprimé tout à coup, à tous les genres d'industrie, excitait toutes les émulations à la fois ; c'était une armée à la fois sans égale et sans modèle, frappant de terreur au dehors et créant un juste orgueil au dedans.

« A chaque instant notre pays se remplissait de trophées, de nombreux monuments proclamaient nos exploits ; les victoires d'Austerlitz, d'Iena, de Friedland, les traités de Presbourg, de Tilsitt, constituaient la France la première des nations et l'arbitre des destinées universelles : c'était vraiment un honneur insigne que de se trouver français ! et pourtant tous ces actes, tous ces travaux, tous ces prodiges étaient l'ouvrage d'un seul homme.

« Pour mon compte, quels qu'eussent été mes préjugés, mes préventions antérieures, j'étais plein d'admiration ; et il n'est, comme on sait, qu'un pas de l'admiration à l'amour. »

Voilà donc Las Cases rentré en France, mais il brûle de se signaler, et dans cette période magnifique d'action, il veut agir lui aussi : ses anciens hôtes, les Anglais, qu'il a pu bien juger, et lors du débarquement à Quiberon et durant son séjour dans leur île, « envahirent Flessingue et menacèrent Anvers. Je courus comme volontaire à le défense de cette place, Flessingue fut évacué, et ma nomination de Chambellan me rappela auprès du Prince.

« A ce poste honorifique j'avais besoin, dans mes idées, de joindre quelque occupation utile ; je demandai et j'obtins d'être membre du Conseil d'Etat[1]. Alors se succédèrent des missions de confiance : je fus envoyé en Hollande, au moment de sa réunion, pour y recevoir les objets relatifs à la marine ; en Illyrie, pour y liquider la dette publique, et dans la moitié de l'Empire pour y inspecter les établissements publics de bienfaisance.

« Dans nos derniers malheurs, j'ai reçu de douces preuves qu'après moi j'avais laissé quelque estime dans les pays où j'avais été envoyé. »

Malgré les offres du gouvernement des Bourbons, Las Cases qui avait si longtemps tout sacrifié dans leur intérêt refusa d'abandonner la cause impériale ; il décida que sa vie publique était terminée et pour se distraire de ce qu'il appelle lui-même « les malheurs de la patrie » il alla passer quelques mois en Angleterre[2].

« J'étais à peine de retour que Napoléon reparut sur nos côtes. En un clin d'œil il se trouva transporté dans la capitale, sans combats, sans excès, sans effusion de sang. Je tressaillis ; je crus voir la souillure

---

1. Las Cases fut nommé chambellan et maître des requêtes le 28 juin 1810.
2. *Mémorial.* Préambule.

étrangère effacée et toute notre gloire revenue. Les
destins en avaient ordonné autrement ! »

L'Empereur, dès son retour, reconnaissant de sa
fière fidélité, le renomme à nouveau Chambellan, le
fait siéger au Conseil d'Etat et présider la commission
des pétitions. Il le destine même à une mission dans
cette Angleterre dont il possède les mœurs et la langue, si complètement.

Mais l'Europe, à nouveau coalisée sous l'influence
de l'Angleterre, met un terme à l'épopée des « Cent
Jours ». C'est Waterloo.

Napoléon se voit abandonné, trahi même ; Las Cases
accourt auprès de lui tout simplement : « [1] J'allai spontanément, dit-il, me placer de service auprès de sa
personne. Je m'y trouvai au moment de son abdication, et, quand il fut question de son éloignement,
je lui demandai à partager ses destinées.

« Tels avaient été, jusque-là, le désintéressement,
la simplicité, quelques-uns diront la niaiserie de ma
conduite, que, malgré mes relations journalières
comme officier de sa maison et membre de son conseil, il me connaissait à peine. — Mais savez-vous
jusqu'où votre offre peut vous conduire ? me dit-il
dans son étonnement. — Je ne l'ai point calculé,
répondis-je. Il m'accepta, je suis à Sainte-Hélène. »

Dix-huit mois durant, Las Cases doit être le compagnon attentif et observateur de Napoléon, qui,
pour prix de son attachement, l'entraînera, à
jamais, dans l'immortalité.

Son dévouement lui vaut l'hostilité du gouverneur
anglais de Sainte-Hélène, Hudson Lowe, qui réussit,
en châtiment, à l'exiler d'auprès de l'Exilé.

En partant il s'arrange pour laisser à Napoléon une
centaine de mille francs, le plus clair de sa fortune.
Le Gouverneur veut lui fournir des garanties : Las

---

1. *Mémorial.* Préambule.

Cases s'indigne fièrement. « Je n'ai besoin de rien, Monsieur le Gouverneur ; à mon arrivée en Europe, le premier Français venu m'en ouvrira un compte ! »

Mais avant qu'on le déporte au Cap de Bonne-Espérance, il reçoit un viatique ; cette lettre de Napoléon [1] :

« Mon cher comte de Las Cases, mon cœur sent vivement ce que vous éprouvez... votre conduite à Sainte-Hélène a été comme votre vie, honorable et sans reproche : j'aime à vous le dire... votre société m'était nécessaire... vantez-vous de la fidélité que vous m'avez montrée et de toute l'affection que je vous porte.

« Si vous voyez un jour ma femme et mon fils, embrassez-les. Depuis deux ans je n'ai aucunes nouvelles directes ou indirectes...

« ... Recevez mes embrassements, l'assurance de mon estime et de mon amitié : soyez heureux.

« Votre dévoué

NAPOLÉON. »

La mission que semble lui donner cette lettre, de parvenir à la famille de Napoléon, voilà désormais le but unique de Las Cases.

Emprisonné au vieux château du Cap en janvier 1817, il tente tous les efforts pour faire connaître à l'Angleterre, à l'Europe entière la situation désespérée de Napoléon. Et tant que l'Empereur vivra, Las Cases sera la « Vox clamans in deserto » tandis que les vexations incessantes de toutes les polices étrangères en font un éternel errant.

On lui interdit l'Angleterre, l'oblige à quitter la Belgique, le persécute en Prusse. Il séjourne en Allemagne, erre, revient en Belgique et y apprend la

---

1. Datée de Longwood, 11 décembre 1816.

nouvelle douloureuse et trop prévue : la mort de Napoléon.

Les sacrifices ont été inutiles... C'est le retour en France : il ne peut plus agir pour le grand exilé ! Mais alors, il conçoit la pensée de servir sa mémoire, à défaut de lui-même. Las Cases a recouvré, après bien des vicissitudes, le manuscrit — confisqué par Hudson Lowe — des entretiens de Napoléon sur la terre d'exil ; ce journal scrupuleux fera connaître aux Français, aux étrangers quel était réellement celui que la crainte des Bourbons a fait, après leur retour, tristement vilipender. Le publier est donc un devoir qu'il tient pour sacré !

—[1] « Le *Mémorial* fut lancé et la masse de mensonges se trouva noyée sous le flot de lumière qu'il répandit.

« Cette précieuse publication fut aussitôt demandée d'un bout à l'autre de l'Europe, et sa lecture fit fureur en France, parmi les hommes éclairés, les hommes d'État et surtout parmi les innombrables compagnons de gloire du grand Proscrit. Il fut copié, loué, commenté, et réveilla l'admiration pour le grand homme, qui venait de périr sous les coups de l'oligarchie anglaise. La haine jeta son cri d'alarme à l'apparition de ce victorieux *Mémoire* et voulut répondre, altérer d'importantes explications, mais ses réponses furent faibles, irrésolues. Alors les assertions et les explications de Napoléon se conciliant entièrement avec les faits restés, les dénégations n'ont pas pu tenir contre la vérité, il a fallu que les traîtres restassent dans l'infamie qu'ils avaient cherchée, la vile poussière qu'ils avaient soulevée. On vendit des milliers d'exemplaires d'éditions dispen-

---

1. Notice biographique de l'édition in-18 de 1831. — Pour cet ouvrage sur le *Mémorial* on a utilisé cette édition et l'in-8° de 1842, année de la mort de Las Cases.

dieuses du *Mémorial*. Les plus pauvres Français en louèrent quelques volumes détachés dans les cabinets de lecture. Les historiens vinrent puiser à cette source, généraux, écrivains, hommes d'Etat, artistes, tous s'y instruisirent...

« Le *Mémorial* laissera une longue gloire au nom de M. de Las Cases. »

Publié en huit volumes in-18[*] et un atlas en 1823, cet ouvrage fut, en effet, le signal d'une résurrection de la gloire de Napoléon : La narration respirait une telle franchise qu'elle produisit une forte impression sur tous les publics de toutes les nations — car, dès son apparition, le Mémoire fut traduit dans toutes les langues — et réduisit à leur juste valeur les libelles et pamphlets répandus jusqu'alors dans le public [1].

Las Cases mourut en 1842 à Passy-sur-Seine, après que la reconnaissance publique l'eut fait, en 1830, siéger à la Chambre des députés [2], justifiant l'adieu de Napoléon : « *A votre retour en France, vous serez accueilli avec joie ; vous verrez que d'ici je donne encore des couronnes.* »

Maintenant que nous connaissons le témoin et sommes assurés de sa scrupuleuse exactitude, de son entière sincérité, nous allons parcourir son œuvre et connaître, enfin, quelle figure, nouvelle pour son époque, il a tracée de Napoléon.

Le *Mémorial de Sainte-Hélène* est un ouvrage de

---

1. « La voix de M. de Las Cases fut comme le signal. Dès que la brèche fut ouverte un grand nombre d'auteurs distingués s'y précipitèrent à l'envi ; entre autres le Baron Fain, le Général Belet, M. de Norvins, le Duc de Rovigo, etc., et jusqu'au général Jomini même et leurs ouvrages remarquables, concordant tous avec l'exposé du Mémorial, sont venus corroborer ces assertions par leurs développements et par de nouveaux faits. » Edition Garnier frères, 1895, Avant-Propos.

2. Une note de l'édition de 1842 (Tome II, p. 604) nous apprend que son fils Emmanuel de Las Cases ayant souffleté Hudson Lowe publiquement à Londres, celui-ci aurait tenté de le faire assassiner à Paris en 1827 ou 1828.

vaste étendue, où deux années de la vie de Napoléon servent à rapporter celle-ci entière, racontée par lui-même : ce qui prête un intérêt particulièrement puissant à ce récit et lui donne toute ampleur, matérielle et morale, c'est que les conversations de chaque jour de l'Empereur sur les sujets les plus divers y sont reproduites, avec une précision, qui en assure la plus complète authenticité : ce ne peuvent pas être, là, propos inventés après coup. Mais cette profusion d'entretiens successifs, de détails répétés donne une dispersion extraordinaire à l'ouvrage où le seul fil ténu de la suite des jours forme un enchaînement, de fait, mais qui est bien éloigné des idées abordées et des événements retracés.

On s'est efforcé de rétablir une unité dans cette dispersion, justifiée par la méthode de l'auteur [1], mais que notre souci d'ordre et de précision, dans la documentation actuelle, rend difficilement supportable.

Pour ramener les deux tomes in-octavo du *Mémorial* aux proportions d'un volume courant, il a fallu naturellement élaguer beaucoup et même — quelque pénible qu'il en fût — sacrifier tout ce qui n'avait pas directement trait au bout poursuivi : faire revivre, dans son époque et son entourage, la grande figure de Napoléon, telle qu'elle apparaît dans le Mémorial, tenter, en un mot, d'assembler les touches éparses dans l'œuvre et en composer un portrait.

La période comprise entre la bataille de Waterloo et l'arrivée à Sainte-Hélène a été partiellement rapportée, au début : elle est pleine de faits, d'incidents peu connus aujourd'hui, quoique méritant de

---

1. « Je n'ai prétendu être ni apologiste ni panégyriste mais j'ai voulu mettre chacun à même de le devenir à son gré, d'après sa propre conviction et ses propres sentiments ; et c'est ce qui m'a fait conserver, dans l'ensemble du recueil, jusqu'au plus petites minutes, afin que chacun pût demeurer frappé par ce caractère de vérité qui naît de la contexture même des choses. » *Mémorial.* Résumé de juillet-octobre 1816.

l'être et, surtout, tout en nous présentant le narrateur et sa méthode habituelle de récit, elle nous jette, au vif, dans le drame d'une des périodes les plus poignante de la vie d'une grande nation, la France, de la vie d'un grand homme, Napoléon.

Cet homme extraordinaire par sa destinée et ses facultés, à l'aide de fragments ordonnés du Mémorial, nous connaîtrons sa formation, à son origine, par sa race et sa famille, puis dans le milieu de son évolution, par son entourage, les impératrices et la cour.

Ensuite son portrait physique et moral, fourni par les gestes de son tempérament et les faits de son caractère, servira de prologue à sa vie ; or, comme le dit Corneille, « qu'il aurait fait prince [1] ! »,

> Là, dans un long tissu de belles actions
> *On* verra comme il faut dompter les nations,
> Attaquer une place, ordonner une armée.
> Et, sur de grands exploits, bâtir sa renommée [2]...

Mais si vaste sujet eût débordé le cadre choisi. Il a fallu se borner aux précisions sur le début et la fin du régime et ne pas aborder le récit des campagnes de l'Empire. Napoléon en a fait lui-même des résumés spéciaux. Ne convenait-il pas de laisser place à l'ample matière des conceptions et réalisations, qui sont peut être la plus belle œuvre — exécutée ou non — de Napoléon.

Le développement des idées générales et particulières sur la politique, l'organisation, la législation et l'administration nous présente un ensemble plus profondément intéressant sur les conceptions du grand réalisateur. Sa vision tout aussi personnelle et réfléchie sur les travaux publics, l'agriculture, le commerce, l'industrie, puis — sans nous attarder aux

---

1. *Mémorial*, 18 et 19 novembre 1816.
2. CORNEILLE, *Le Cid*.

arts, sciences et belles-lettres — ses jugements nous conduisent aux deux sujets qui furent une des préoccupations fondamentales de l'Empereur : l'Armée et l'Angleterre.

Cette nation qui fut la constante adversaire de la politique impériale, nous ramène naturellement — en épilogue de cette existence si glorieusement remplie — à Sainte-Hélène, où Napoléon, consumé par la maladie, à laquelle refuse de croire son geôlier, et par l'inaction, s'éteint le 5 mai 1821.

L'Angleterre voudra garder, là-bas, sa dépouille, mais une ultime et réparatrice apothéose, en 1840, rapportera en France celui dont la grande mémoire, dégagée enfin de tous les partis, n'appartient plus désormais qu'à l'Histoire.

« Donnez-moi un point d'appui, et avec ce levier je soulèverai le monde », affirmait Archimède. Napoléon a soulevé le monde : où prit-il donc le levier et le point d'appui ? Sa personnalité, telle qu'elle surgit du Mémorial, va nous en donner connaissance.

Sans nous occuper de son aspect physique, devenu, alors, celui d'un César au masque alourdi, signalons seulement que, loin d'être petit, Napoléon avait une stature dépassant nettement la moyenne. Divers documents, de son vivant, lui reconnaissent un mètre soixante-dix environ de taille, l'autopsie d'Antomarchi donne la mensuration irréfutable de 5 pieds, 2 pouces, 4 lignes, c'est-à-dire un mètre, soixante-huit centimètres sept millimètres [1]. Ce qui a créé la légende de la petite taille est l'appellation de « *Petit Tondu* », de « *Petit Caporal* », mais vraisemblablement surtout

----

1. La redingote grise conservée en l'Hôtel des Invalides, au Musée de l'Armée, mesure 1 m. 25 de longueur, elle ne pouvait donc être portée couramment, à pied comme à cheval, que par un homme de taille supérieure à la moyenne.

le fait que Napoléon avait la tête un peu volumineuse par rapport aux proportions du corps, ce qui semblait amoindrir celui-ci, puis ensuite qu'il aimait à composer son entourage immédiat d'hommes de belle stature.

Mais seul, le personnage moral que retrace le Mémorial de Sainte-Hélène, sera évoqué ici. Et ce seront ses connaissances encyclopédiques, créées par une solide culture classique — où l'esprit latin ajoutait l'étendue de l'imagination à la rectitude d'une instruction plutôt mathématique — qui fourniront, pour remuer le monde, la base inébranlable, point d'appui d'une intelligence d'incomparable puissance, qui fut, elle, le tout-puissant levier.

Les détails d'enfance et de jeunesse du Mémorial montrent que cette base ferme d'une instruction classique fut renforcée par l'expérience personnelle de la vie que lui firent tôt acquérir les épreuves de sa jeunesse. C'est en leur souvenir certainement que Napoléon fera bon accueil à la détresse du petit Eugène de Beauharnais venant lui demander l'épée de son père monté sur l'échafaud ; accueil qui décidera de sa propre destinée[1].

Successivement ou simultanément, entreront en jeu les qualités primordiales de l'intelligence, mémoire, imagination, sensibilité et raisonnement, soutenues chez lui par un sens d'observation particulièrement développé.

Son imagination d'abord, d'étendue et de souplesse remarquables comme sa mémoire, le seconde dans toutes ses conceptions et prévisions, jusqu'au jour où l'ambition obnubilant partiellement le raisonnement, si exact jusqu'alors, Napoléon se pose en principe « *que les peuples de l'Europe ne peuvent pardonner à la France les idées révolutionnaires* »,

---

1. Voir ici : *La Famille, les Impératrices et la Cour*, page 41.

qu'il doit donc sauver celle-ci de sa perte « *en les devançant* », pour les plus aisément soumettre.

Nous verrons à maintes reprises toutes les facultés de son intelligence mises en jeu par sa sensibilité toujours en éveil. Confirmant les impressions de Las Cases, Stendhal a remarqué : « Son regard prenait une douceur infinie quand il parlait à une femme, ou qu'on lui contait quelque beau trait de ses soldats [1]. » Mais souvent, comme il se défie de cette sensibilité, il se montrera — comme tout autre homme — bourru, pour la mieux masquer.

Son jugement, aiguisé par l'expérience de ses épreuves du début, élargi par les connaissances dues à la prodigieuse carrière qu'il remplit, se montre d'une valeur toute particulière dans les pages du Mémorial. Finesse, sagacité et pénétration sont ses trois qualités primordiales, elles lui procurent une singulière initiative de décision et une particulière habileté dans les choix constants de personne, où l'oblige sa position suprême, à la tête de la France. C'est qu'il lui faut peu d'instants ou de circonstances, pour estimer les hommes à leur juste valeur.

Il les classe en deux principales catégories : « *les obstacles* et *les moyens* ». Les premiers il les écarte — madame de Stael en fera l'expérience — ou, s'ils résistent de façon gênante, il les brise : le duc d'Enghien paya de sa vie les mauvais desseins des agitateurs étrangers et français.

Et pourtant une des principales qualités du caractère de Napoléon est l'indulgence : comme il a reçu une éducation bourgeoise, il aura toujours un fond de bonhomie, que sa vive intelligence déguisera souvent sous les formules de l'ironie. Ne se moque-t-il pas agréablement des trouvailles des généalo-

1. Stendhal, *Vie de Napoléon*, page 277.

gistes sur ses ancêtres et des velléités de canonisation concernant un de ses proches [1].

Néanmoins sa bienveillance est constante. Il est reconnaissant : s'il consent parfois à oublier l'ingratitude, par mépris pour la faiblesse trop éprouvée de notre nature humaine, il ne perdra jamais mémoire des services rendus : c'est qu'il est doué avec « *un grand fonds de justice* » de « *dispositions naturelles à s'attacher* ».

C'est pour cet ensemble de qualités qu'il va être particulièrement intéressant de connaître son opinion sur les principaux faits de son existence : plus le caractère de Napoléon se précise, mieux on comprend son histoire personnelle qui, ne l'oublions pas, quinze années durant, fut celle de la France.

Certes, dans le récit et l'étude de ses actions et de ses pensées, mieux qu'un désir inconscient d'apologie, une préoccupation d'avoir agi *juste*, le préoccupe : il est *sincère*. Il fait, à l'occasion, l'aveu de ses torts ; mais, indulgent, à ceux d'autrui, peut-on le blâmer bien fort de chercher des explications, sinon des excuses, à ceux qu'il eut, inévitablement ? Ne doit-on pas, tout comme lui-même, tenir compte de l'ambiance, du milieu et surtout des circonstances ?

Voilà justement un des traits principaux du caractère de Bonaparte, il est fataliste. Subit-il le « Fatum » des latins dont il peut être particulièrement imbu, de par sa race et sa culture ; subit-il le « In cha Allah » des musulmans qu'il a pratiqués durant sa campagne d'Egypte et dont il faillit épouser la religion et les mœurs, lors de son dessein contemporain de conquérir un Empire d'Orient ?

Toujours est-il que, répudiant les idées préconçues, il se laisse guider par les événements. Il l'écrit et le

1. Voir *Vie de Napoléon*, pages 114 et suivantes.

répète à Joséphine pendant ses triomphes d'Italie : « Je dépends des événements, je n'ai pas de volonté ; l'on dépend des événements et des circonstances. »

De même dans les heures noires, alors que la volonté néfaste de l'Angleterre l'entraîne à jamais vers Sainte-Hélène et qu'il songe un instant au suicide — tout en se raccrochant au travail rédempteur, qui, lui aussi, est « *la faux du temps* » — il s'écrie : « *Après tout, on doit remplir ses destinées ; c'est aussi ma grande doctrine. Eh bien que les miennes s'accomplissent !* »

Il avouera plus tard encore, sur le rocher d'exil : « *Faibles mortels que nous sommes ! nous ne pouvons rien contre la nature des choses : la seule faculté qui nous reste c'est l'observation.* » Napoléon est bien aussi un profond penseur puisque le voici involontairement revenu au « roseau pensant écrasé par l'univers » de Pascal !

Il ne faudrait pas se hâter de conclure que Napoléon n'a pas voulu [1] tout ce qu'il a réalisé. Il fut au contraire — et le Mémorial en apporte les plus fermes témoignages, sans compter les innombrables qui sont demeurés à notre portée journalière — un grand *organisateur*, ce qui implique des facultés spéciales de conception et de réalisation, puisqu'il a agi et que ses créations ne sont pas restées, comme chez tant d'autres, dans le simple domaine de la spéculation [2].

Et tous ces résultats, ils les a dus, autant qu'à son intelligence, à son travail, ce travail qu'il allait invoquer, — nous l'avons vu, — pour s'arracher à la han-

---

1. « Mais comme réveillé tout à coup par ce mot impossible qu'il a dit si souvent n'être pas français, il a ordonné ;... *Mémorial,* 27 janvier 1816. »

2. « La véritable industrie, n'est pas d'exécuter avec tous les moyens connus et donnés, l'art, le génie est d'accomplir en dépit des difficultés, et de trouver par là, peu ou point d'impossible. » *Mémorial,* 16 septembre 1816.

tise de la mort, ce travail auquel nous devons partie des précisions sur lui-même consignées dans le Mémorial : « Depuis l'arrivée des livres, Napoléon a employé constamment plusieurs heures chaque jour, à lire, à relever des dates et rassembler d'autres matériaux pour l'histoire de sa vie, depuis son arrivée en France jusqu'à son retour d'Egypte. »

Son énergie au travail, il en a donné les plus grandes preuves au Conseil d'Etat, où son action fut aussi considérable — a-t-on pu dire — qu'à la tête de ses armées. Son influence personnelle s'y fit sentir singulièrement en législation — lors de la rédaction du Code civil — où trois chapitres, en particulier, portent la double marque de ses réminiscences de la famille romaine et de ses propres préoccupations intimes : le mariage, le divorce, l'adoption... C'est lui qui crée totalement l'administration départementale et communale, etc.

Enfin pour parler de cette armée qui, issue des périodes de la royauté et de la révolution, fut pour ainsi dire recréée par lui, non seulement il la réorganise, l'approvisionne et lui permet de faire victorieusement tête à l'Europe entière, mais il invente, c'est le mot exact, une nouvelle tactique, où son esprit de décision lui permet les plus glorieux succès : « *Le sort d'une bataille*, disait l'Empereur, *est le résultat d'un instant, d'une pensée : on s'approche avec des combinaisons diverses, on se mêle, on se bat un certain temps, le moment décisif se présente, une étincelle morale prononce, et la plus petite réserve accomplit.* » C'est à cette étincelle morale qu'il doit Marengo, Austerlitz et Wagram, victoires qui lui permirent de dire « *avoir été celui qui le premier avait salué la France du nom de la* Grande Nation... *Et certes*, remarquait-il, *je l'ai montrée telle au monde.* »

Ce sont ces victoires aussi qui lui procurèrent le mariage de *parvenu* avec Marie-Louise, à propos duquel il prononça cette phrase, où passe une réminiscence de la lassitude du pays et de certains de ses chefs d'armée, — dont il cinglait amèrement la mentalité, disant « *qu'ils eussent voulu être des maréchaux de Louis XV* », — phrase qui le fait pressentir plein de pensées secrètes : « *On suppose que le lion s'endormira?... Le sommeil lui serait aussi doux peut être qu'à tout autre, mais ne voyez-vous pas* qu'avec l'air d'attaquer sans cesse, *je ne suis pourtant jamais occupé qu'à me défendre.* » Ses glorieuses campagnes auraient-elles donc été dictées non pas seulement par cet amour de la gloire « *qui se trouve au fond du cœur, non pas sur la figure* » mais aussi, selon une expression très moderne dans son exactitude, par la lutte pour la vie?

Nous avons vu que la dominante du caractère de Napoléon *fut l'action;* aussi son esprit universel, agit-il encore sur les sciences, les arts et les lettres, dont il définissait ainsi sa conception artistique : « *La beauté dans l'unité, le bel arrangement et la méthode.* »

Ce sont là les trois principales qualités que nous retrouverons dans bien des agissements de sa vie.

Voilà le Napoléon à la fois génial et humain qu'évoque le Mémorial. L'Angleterre avait voulu, en l'exilant sur le roc incendié de Sainte-Hélène, rayer de la mémoire des hommes celui qui était venu, « *comme Thémistocle, s'asseoir sur le foyer du peuple britannique* ». Dans l'infortune de sa fin lointaine et solitaire, Napoléon persécuté s'idéalise, paraît grandi encore, et la postérité — à laquelle il en appelait si souvent — ratifiera la pensée qu'il énonçait près de sa fin [1] : « *Je crois que la nature m'avait calculé pour les grands revers; ils m'ont trouvé une âme de marbre, la foudre n'a pas pu mordre dessus : elle a glissé.* »

Elle l'a déjà ratifié, puisque la tragédie de Sainte-

---

1. *Mémorial*, 19 novembre 1816.

Hélène, qui formait l'émouvante conclusion de cette existence, — dont l'œuvre accomplie ébranle le monde, encore même aujourd'hui, après un siècle écoulé, — a reçu un suprême et glorieux dénouement : le roc anglais, où semblait l'avoir frappé la foudre, n'a pas gardé Napoléon. Napoléon repose enfin depuis 1840[1], « *au milieu de ce peuple français qu'il a tant aimé* », à Paris, sous le Dôme immortel de l'Hôtel des Invalides.

1. **Voir** *Napoléon aux Invalides* par la Direction du Musée de l'Armée, chapitre : *Sainte-Hélène et le Retour des Cendres*.

II

DE WATERLOO A SAINTE-HÉLÈNE

Retour de l'Empereur à l'Elysée, après Waterloo.

Mardi, 20 juin 1815.

J'apprends le retour de l'Empereur à l'Elysée, et je vais m'y placer spontanément de service. Je m'y trouve avec MM. de Montalembert et de Montholon, amenés par le même sentiment.

L'Empereur venait de perdre une grande bataille ; le salut de la France était désormais dans la chambre des représentants, dans leur confiance et leur zèle. L'Empereur accourait avec l'idée de se rendre, encore tout couvert de la poussière de la bataille, au milieu d'eux ; là, d'exposer nos dangers, nos ressources ; de protester que ses intérêts personnels ne seraient jamais un obstacle au bonheur de la France, et repartir aussitôt. On assure que plusieurs personnes l'en ont dissuadé, en lui faisant craindre une fermentation naissante parmi les députés.

Du reste, on ne saurait comprendre encore tout ce qui se répand sur cette malheureuse bataille : les uns disent qu'il y a eu trahison manifeste ; d'autres, fatalité sans exemple. Trente mille hommes, commandés par Grouchy, ont manqué l'heure et le chemin ; ils ne se sont pas trouvés à la bataille ; l'armée, victorieuse jusqu'au soir, a été, dit-on, prise subitement, vers les huit heures, d'une terreur panique ; elle s'est fondue en un instant. C'est *Crécy*, *Azincourt*, etc. [1]... Chacun tremble, on croit tout perdu !

---

1. « Il y avait au texte *une véritable journée des Eperons*. Je ne dois pas passer ici sous silence ce qui en a amené la radiation.

L'abdication.

Mercredi 21.

Tout hier au soir et durant la nuit, la représentation nationale, ses membres les mieux intentionnés, les plus influents, sont travaillés par certaines personnes qui produisent, à les en croire, des documents authentiques, des pièces à peu près officielles, garantissant le salut de la France, par la *seule abdication de l'Empereur*, disent-ils.

Ce matin, cette opinion était devenue tellement forte, qu'elle semblait irrésistible. Le président de l'assemblée, les premiers de l'Etat, les meilleurs amis de l'Empereur viennent le supplier de sauver la France en abdiquant. L'Empereur, peu convaincu, répond avec magnanimité : il abdique!

Cette circonstance occasionne le plus grand mouvement autour de l'Elysée ; la multitude s'y presse, et témoigne le plus vif intérêt ; nombre d'individus y pénètrent, quelques-uns même de la classe du peuple en escaladent les murs ; les uns en pleurs, d'autres avec les accents de la démence, viennent faire à l'Empereur, qui se promène tranquillement dans le jardin, des offres de toute espèce. L'Empereur seul reste calme, et répond toujours de porter désormais ce zèle et cette tendresse au salut de la patrie.

Dans ce jour, je lui ai présenté la députation des

L'Empereur, à Sainte-Hélène, qui seul savait que je tenais un journal, voulut un jour que je lui en lusse quelques pages. A cette expression de journée des *Eperons*, jetée par négligence, il s'écria avec chaleur : « Ah ! malheureux ! Qu'avez-vous écrit là ! Effacez, monsieur, effacez bien vite !... Une journée des Eperons !... Quelle erreur ! quelle calomnie !... Une journée des Eperons ! répétait-il, Ah ! pauvre armée ! braves soldats ! vous ne vous étiez jamais mieux battus ! » Et après une pause de quelques instants, il reprit avec un accent dont l'expression venait de loin : « Nous avons eu de grands misérables parmi nous ! Que le Ciel le leur pardonne ! Mais pour la France, s'en relèvera-t-elle jamais ! »

représentants : elle venait le remercier de son dévouement à la chose nationale.

Les pièces et les documents qui ont produit une si grande sensation, et amené le grand événement d'aujourd'hui, sont, dit-on, des communications régulières de MM. Fouché et Metternich, dans lesquelles ce dernier garantit Napoléon II et la régence, si l'Empereur veut abdiquer. Ces communications se seraient entretenues depuis longtemps à l'insu de Napoléon.

Il faut que M. Fouché ait un furieux penchant aux opérations clandestines. On sait que sa première disgrâce, il y a quelques années, vint d'avoir entamé de son chef des négociations avec l'Angleterre, sans que l'Empereur en sût rien. Dans les grandes circonstances il a toujours eu quelque chose d'oblique.

Dieu veuille que ses actes ténébreux d'aujourd'hui ne deviennent pas funestes à la patrie !

Députation de la chambre des pairs. — Caulaincourt. — Fouché

Jeudi 22.

Je reviens passer quelques jours chez moi. Dans ce jour on a présenté la députation de la chambre des pairs.

Le soir on avait déjà nommé une portion du gouvernement provisoire ; MM. de Caulaincourt et Fouché, qui étaient du nombre, se trouvaient au milieu de nous, au salon de service. Nous en faisions compliment au premier, ce qui n'était au vrai que nous féliciter pour la chose publique ; il ne nous a répondu que par de l'effroi. Nous applaudissions, disions-nous, aux choix déjà connus. « Il est sûr, a dit Fouché, d'un ton léger, que moi je ne suis pas suspect. — Si vous l'aviez été, repartit assez brutalement le représentant Boulay de la Meurthe, qui se trouvait là, croyez que nous ne vous aurions pas nommé. »

Gouvernement provisoire présenté à l'Empereur.

Vendredi 23, Samedi 24.

Les acclamations et l'intérêt du dehors continuent à l'Elysée. Je présente le gouvernement provisoire à l'Empereur, qui, en le congédiant, le fait reconduire par le duc Decrès. Les frères de l'Empereur, Joseph, Lucien et Jérôme, sont introduits plusieurs fois dans le jour, et s'entretiennent longtemps avec lui.

Cependant une nombreuse population s'agglomérait tous les soirs autour de l'Elysée ; elle allait toujours croissant. Ses acclamations, son intérêt pour l'Empereur, donnaient des inquiétudes aux factions opposées. La fermentation de la capitale était extrême ; l'Empereur résolut de s'éloigner le lendemain.

L'Empereur quitte l'Elysée.

Dimanche 25.

J'accompagne l'Empereur qui se rend à la Malmaison, et lui demande à ne pas le quitter dans ses destinées nouvelles. Ma proposition semble l'étonner, je ne lui étais encore connu que par mes emplois ; il l'agrée.

Lundi 26.

Ma femme vient me trouver ; elle a pénétré mes intentions ; il devient délicat de les lui avouer, et difficile de la convaincre. « Chère amie, lui dis-je, en m'abandonnant au devoir dont mon cœur se trouve plein, j'ai la consolation de ne pas heurter tes intérêts : si Napoléon II doit nous gouverner, je te laisse de grands titres auprès de lui ; si le ciel en ordonne autrement, je t'aurai ménagé un asile bien glorieux, un nom honoré de quelque estime ; dans tous les cas nous nous retrouverons, ne fût-ce que dans un meilleur monde. »

Après des pleurs et des reproches même qui ne devaient que m'être doux, elle se rend, me fait promettre qu'elle pourra venir me rejoindre bientôt ; et, dès cet instant, je ne trouve plus en elle que l'exaltation, le courage qu'il m'eût fallu, si j'en eusse eu besoin.

Le Ministre de la marine vient à la Malmaison.

Mardi 27.

Je vais un moment à Paris avec le ministre de la marine, venu à la Malmaison au sujet des frégates destinées à l'Empereur. Il me lit les instructions qu'il leur envoie, me dit que l'Empereur comptait sur moi, qu'il m'emmène ; il me promet de soigner ma femme dans la crise qui se prépare.

Napoléon II est proclamé par la législature.

J'envoie chercher mon fils à son lycée, résolu de l'emmener avec moi. Nous faisons un très petit paquet de linge et de vêtements, et retournons à la Malmaison ; ma femme nous y accompagne, et revient le soir même. La route commençait à être difficile et inquiétante ; l'ennemi approchait.

Mercredi 28.

Je voulais revoir ma femme encore quelques instants ; la duchesse de Rovigo me conduisit, ainsi que mon fils, à Paris. Je trouvai chez moi MM. de Vertillac et de Quitry : ce sont les derniers amis que j'ai embrassés ; ils étaient terrifiés. L'agitation, l'incertitude, devenaient extrêmes dans Paris, l'ennemi était aux portes. En arrivant à la Malmaison, nous vîmes le pont de Chatou en flammes ; on plaçait des postes autour de nous ; il devenait prudent de se garder. J'entrai chez l'Empereur, je lui peignis ce que m'avait paru la capitale, je lui rendis l'opinion générale que Fouché trahissait effrontément la cause nationale, que l'espoir des bons Français était que lui, Napoléon, se jetterait cette nuit même dans l'armée qui le demandait. L'Empereur m'écouta d'un air pensif, et me congédia sans rien dire.

Le gouvernement provisoire met l'Empereur sous la garde du général Becker. — Napoléon quitte la Malmaison. — Il part pour Rochefort.

Jeudi 29.

Toute la matinée le grand chemin de Saint-Germain n'a cessé de retentir au loin des cris de vive l'Empereur : c'étaient des troupes qui passaient sous les murailles de la Malmaison.

Vers le milieu du jour le général Becker, envoyé par le gouvernement provisoire, est arrivé ; il nous a dit avec une espèce d'indignation, avoir reçu la commission de garder Napoléon, et de le surveiller.

Le sentiment le plus bas avait dicté ce choix ; Fouché savait que le général Becker avait personnellement à se plaindre de l'Empereur, et il ne doutait pas de trouver en lui un cœur aigri et disposé à la vengeance ; on ne pouvait se tromper plus grossièrement : ce général ne cessa de montrer un respect et un dévouement qui honorent son caractère.

Cependant les moments devenaient pressants ; l'Empereur, sur le point de partir, envoie offrir, par le général Becker lui-même, au gouvernement provisoire, de marcher comme simple citoyen à la tête des troupes. Il promettait de repousser Blücher et de continuer aussitôt sa route[1]. Sur le refus du gouver-

---

1. L'Empereur fit dire au gouvernement provisoire « que, pour « avoir abdiqué la souveraineté, il n'avait pas renoncé à son plus « beau droit de citoyen, celui de combattre pour la Patrie ; que, « si on voulait, il irait se mettre à la tête de l'armée ; que l'état « des choses lui était bien connu ; qu'il répondait de frapper « l'ennemi de manière à assurer au gouvernement le temps et les « moyens de traiter avec plus d'avantage ; que, le coup porté, il « n'en poursuivrait pas moins immédiatement son voyage. » — *Mémorial*, 10 au 15 décembre 1816.

nement provisoire, nous quittons la Malmaison : l'Empereur et une partie de sa suite prennent la route de Rochefort, par Tours ; moi, mon fils, MM. de Montholon, Planat, Résigny, nous prenons par Orléans, ainsi que deux ou trois autres voitures de suite...

Du 29 juin au 15 octobre [1].

« ...Sur le refus du gouvernement provisoire, nous nous mîmes en route, dans la soirée du 29 juin, pour Rochefort, où deux frégates étaient commandées pour nous transporter aux Etats-Unis d'Amérique. C'était l'asile que l'Empereur s'était choisi.

« L'Empereur, avec une partie de sa suite, composée de plusieurs voitures, parcourut cet espace sans escorte, et au milieu des acclamations de toute la population qui accourait sur les routes. Il était difficile de n'être pas ému. L'Empereur seul se montrait impassible. On pouvait aisément distinguer sur tous ces visages les vœux pour ce qu'ils perdaient, l'anxiété pour ce qui devait suivre. Ce spectacle avait quelque chose de touchant et d'étrange. Il offrait beaucoup au cœur et à la méditation.

« Arrivés à Rochefort, nous y attendîmes vainement plusieurs jours les passeports dont on nous avait flattés en quittant Paris. Cependant les événements marchaient avec une grande rapidité. Tout nous commandait un appareillage sans délai. Les ennemis étaient entrés dans Paris. Notre armée prin-

---

1. Les événements, jusqu'à l'arrivée à Sainte-Hélène, sont résumés dans cette lettre de Las Cases à Lucien Bonaparte. Destinée à appeler l'attention de la famille de Napoléon et celle de l'Europe sur la déplorable existence de celui-ci et sur son état de santé, elle fut interceptée par le gouverneur de Sainte-Hélène, sir Hudson Lowe, qui la prit pour prétexte du renvoi de Las Cases d'auprès de Napoléon. Ecrite le 24 novembre 1816, elle est reproduite, dans le Mémorial, au compte rendu du 10 au 15 décembre 1816.

cipale se retirait en deçà de la Loire, pleine d'indignation et de fureur. Celle de la Vendée, celle de Bordeaux
partageaient les mêmes sentiments. Toute la population était dans une fermentation extrême. De toutes
parts on sollicitait l'Empereur de revenir se charger
de la fortune publique ; mais sa détermination était
irrévocable. D'un autre côté, les croiseurs anglais
étaient en présence ; toutes les passes étaient fermées ;
les vents nous demeuraient constamment contraires.
Ainsi, quand tout commandait à terre de précipiter
le départ, tout concourait du côté de la mer à le rendre impraticable. Dans cette extrémité, l'Empereur
m'envoya à la croisière ennemie, comme devant
avoir, par mon ancienne émigration, plus de connaissance des Anglais. Je demandai si on y avait entendu
parler de nos passeports pour l'Amérique; on ignorait cette circonstance. Je peignis notre véritable
situation, les offres faites à l'Empereur, ses refus et
son intention inébranlable. Je posai la supposition de
notre départ sur un neutre ; le capitaine anglais avait
ordre de le saisir. Je parlai de la sortie des frégates
sous pavillon parlementaire; il avait ordre de les
combattre. Je lui représentai toute l'étendue des
maux dont il pouvait être la cause, s'il forçait l'Empereur de redescendre à terre : il m'assura ne pouvoir
rien prendre sur lui à cet égard, mais qu'il allait
s'adresser immédiatement à son amiral, et me ferait
une réponse sous deux jours.

« En attendant, de notre côté, nous avions épuisé,
pour notre sortie, tout ce que l'imagination pouvait
fournir. On avait été jusqu'à la proposition désespérée de traverser l'Océan sur deux frêles chasse-
marées. De jeunes aspirants, pleins d'ardeur et
d'enthousiasme, étaient venus s'offrir pour en composer les équipages. L'Empereur accepta; mais au
moment de partir, il fallut bien y renoncer : entre
autres difficultés, ils déclarèrent qu'on serait obligé

de relâcher sur les côtes d'Espagne et de Portugal, pour faire de l'eau.

« Cependant, la tempête morale allait toujours croissant autour de nous; elle s'approchait sans cesse; les sollicitations se multipliaient auprès de l'Empereur. Des généraux venaient en personne le supplier de se mettre à leur tête. L'Empereur demeurait inébranlable. « Non, répondit-il toujours, le mal est à présent sans remède. Je ne puis plus rien aujourd'hui pour la patrie. Une guerre civile serait désormais sans objet, sans résultat pour elle. Elle ne pourrait être utile qu'à moi, à qui elle obtiendrait quelques termes sans doute; mais je l'achèterais par la perte infaillible de ce que la France a de plus généreux. Je le dédaigne. »

« C'était ce même sentiment qui, lors de son abdication, rendue si nécessaire par la perfidie, l'empêcha de se réserver la Corse, où aucune croisière ennemie n'eût pu l'empêcher d'arriver. Mais il ne voulut pas qu'on pût dire que, dans le naufrage du peuple français, qu'il ne prévoyait que trop, lui seul avait su se créer un asile en se retirant chez lui.

« Ne voyant pas venir de réponse, je retournai à bord du vaisseau anglais. Le capitaine n'avait pas encore eu de nouvelles de son amiral : mais il me dit cette fois qu'il avait autorité de son gouvernement de conduire Napoléon et sa suite en Angleterre, si cela lui était agréable. Je lui répondis que j'allais transmettre cette offre, et que je ne doutais pas que l'Empereur n'en profitât avec magnanimité et sans défiance, pour aller demander en Angleterre même les moyens de se rendre en Amérique. Le capitaine me fit l'observation qu'il ne garantissait pas qu'on nous les accordât; mais il m'assura, et plusieurs officiers le secondèrent, que nous ne devions avoir nul doute d'y recevoir le traitement digne de l'élévation, de la grandeur, de la générosité de leur nation.

« A mon retour, l'Empereur nous réunit autour de lui pour connaître notre pensée. L'opinion fut unanime pour accepter l'hospitalité qui nous était offerte; il ne s'éleva pas la moindre inquiétude : « C'est une occasion de gloire, disait-on, qui sera avidement saisie par le prince régent. Quel plus beau triomphe pour l'Angleterre que cette noble confiance de son grand ennemi, que cette préférence obtenue sur un beau-père et un ancien ami! Ce sera, disait-on, une des belles pages de son histoire! Quel hommage rendu à l'excellence, à la supériorité de ses lois! » Ici, Monseigneur, j'osai m'appuyer de la haute opinion de Votre Altesse même, sur le caractère national du peuple anglais, sur sa moralité, sa noblesse et son influence sur les actes de la souveraineté même. L'Empereur pensait bien que sa retraite en Amérique serait vue avec jalousie, sans doute, et que cet article éprouverait quelques difficultés; mais, comme il ne choisissait cet asile que pour vivre sous des lois positives, et que l'Angleterre lui offrait les mêmes avantages, il lui importait peu d'être contraint d'y demeurer. Il s'y détermina même, et écrivit au prince régent une lettre remarquable qu'ont répétée tous les papiers de l'Europe [1].

« Je retournai le soir même coucher à bord du *Bellérophon*, annonçant l'arrivée de l'Empereur pour le lendemain matin. J'étais accompagné du général Gourgaud, aide de camp de Sa Majesté, qui fut expédié sur-le-champ pour l'Angleterre. Il était porteur de la lettre pour le prince régent, et devait faire

---

1. « Altesse Royale,

« En butte aux factions qui divisent mon pays, et à l'inimitié des plus grandes puissances de l'Europe, j'ai consommé ma carrière politique. Je viens, comme Thémistocle, m'asseoir sur le foyer du peuple britannique ; je me mets sous la protection de ses lois, que je réclame de Votre Altesse Royale, comme celle du plus puissant, du plus constant, du plus généreux de mes ennemis. »

connaître à Son Altesse Royale le désir de l'Empereur de débarquer dans ses États sous le titre de
colonel Duroc, et de se fixer, avec son agrément,
dans une des provinces les plus favorables à sa santé.

« A peine l'Empereur était arrivé à bord du *Bellérophon*, que l'amiral de la croisière parut et vint
mouiller auprès de nous. Sa Majesté témoigna le
désir de visiter son vaisseau, le *Superbe*, et l'amiral
Hotham lui en fit les honneurs avec une grâce et une
élégance qui recommandent son caractère.

« Nous partîmes, et telle était notre sécurité, que,
dans l'abandon de notre bonne foi, chacun de nous
remplit le temps du voyage de rêves innocents sur
nos nouvelles destinées, au sein du repos et de l'hospitalité britannique. Que nous étions loin de soupçonner toutes les horreurs de notre affreux mécompte!

« A peine nous eûmes jeté l'ancre sur les plages
anglaises, que tout prit autour de nous l'aspect le plus
sombre. Le capitaine avait communiqué sur-le-champ;
à son retour, ce nous fut assez de son visage pour
pressentir nos malheurs. C'était un homme de bien,
qui avait exécuté ses instructions, sans connaître
l'horrible secret qui les avait dictées[1]. Nous avions
été condamnés d'avance à être jetés sur le roc stérile
de Sainte-Hélène, au milieu des mers, à cinq cents
lieues de toutes terres.

« Nous fûmes mis, dès cet instant, sous l'interdit le
plus sévère; toute communication nous fut défendue.
Des bateaux armés rôdèrent autour de nous, éloi-
gnant à coups de fusil les curieux qui osaient nous
approcher. On nous signifia bientôt, dans les termes
les plus durs et dans les formes les plus amères,
l'inique, la fatale sentence, et l'on ne perdit pas un
instant pour la mettre à exécution. On saisit nos épées,

---

1. Une relation du capitaine Maitland, publiée en 1826, fit connaître le contraire.

on visita nos effets, pour nous prendre et gérer, disait-on, notre argent, nos billets, nos diamants ; on supposait des trésors à l'Empereur. Qu'on le connaissait mal ! On ne lui trouva que quatre mille napoléons, qu'on retint, et quelque peu d'argenterie qu'on lui laissa. Les objets de service du moment, quelque linge, des vêtements, quelques caisses de sa bibliothèque de campagne, composaient toute la fortune de celui qui avaient gouverné le monde, distribué des royaumes et créé des rois.

« On nous transvasa du *Belléophon* sur le *Northumberland*, et nous fûmes lancés sur le vaste Océan, vers nos destinées nouvelles, aux extrémités de la terre.

« Nous avions suivi l'Empereur en très grand nombre ; il ne fut permis qu'à quatre de partager son supplice. En le voyant partir, ceux qui restaient en arrière sanglotaient de douleur ; un de ceux qui avaient le bonheur de le suivre ne put s'empêcher de dire à l'amiral Keith, qui se trouvait à côté : « Vous observerez, du reste, milord, que ce sont ceux qui demeurent qui versent des pleurs. »

« L'Empereur laissa après lui une protestation courte, simple et énergique ; je la transcris ici en note, parce que les papiers ne l'ont publiée qu'imparfaite[1]. Pour nous, Monseigneur, nous nous demandions, dans l'amertume de nos cœurs et l'indignation de tels actes : Quel est donc ce guet-apens ? Ne sommes-nous plus parmi les nations civilisées ? Où

---

1. Cette protestation se terminait ainsi (*Mémorial*, 4 août 1815) :
« J'en appelle à l'histoire : elle dira qu'un ennemi qui fit vingt ans la guerre au peuple anglais, vint librement, dans son infortune, chercher un asile sous ses lois ; quelle plus éclatante preuve pouvait-il lui donner de son estime et de sa confiance ? Mais comment répondit-on, en Angleterre, à une telle magnanimité ? On feignit de tendre une main hospitalière à cet ennemi ; et quand il se fut livré de bonne foi, on l'immola. »

A bord du *Belléophon*, à la mer.
Signé : NAPOLÉON.

en est donc le droit des gens, la morale publique? Nous en appelions à Dieu qui venge les perfidies; nous le prenions à témoin de la bonne foi trahie. Il me serait difficile de vous rendre la tempête qu'allumait en nous cet abus insultant de la force et du mensonge sur notre innocente crédulité. Encore à présent, de vous en parler, Monseigneur, me fait courir le sang plus vite. « Nous lisons dans les papiers qu'on nous avait faits prisonniers, nous qui étions venus si librement et avec tant de magnanimité! Que nous avions été contraints de nous rendre à discrétion, nous qui avions dédaigné, par grandeur d'âme, de profiter des hasards de la guerre sur terre, et qui eussions pu tenter le sort des armes par mer! Et qu'aurait donc eu de pire notre traitement, si nous n'eussions succombé qu'à la force? Qui osera douter que nous n'eussions épuisé toutes les chances, couru même volontiers celle d'une mort certaine, si nous eussions pu soupçonner le sort qui nous était réservé? Mais la lettre même de l'Empereur au prince-régent met hors de doute les intentions de la croyance réciproque. Le capitaine anglais, à qui elle fut communiquée d'avance, les avait sanctionnées tacitement en n'y faisant aucune objection. On nous a dit plus tard que le traitement de l'empereur Napoléon n'était pas un acte exclusif de l'Angleterre, mais une convention des quatre grands pouvoirs alliés. Vainement les ministres britanniques croiraient par là couvrir la tache dont ils ont flétri leur nation; car on leur crie : Ou vous aviez arrêté cette convention avant d'avoir en vos mains l'illustre victime, et vous avez eu l'indignité de lui tendre un piège pour vous en saisir; ou bien vous avez conclu quand elle était déjà en votre pouvoir, et alors vous avez commis le crime de sacrifier l'honneur de votre pays, la sainteté de vos lois à des considérations étrangères auxquelles rien ne pouvait vous contraindre.

« Que de maux ces violations monstrueuses pré-
parent à notre pauvre Europe! Que de passions elles
vont rallumer! Qui ne voit dans ces mesures arbitraires et tyranniques, dans ce mépris de toutes les
lois vis-à-vis de l'empereur Napoléon, une réaction
étudiée de doctrines politiques? La tempête était
apaisée, on la réveille. On affecte de répéter sans
cesse que la révolution s'éteint dans la proscription
de Napoléon : aveuglement étrange! On oublie qu'il
l'avait finie; on la recommence. Les populations de
l'Europe vont fermenter plus que jamais.

« Les instructions des ministres anglais commandaient, pour l'Empereur, le titre de *Général*, et dé-
fendaient toute espèce d'égards et de respects inusités.
L'Empereur eût pu être fier de ce titre, il l'avait im-
mortalisé ; mais la circonstance et l'intention le
rendaient un outrage. Nous ne crûmes pas qu'il
convînt au ministère anglais de changer à son gré
l'ordre des choses de l'Europe, et qu'il pût annuler,
selon son caprice, une qualification créée par la volonté d'un grand peuple..., et nous persistâmes, dès
cet instant, à continuer le titre d'*Empereur* à celui
qui, peu de jours auparavant, s'était choisi celui de
Colonel[1]... »

Arrivée à Sainte-Hélène. Dimanche 15 octobre 1815.

..... Au jour, j'ai vu l'île à mon aise et de fort près :
sa forme m'a paru d'abord assez considérable ; mais
elle rapetissait beaucoup à mesure que nous appro-
chions. Enfin, soixante-dix jours après avoir quitté
l'Angleterre, et cent dix après avoir quitté Paris, nous
jetons l'ancre vers midi ; elle touche le fond, et c'est
là le premier anneau de la chaîne qui va clouer le
moderne Prométhée sur son roc.

Nous trouvâmes au mouillage une grande partie

1. Voir la fin de la lettre au chapitre *Sainte-Hélène*.

des bâtiments de notre escadre qui s'étaient séparés de nous, ou que nous avions laissés en arrière comme trop mauvais marcheurs ; ils étaient pourtant arrivés il y avait déjà quelques jours : preuve de plus de l'extrême incertitude dans tous les calculs de la mer, dès qu'ils reposent sur les caprices des calmes, la force et les variations du vent.

L'Empereur, contre son habitude, s'est habillé de bonne heure et a paru sur le pont ; il s'est avancé sur le passavant pour considérer le rivage plus à son aise. On voyait une espèce de village encaissé parmi d'énormes rochers arides et pelés qui s'élevaient jusqu'aux nues. Chaque plate-forme, chaque ouverture, toutes les crêtes, se trouvaient hérissées de canons. L'Empereur parcourait le tout avec sa lunette ; j'étais à côté de lui ; mes yeux fixaient constamment son visage, je n'ai pu surprendre la plus légère impression, et pourtant c'était là désormais peut-être sa prison perpétuelle ! Peut-être son tombeau !... Que me restait-il donc à moi, à sentir ou à témoigner.

L'Empereur est rentré bientôt après ; il m'a fait appeler, et nous avons travaillé comme de coutume.

L'amiral, qui était descendu de bonne heure à terre, est revenu sur les six heures extrêmement fatigué ; il avait parcouru toutes les localités, et croyait avoir trouvé quelque chose de convenable ; mais il fallait des réparations, elles pouvaient tenir deux mois ; il y en avait déjà près de trois que nous occupions notre cachot de bois, et les instructions précises des ministres étaient de nous y retenir jusqu'à ce que notre prison de terre fût prête. L'amiral, il faut lui rendre justice, ne se trouva pas capable d'une telle barbarie ; il nous annonça, en laissant percer une espèce de jouissance intérieure, qu'il prenait sur lui de nous débarquer dès le lendemain...

III

LA FAMILLE
LES IMPÉRATRICES ET LA COUR

La famille de Napoléon et la politique. — La famille doit être un appui. — Appréciations de Napoléon sur les siens.

— [1] « Il est sûr, disait Napoléon, que j'ai été peu secondé des miens, et qu'ils ont fait bien du mal à moi et à la grande cause. On a souvent vanté la force de mon caractère ; je n'ai été qu'une poule mouillée, surtout pour les miens ; et ils le savaient bien : la première bourrade passée, leur persévérance, leur obstination l'emportaient toujours ; et, de guerre lasse, ils ont fait de moi ce qu'ils ont voulu. J'ai fait là de grandes fautes. Si, au lieu de cela, chacun d'eux eût imprimé une impulsion commune aux diverses masses que je leur avais confiées, nous eussions marché jusqu'aux pôles ; tout se fût abaissé devant nous ; nous eussions changé la face du monde ; l'Europe jouirait d'un système nouveau, nous serions bénis ! Je n'ai pas eu le bonheur de Gengis-Kan avec ses quatre fils, qui ne connaissaient d'autre rivalité que celle de le bien servir. Moi, nommais-je un roi, il se le croyait tout aussitôt *par la grâce de Dieu*, tant le mot est épidémique. Ce n'était plus un lieutenant sur lequel je devais me reposer, c'était un ennemi de plus dont je devais m'occuper. Ses efforts n'étaient pas de me seconder, mais bien de se rendre indépendant. Ils avaient tout aussitôt la manie de se croire adorés,

1. 24 septembre 1816.

préférés à moi. C'était moi désormais qui les gênais,
qui les mettais en péril. Des légitimes n'auraient pas
agi autrement; ils ne se seraient pas crus plus ancrés.
Pauvres gens! qui, quand j'ai eu succombé, ont pu se
convaincre qu'ils n'avaient pas même l'honneur de
voir leur destitution exigée ou mentionnée par l'ennemi; et aujourd'hui encore, si on gêne leur personne,
si on les tourmente, ce ne peut être, de la part du
victorieux, que le besoin de faire peser le pouvoir ou
la bassesse d'exercer la vengeance. Si les miens inspi-
rent un grand intérêt aux peuples, c'est qu'ils tiennent à moi, à la cause commune; mais qu'aucun d'eux
puisse causer un mouvement, assurément on peut être
bien tranquille; et pourtant, malgré la philosophie
de plusieurs d'entre eux, car n'en était-il pas qui, pour
régner, s'étaient dits *forcés* à la façon des chambellans du faubourg Saint-Germain, leur chute a dû
leur être bien sensible; ils s'étaient faits prompte-
ment aux douceurs du poste : ils ont tous été réellement rois. Tous, à l'abri de mes travaux, ont joui de
la royauté; moi seul n'en ai connu que le fardeau.
Tout le temps j'ai porté le monde sur mes épaules,
et ce métier, après tout, ne laisse pas que d'avoir sa
fatigue, etc.

« On me dira peut-être pourquoi m'obstiner à créer
des Etats, des royaumes? Mais les mœurs et la situation de l'Europe le commandaient ainsi. Chaque nouvelle réunion à la France accroissait les alarmes de
tous. Elle faisait pousser les hauts cris et reculait la
paix. Mais alors, continuera-t-on, pourquoi avoir la
vanité de placer chacun des miens sur un trône? car
le vulgaire n'y aura vu que cela. Pourquoi ne pas
s'arrêter plutôt sur de simples particuliers plus capables? A cela je réponds qu'il n'en est pas des trônes
héréditaires comme d'une simple préfecture. La capacité, les moyens sont aujourd'hui si communs dans
la multitude, qu'il faut bien se donner de garde

d'éveiller l'idée du concours. Dans l'agitation où nous nous trouvons plongés, et avec nos mœurs modernes, il fallait bien plutôt songer à la stabilité et à la centralisation héréditaire ; autrement, que de combats, que de factions, que de malheur ! ! ! Dans l'harmonie que je méditais pour le repos et le bien-être universels, s'il fut un défaut dans ma personne et dans mon élévation, c'était d'avoir surgi tout à coup de la foule. Je sentais mon isolement ; aussi je jetais de tous côtés des ancres de salut au fond de la mer. Quels appuis plus naturels pour moi que mes proches ? Pouvais-je mieux attendre de la part des étrangers ? Et, si les miens ont eu la folie de manquer à ces liens sacrés, la moralité des peuples, supérieure à leur aveuglement, remplissait une partie de mon objet. Avec eux, ils se croyaient plus en repos, plus en famille.

« En somme, de si grands actes n'étaient ni des caprices, ni des plaisanteries ; ils tenaient aux considérations de l'ordre le plus élevé ; ils se rattachaient au repos de la race humaine et à la possibilité d'améliorer sa condition. Que si, malgré les combinaisons faites de la meilleure foi, on s'est trouvé encore n'avoir rien fait qui vaille, c'est qu'il faut en revenir à une grande vérité, savoir, qu'il est bien difficile de gouverner, quand on veut le faire en conscience, etc., etc. »

¹ Dans un autre moment, l'Empereur est revenu encore sur tous les siens : le peu de secours qu'il en avait reçus, les embarras, le mal qu'ils lui avaient causés. Il s'arrêtait surtout sur cette fausse idée de leur part, qu'une fois à la tête d'un peuple, ils avaient dû s'identifier avec lui de manière à préférer ses intérêts à celui de la patrie commune, sentiment dont la source pouvait avoir quelque chose d'honorable,

1. 4 novembre 1816.

convenait-il, mais dont ils avaient fait une fausse application, nuisible en ce que, dans leur travers d'indépendance absolue, ils se considéraient isolément, lorsqu'ils eussent dû se pénétrer qu'ils n'étaient que parties d'un tout au mouvement duquel ils devaient aider, au lieu de le contrarier. Mais après tout, concluait-il, ils étaient bien neufs, bien jeunes, entourés de pièges et de flatteurs, d'intrigants de toute espèce, de vues secrètes et malintentionnées. Et passant subitement des torts aux qualités, il a ajouté : « Du reste, il faut toujours juger en dernier ressort par les analogues : quelle famille, dans les mêmes circonstances, eût mieux fait ? Il n'est pas donné à chacun d'être homme d'État : cette charge requiert une contexture toute particulière, et ne se rencontre pas à profusion. Tous mes frères se sont trouvés, à cet égard, dans une situation singulière ; il leur est arrivé à tous d'avoir *trop* ou *trop peu :* ils se sont trouvés trop forts pour s'abandonner aveuglément à un conseiller moteur, et pas assez pour pouvoir s'en passer tout à fait. Après tout, une famille si nombreuse présente un ensemble dont je peux assurément m'honorer.

« *Joseph*, par tout pays, serait l'ornement de la société ; *Lucien*, celui de toute assemblée politique. *Jérôme*, en mûrissant, eût été propre à gouverner ; je découvrais en lui de véritables espérances. *Louis* eût plu et se fût fait remarquer partout. Ma sœur *Élisa* était une tête mâle, une âme forte : elle aura montré beaucoup de philosophie dans l'adversité. *Caroline* est fort habile et très capable. *Pauline*, la plus belle femme de son temps peut-être, a été et demeurera jusqu'à la fin la meilleure créature vivante. Quant à ma mère, elle est digne de tous les genres de vénération. Quelle famille aussi nombreuse pourrait présenter un plus bel ensemble !

L'impératrice Joséphine. — Si elle avait eu un fils de Napoléon. — Ses goûts. — Sa jeunesse et son mariage. — Le divorce. — Joséphine et Marie-Louise. — Eugène de Beauharnais. — Joséphine, compagne dévouée. — Autres membres de la famille.

[1] En rentrant sur les six heures, je l'ai suivi [l'Empereur] dans son cabinet ; il a fait appeler le grand-maréchal et sa femme, et s'est mis à causer familièrement jusqu'à dîner, parcourant mille objets de sa famille et de son plus petit intérieur au temps de sa puissance. Il s'est arrêté surtout sur l'impératrice *Joséphine.* Ils avaient fait ensemble, disait-il, un ménage tout à fait bourgeois, c'est-à-dire fort tendre et très uni, n'ayant eu longtemps qu'une même chambre et qu'un même lit. « Circonstance très morale, disait l'Empereur, qui influe singulièrement sur un ménage, assure le crédit de la femme, la dépendance du mari, maintient l'intimité et les bonnes mœurs. On ne se perd point de vue, en quelque sorte, continuait-il, quand on passe la nuit ensemble ; autrement on devient bientôt étrangers. Aussi, tant que dura cette habitude, aucune de mes pensées, aucune action n'échappaient à Joséphine : elle suivait, saisissait, devinait tout ; ce qui parfois n'était pas sans quelque gêne pour moi et pour les affaires. Un moment d'humeur y mit fin lors du camp de Boulogne. »

Certaines circonstances politiques arrivées de Vienne, la nouvelle de la coalition qui éclata en 1805, avaient occupé le premier consul tout le jour, et prolongèrent son travail fort avant dans la nuit. Revenant se coucher fort mal disposé, on lui fit une véritable scène de ce retard. La jalousie en était la cause ou le prétexte. Il se fâcha à son tour, s'évada, et ne voulut plus entendre à reprendre son assujettissement. Toute la crainte de l'Empereur, disait-il, avait été que Marie-Louise n'en eût exigé un pareil ; car

1. 19 mai 1816.

enfin, il l'eût bien fallu. C'est le véritable apanage, le vrai droit d'une femme, ajoutait-il.

« Un fils de Joséphine m'eût été nécessaire et m'eût rendu heureux, continuait l'Empereur, non seulement comme résultat politique, mais encore comme douceur domestique.

« Comme résultat politique, je serais encore sur le trône, car les Français s'y seraient attachés comme au roi de Rome, et je n'aurais pas mis le pied sur l'abîme couvert de fleurs qui m'a perdu. Et qu'on médite après sur la sagesse des combinaisons humaines ! Qu'on ose prononcer avant la fin sur ce qui est heureux ou malheureux ici-bas !

« Comme douceur domestique, ce gage eût fait tenir Joséphine tranquille, et eût mis fin à une jalousie qui ne me laissait pas de repos, et cette jalousie se rattachait bien plus à la politique qu'au sentiment. Joséphine prévoyait l'avenir, et s'effrayait de sa stérilité. Elle sentait bien qu'un mariage n'est complet et réel qu'avec des enfants ; or, elle s'était mariée ne pouvant plus en donner. A mesure que sa fortune s'éleva, ses inquiétudes s'accrurent ; elle employa tous les secours de la médecine ; elle feignit souvent d'en avoir obtenu du succès. Quand elle dut enfin renoncer à tout espoir, elle mit souvent son mari sur la voie d'une grande supercherie politique ; elle finit même par oser la lui proposer directement.

« Joséphine avait à l'excès le goût du luxe, le désordre, l'abandon de la dépense, naturels aux créoles. Il était impossible de jamais fixer ses comptes ; elle devait toujours : aussi c'était constamment de grandes querelles quand le moment de payer ses dettes arrivait. On l'a vue souvent alors envoyer chez ses marchands leur dire de n'en déclarer que la moitié. Il n'est pas jusqu'à l'île d'Elbe où des mémoires de Joséphine ne soient venus fondre sur moi de toutes les parties de l'Italie. »

Quelqu'un qui avait connu l'impératrice Joséphine à la Martinique a répété à l'Empereur beaucoup de particularités de sa jeunesse et de sa famille. Il est très vrai qu'on lui avait prédit plusieurs fois, dans son enfance, qu'elle porterait une couronne. Et une autre circonstance non moins remarquable ni moins bizarre serait que la sainte ampoule qui servait à sacrer nos rois eût été brisée, ainsi que quelques-uns l'ont prétendu, précisément par son premier mari, le général Beauharnais, qui, dans un moment de défaveur populaire, aurait espéré, par cet acte, se remettre en crédit[1].

On a dit, on a écrit mille bruits absurbes sur le mariage de Napoléon et de Joséphine. On trouvera dans les campagnes d'Italie la véritable et première cause de leur connaissance et de leur union. C'est par Eugène, encore enfant, qu'elle se fit. Après vendémiaire, il alla demander l'épée de son père au général en chef de l'armée de l'intérieur (le général Bonaparte); l'aide de camp Lemarrois introduisit ce jeune enfant, qui, en revoyant l'épée de son père, se mit à pleurer. Le général en chef fut touché de ce sentiment, et le combla de caresses. Sur le récit qu'Eugène fit à sa mère de l'accueil qu'il avait reçu du jeune général, elle accourut lui faire visite et le remercier. « On sait, disait l'Empereur, qu'elle croyait aux pressentiments, aux sorciers ; on lui avait prédit dans son enfance qu'elle ferait une grande fortune, qu'elle serait souveraine. On connaît d'ailleurs toute sa finesse ; aussi me répétait-elle souvent depuis qu'aux premiers récits d'Eugène, le cœur lui avait battu, et qu'elle avait entrevu dès cet instant une lueur de sa destinée, l'accomplissement des prédictions, etc., etc.

« Une autre nuance caractéristique de Joséphine, continuait l'Empereur, était sa constante dénégation.

1. « Ce fait est absolument controuvé. Il paraît que l'attrait des rapprochements a créé cette fable. »

Dans quelque moment que ce fût, quelque question que je fisse, son premier mouvement était la négative, sa première parole *non* ; et ce *non*, disait l'Empereur, n'était pas précisément un mensonge, c'était une précaution, une simple défensive ; et c'est ce qui nous distingue éminemment, disait-il à Madame Bertrand, de vous autres, mesdames, ce qui n'est au fond entre nous que différence de sexe et d'éducation : vous aimez, et l'on vous apprend à dire *non*. Nous, au contraire, nous faisons gloire de le dire, même quand cela n'est pas. De là toute la clef de nos conduites respectives si différentes. Nous ne sommes vraiment pas et nous ne saurions être de même espèce dans la vie.

« Lors de la Terreur, Joséphine étant en prison, son mari mort sur l'échafaud, *Eugène*, son fils, avait été mis chez un menuisier, et y fut littéralement en apprentissage et en service. *Hortense* ne fut guère mieux ; elle fut mise, si je ne me trompe, chez une ouvrière en linge [1]. »

Ce fut Fouché qui, le premier, toucha la corde fatale du divorce ; il alla, sans mission, conseiller à Joséphine de dissoudre son mariage, pour le bien de la France, lui disait-il. Le moment pourtant n'était pas encore arrivé pour Napoléon. Cette démarche causa beaucoup de chagrin et de trouble dans le ménage ; elle irrita fort l'Empereur ; et s'il ne chassa pas alors Fouché, à la vive sollicitation de Joséphine, c'est qu'au fait il avait déjà secrètement arrêté ce divorce en lui-même, et qu'il ne voulut pas, par ce châtiment, donner un contre-coup à l'opinion.

Toutefois, il doit à la justice de dire que, dès qu'il le voulut, Joséphine obéit. Ce fut pour elle une peine mortelle ; mais elle se soumit et de bonne foi, sans vouloir mettre à profit des tracasseries inutiles

---

1. « L'on m'a assuré depuis que cette circonstance est, en effet, erronée, et celle relative au prince Eugène inexacte. »

qu'elle eût pu essayer de faire valoir[1]. Elle se conduisit avec beaucoup de grâce et d'adresse; elle désira que le vice-roi fût mis à la tête de cette affaire, et fit elle-même, à cet égard, des offres de services à la maison d'Autriche.

Joséphine, ajoutait Napoléon, eût vu volontiers Marie-Louise : elle en parlait souvent et avec beaucoup d'intérêt, ainsi que du roi de Rome : quant à Marie-Louise, elle traitait à merveille Eugène et Hortense; mais elle montrait une grande répugnance pour Joséphine, et surtout une vive jalousie. « Je voulus la mener un jour à la Malmaison, disait l'Empereur; mais sur cette proposition, elle se mit à

1. « Je tiens de la bouche du prince primat des détails curieux sur le mariage et le divorce. Madame de Beauharnais fut mariée au général Bonaparte par un prêtre insermenté, mais qui avait négligé, par pur accident, l'autorisation obligée du curé de la paroisse. Ce défaut de formalité, ou tout autre, occupa fort depuis le cardinal Fesch; et, soit scrupule, ou autrement, il fit si bien qu'il vint à bout, au moment du couronnement, de persuader aux deux époux de se laisser marier par lui, à huis clos, *en tant que de besoin*. Lors du divorce, la séparation civile fut prononcée par le Sénat. Quant à la séparation religieuse, on ne voulait pas s'adresser au pape, et on n'en eut pas besoin. Le cardinal Fesch ayant refait le mariage sans témoins, l'officialité de Paris l'annula pour ce défaut, et déclara qu'il n'y avait pas eu de mariage. A ce jugement, l'impératrice Joséphine fit appeler le cardinal Fesch à la Malmaison, et lui demanda s'il oserait attester et signer par écrit qu'elle avait été mariée, et bien mariée. « Sans doute, répondit le cardinal Fesch, je le soutiendrai partout, et je vais vous en signer le témoignage. » Ce qu'il fit en effet.

« Mais, disais-je alors au prince primat, quel jugement a donc porté l'officialité de Paris ? — Celui de la vérité, répondit le prince. — Mais que veut dire alors la déclaration du cardinal Fesch ? Serait-elle donc fausse ? — Pas dans son opinion, disait-il, parce qu'il a adopté les doctrines ultramontaines, par lesquelles les cardinaux prétendent avoir le droit de marier sans témoins, ce qui n'est pas reconnu en France, et frappe de nullité. »

Toutefois il semble que l'impératrice Joséphine ne demanda cet écrit que pour sa propre satisfaction, et n'en fit pas autrement usage. »

fondre en larmes. Elle ne m'empêchait pas d'y aller, me disait-elle, se contentant de ne vouloir pas le savoir. Toutefois dès qu'elle en suspectait l'intention, il n'est pas de ruse qu'elle n'employât pour me gêner là-dessus. Elle ne me quittait plus ; et comme ces visites semblaient lui faire beaucoup de peine, je me fis violence, et n'allai presque jamais à la Malmaison. Quand il m'arrivait d'y aller, c'étaient alors d'autres larmes de ce côté, c'étaient des tracasseries de toute espèce. Joséphine avait toujours devant les yeux et dans ses intentions l'exemple de la femme de Henri IV, qui, disait-elle, avait vécu à Paris après son divorce, venait à la cour, avait assisté au sacre. Elle, Joséphine, était bien mieux située encore, prétendait-elle ; elle avait ses propres enfants, et ne pouvait plus en avoir d'autres, etc. »

Joséphine avait une connaissance accomplie de toutes les nuances du caractère de l'Empereur et un tact admirable pour la mettre en pratique. « Jamais il ne lui est arrivé, par exemple, disait l'Empereur, de rien demander pour Eugène, d'avoir jamais même remercié pour ce que je faisais pour lui ; d'avoir même montré plus de soins ou de complaisance le jour des grandes faveurs, tant elle avait à cœur de se montrer persuadée et de me convaincre que tout cela n'était pas son affaire à elle, mais bien la mienne à moi, qui pouvais et devais y rechercher des avantages. Nul doute qu'elle n'ait eu plus d'une fois la pensée que j'en viendrais un jour à l'adopter pour successeur. »

L'Empereur se disait convaincu qu'il avait été ce qu'elle aimait le mieux ; et ajoutait, en riant, qu'il ne doutait pas qu'elle n'eût quitté un rendez-vous d'amour pour venir auprès de lui. Elle n'eût pas manqué un voyage, quelque pénible qu'il fût, pour tout au monde. Ni fatigue, ni privations ne pouvaient la rebuter ; elle employait l'importunité, la ruse même pour le suivre. « Montais-je en voiture au milieu de la nuit pour la course la plus lointaine, à ma grande surprise j'y trouvais Joséphine tout établie, bien qu'elle n'eût pas dû être du voyage. — Mais il vous est impossible de venir ; je vais trop loin ; vous auriez trop à souffrir. — Pas le moindrement, répondait Joséphine. — Et puis, il faut que je parte à l'instant. — Aussi, me voilà toute prête. — Mais il vous faut un grand attirail. — Aucun, disait-elle, tout est préparé. Et la plupart du temps il fallait bien que je cédasse.

« En somme, concluait l'Empereur, Joséphine avait donné le bonheur à son mari, et s'était constamment montrée son amie la plus tendre. Professant à tout moment et en toute occasion la soumission, le dévouement, la complaisance la plus absolue. Aussi lui ai-je toujours conservé les plus tendres souvenirs et la plus vive reconnaissance.

« Joséphine, disait encore l'Empereur, mettait ces dispositions et ces qualités (la soumission, le dévouement, la complaisance) au rang des vertus et de l'adresse politique dans son sexe, et elle blâmait fort et grondait souvent sur ce point sa fille *Hortense* et sa parente *Stéphanie*, qui vivaient mal avec leurs maris, montrant des caprices et affectant de l'indépendance.

« *Louis*, disait l'Empereur à ce sujet, était un enfant gâté par la lecture de Jean-Jacques. Il n'avait pu être bien avec sa femme que très peu de mois. Beaucoup d'exigence de sa part, de l'étourderie de la part d'Hortense : voilà les torts réciproques. Toutefois ils s'aimaient en s'épousant, ils s'étaient voulus l'un et l'autre ; ce mariage, au surplus, avait été le résultat des efforts de Joséphine, qui y trouvait son compte. J'aurais voulu, au contraire, moi, m'étendre dans d'autres familles, et j'avais un moment jeté les yeux sur une nièce de M. de Talleyrand, devenue depuis Madame Juste de Noailles. »

On avait fait courir les bruits les plus ridicules sur les rapports de lui, Napoléon, avec Hortense ; on avait voulu que son aîné fût de lui. Mais de pareilles liaisons n'étaient, disait-il, ni dans ses idées, ni dans ses mœurs ; et pour peu qu'on connût celles des Tuileries, on sent bien, remarquait-il, qu'il eût pu s'adresser à beaucoup d'autres avant d'en être réduit à un choix aussi peu naturel, aussi révoltant. « Louis savait bien apprécier la nature de ces bruits, disait l'Empereur ; mais son amour-propre, sa bizarrerie n'en étaient pas moins choqués, et il les mettait souvent en avant comme prétexte.

« Quoi qu'il en soit, *Hortense*, continuait l'Empereur, Hortense, si bonne, si généreuse, si dévouée, n'est pas sans avoir eu quelques torts avec son mari ; j'en dois convenir, en dehors de toute l'affection que je lui porte et du véritable attachement que je sais qu'elle a pour moi. Quelque bizarre, quelque insupportable que fût Louis, il l'aimait ; et, en pareil cas, avec d'aussi grands intérêts, toute femme doit toujours être maîtresse de se vaincre, avoir l'adresse d'aimer à son tour. Si elle eût su se contraindre, elle se serait épargné le chagrin de ses derniers procès ; elle eût eu une vie plus heureuse ; elle eût suivi son mari en Hollande, et y serait demeurée. Louis n'eût point fui d'Amsterdam ; je ne me serais pas vu contraint de réunir son royaume, ce qui a contribué à me perdre en Europe, et bien des choses se seraient passées différemment.

« *La princesse de Bade*, a-t-il dit, s'est montrée plus habile. Sitôt qu'elle a vu le divorce de Joséphine, elle a connu sa position, elle s'est rapprochée de son mari ; ils ont formé depuis le mariage le plus heureux.

« *Pauline* était trop prodigue ; elle avait trop d'abandon ; elle devait être immensément riche par tout ce que je lui ai donné ; mais elle donnait tout à son tour, et sa mère la sermonnait souvent à cet égard, lui prédisant qu'elle pourrait mourir à l'hôpital; mais *madame* elle-même était aussi par trop parcimonieuse; c'en était ridicule; j'ai été jusqu'à lui offrir des sommes fort considérables par mois si elle voulait les distribuer. Elle voulait bien les recevoir, mais pourvu, disait-elle, qu'elle fût maîtresse de les garder. Dans le fond, tout cela n'était qu'excès de prévoyance de sa part; toute sa peur était de se trouver un jour sans rien. Elle avait connu le besoin; et ces terribles moments ne lui sortaient pas de la pensée. Il est juste de dire, d'ailleurs, qu'elle donnait beaucoup à ses enfants en secret; c'est une si bonne mère!...

« Du reste, cette même femme à laquelle on eût si difficilement arraché un écu, disait l'Empereur, eût tout donné pour préparer mon retour de l'île d'Elbe; et après Waterloo elle m'eût remis entre les mains tout ce qu'elle possédait pour aider à rétablir mes affaires : elle me l'a offert; elle se fût condamnée au pain noir sans murmure [1]. C'est que chez elle le grand

« 1. Que l'Empereur connaissait bien sa mère! A mon retour en Europe, j'ai vu se vérifier à la lettre ce qu'il en dit ici, et j'en ai joui avec délices.

A peine eus-je fait connaître à Madame Mère la situation de l'Empereur et ma résolution de me consacrer uniquement à y apporter quelque adoucissement, que sa réponse, par le retour du courrier, fut que toute sa fortune était à la disposition de son fils, qu'elle se réduirait à une simple servante s'il le fallait; m'autorisant, bien que je n'en fusse pas connu personnellement, à tirer, dès l'instant même, telle somme que je croirais nécessaire au bien-être de l'Empereur. Le cardinal Fesch joignait ses offres d'une manière tout aussi touchante; et c'est ici le cas de faire connaître que tous les membres de la famille de l'Empereur s'empressèrent de témoigner le même zèle, la même tendresse, le même dévouement. Tant que ma santé me permit de correspondre avec eux, j'ai reçu une foule de lettres dont l'ensemble formerait le recueil le plus touchant. Elles honorent leur cœur, et eussent pu être une douce consolation pour l'Empereur, si les restrictions anglaises m'eussent permis de les faire parvenir jusqu'à lui... »

l'emportait encore sur le petit : la fierté, la noble ambition marchaient chez elle avant l'avarice. »

Et ici l'Empereur a fait l'observation qu'à l'heure même qu'il était il avait encore présentes à la mémoire les leçons de fierté qu'il en avait reçues dans son enfance, et qu'elles avaient agi sur lui toute la vie. Madame Mère avait une âme forte et trempée aux plus grands événements ; elle avait éprouvé cinq à six révolutions ; elle avait eu trois fois sa maison brûlée par les factions en Corse.

« *Joseph* ne m'a guère aidé ; mais c'est un fort bon homme ; sa femme, *la reine Julie*, est la meilleure créature qui ait existé. Joseph et moi nous nous sommes toujours aimés et fort accordés : il m'aime sincèrement. Je ne doute pas qu'il ne fît tout au monde pour moi ; mais toutes ses qualités tiennent uniquement de l'homme privé : il est éminemment doux et bon ; il a de l'esprit et de l'instruction ; il est aimable. Dans les hautes fonctions que je lui avais confiées, il a fait ce qu'il a pu ; ses intentions étaient bonnes ; aussi la principale faute n'est pas à lui, mais bien plutôt à moi, qui l'avais jeté hors de sa sphère ; et dans des circonstances bien grandes, la tâche s'est trouvée hors de proportion avec ses forces.

« *La reine de Naples* s'était beaucoup formée dans les événements, disait l'Empereur. Il y avait chez elle de l'étoffe, beaucoup de caractère et une ambition désordonnée. Elle devait beaucoup souffrir en cet instant, remarquait-il, d'autant plus qu'on pouvait dire qu'elle était née reine. Elle n'avait pas comme nous, continuait l'Empereur, connu le simple particulier. Elle, Pauline, Jérôme étaient encore des enfants, que j'étais le premier homme de France ; aussi ne se sont-ils jamais cru d'autre état que celui dont ils ont joui au temps de ma puissance.

« *Jérôme* était un prodigue dont les débordements avaient été criants. Son excuse peut-être pouvait se trouver dans son âge et dans ce dont il s'était entouré. Au retour de l'île d'Elbe, il semblait d'ailleurs avoir beaucoup gagné et donner de grandes espérances ; et puis il existait un beau témoignage en sa faveur, c'est l'amour qu'il avait inspiré à sa femme ; la conduite de celle-ci, lorsque, après ma chute, son père, ce terrible roi de Wurtemberg, si despotique, si dur, a voulu la faire divorcer, est admirable. Cette princesse s'est inscrite dès lors de ses propres mains dans l'histoire. »

Joséphine et ses fournisseurs. — Les larmes de Marie-Louise. — La princesse Pauline. — Parallèle des deux impératrices. — Le mariage de Marie-Louise. — Le service d'honneur. — Le roi de Rome et Madame de Montloquiou. — L'Institut de Meudon. — La famille de Marie-Louise.

—[1] « Au physique comme au moral, disait-il, il faut me prendre par la douceur, autrement je me cabre. »

Le cours de la conversation a conduit l'Empereur encore une fois sur le compte des impératrices Joséphine et Marie-Louise. Il a multiplié sur elles les détails les plus aimables et les plus circonstanciés, et a terminé par son adage ordinaire, que l'une était les grâces et tous leurs charmes ; l'autre, l'innocence et tous ses attraits.

L'Empereur détaillait ce qu'avait coûté la Malmaison : environ trois ou quatre cent mille francs, c'est-à-dire tout ce qu'il possédait alors, disait-il, et il énumérait ensuite tout ce que pouvait avoir reçu de lui l'impératrice Joséphine ; concluant qu'avec un peu d'ordre et de régularité seulement, elle eût bien dû laisser peut-être cinquante ou soixante millions. « Son gaspillage, disait l'Empereur, faisait mon supplice. Calculateur comme je le suis, il devait être

____

1. 9 novembre 1816.

dans ma nature d'aimer mieux donner un million que
de voir gaspiller cent mille francs. » Il nous racontait comment étant tombé un jour sans être attendu
dans le petit cercle du matin de Joséphine, il avait
trouvé une dame professant, à la lettre, modes et
chiffons. « Mon apparition subite causa, disait-il, un
grand désordre dans la séance académique. C'était
une célèbre marchande de modes, une de ces fameuses du jour, à laquelle j'avais fait défendre positivement d'approcher de l'impératrice, qu'elle ruinait. Je
donnai quelques ordres inaperçus, et à sa sortie on
s'en empara ; elle fut conduite à Bicêtre. Ce fut un
grand bruit dans tout Paris, le plus grand des scandales, disait-on. Le bon ton fut de lui rendre visite,
et il y eut à sa porte une file de voitures. La police
vint m'en faire part. Tant mieux, dis-je ; vous ne lui
avez point fait de mal ? elle n'est point au cachot ?
— Non, Sire, elle a plusieurs pièces, elle tient salon.
— Eh bien ! laissez crier ; tant mieux si l'on prend
ceci pour acte de tyrannie, ce sera un coup de diapason pour un grand nombre ; très peu leur montrera que je pourrais faire beaucoup, etc. » Il nous a
cité aussi un autre célèbre modiste, qu'il disait être
le plus insolent personnage qu'il eût jamais rencontré dans toute sa carrière. « Lui ayant adressé la
parole, disait Napoléon, un jour que j'examinais un
trousseau de famille fourni par lui, il avait osé m'entreprendre, moi, à qui certes on ne mangeait pas
dans la main ; il fit ce que personne en France n'eût
osé tenter : il se mit à me démontrer fort abondamment que je ne donnais pas assez à l'impératrice
Joséphine, qu'il devenait impossible de l'habiller à
ce prix. Je l'arrêtai au milieu de son impertinente
éloquence, d'un seul regard : il en demeura comme
terrassé. »

— [1] Dans une autre de ces soirées, l'Empereur déclamait contre l'humeur des femmes ; car rien, disait-il, n'annonçait plus, chez elles, le rang, la bonne éducation, le bon ton, que l'égalité de leur caractère et le constant désir de plaire. Il ajoutait qu'elles étaient tenues à se montrer toujours maîtresses d'elles-mêmes, à être toujours en scène. Ses deux femmes, observait-il, avaient toujours été ainsi ; elles étaient assurément bien différentes dans leurs qualités et leurs dispositions ; toutefois elles s'étaient ressemblé tout à fait sur ce point. Jamais il n'avait été témoin de la mauvaise humeur de l'une ou de l'autre ; toutes deux avaient été constamment occupées à lui plaire, etc.

Quelqu'un a osé observer pourtant que Marie-Louise s'était vantée que toutes les fois qu'elle voulait quelque chose, si difficile que cela fût, elle n'avait qu'à pleurer. L'Empereur en a ri ; c'était pour lui, disait-il, une découverte : il aurait pu le soupçonner de Joséphine ; mais il ne le savait pas de Marie-Louise. Et puis, s'adressant à Mesdames Bertrand et Montholon [2] : « Vous voilà bien, Mesdames, leur dit-il ; sur certaines choses, vous êtes toutes les mêmes. »

Il a continué longtemps sur les deux impératrices, et a répété, suivant sa coutume, que l'une était l'innocence et l'autre les grâces. Il est passé de là à ses sœurs, et surtout s'est arrêté particulièrement et longtemps sur les attraits de la *princesse Pauline*. Il a été convenu que c'était, sans contredit, la plus jolie femme de Paris. L'Empereur disait que les artistes s'accordaient à en faire une véritable Vénus de Médicis...

[3] C'est dans une de ces promenades nocturnes que

1. 13 mars 1816.
2. Qui auraient accompagné le général Bertrand et le comte de Montholon à Sainte-Hélène.
3. 11 au 23 novembre 1815.

l'Empereur disait qu'il avait été fort occupé dans sa vie de deux femmes très différentes : l'une était l'art et les grâces, l'autre l'innocence et la simple nature ; et chacune, observait-il, avait bien son prix.

Dans aucun moment de la vie la première n'avait de positions ou d'attitudes qui ne fussent agréables ou séduisantes ; il lui eût été impossible de lui surprendre ou d'en éprouver jamais aucun inconvénient ; tout ce que l'art peut imaginer en faveur des attraits était employé par elle, mais avec un tel mystère qu'on n'en apercevait jamais rien. L'autre, au contraire, ne soupçonnait même pas qu'il pût y avoir rien à gagner dans d'innocents artifices. L'une était toujours à côté de la vérité, son premier mouvement était la négative ; la seconde ignorait la dissimulation, tout détour lui était étranger. La première ne demandait jamais rien à son mari, mais elle devait partout : la seconde n'hésitait pas à demander quand elle n'avait plus, ce qui était fort rare : elle n'aurait pas cru pouvoir jamais rien prendre sans payer aussitôt. Du reste, toutes les deux étaient bonnes, douces, fort attachées à leur mari. Mais on les a déjà devinées sans doute, et quiconque les a vues reconnaît les deux impératrices.

L'Empereur disait qu'il les avait constamment trouvées de l'humeur la plus égale, et d'une complaisance absolue.

Le mariage de Marie-Louise s'accomplit à Compiègne, immédiatement après son arrivée. L'Empereur, déroutant toute l'étiquette convenue, alla au-devant d'elle, et monta déguisé dans sa voiture. Elle fut agréablement surprise quand elle vint à le reconnaître ; on lui avait toujours dit que Berthier, qui était venu l'épouser par procuration à Vienne, était, pour la figure et l'âge, l'exacte ressemblance de l'Empereur : elle laissa échapper qu'elle y trouvait une heureuse différence.

L'Empereur voulut lui épargner tous les détails de

l'étiquette domestique en usage dans pareille circonstance ; on l'en avait du reste soigneusement instruite à Vienne. L'Empereur, pour ce qui le regardait personnellement, lui demanda quelles instructions elle avait reçues de ses grands-parents. D'être à lui tout à fait, et de lui obéir en toute choses, fut sa réponse ; et ce fut aussi pour l'Empereur la solution de tout cas de conscience, et non les décisions de certains cardinaux ou évêques, comme on l'a dit dans le temps ; d'ailleurs, dans la même circonstance, Henri IV en avait agi de la sorte.

Le mariage avec Marie-Louise, disait l'Empereur, se proposa et se conclut dans le même jour, et sous les mêmes formes et conditions que celui de Marie-Antoinette, dont le contrat fut adopté pour modèle. Depuis la séparation avec Joséphine, on traitait avec l'Empereur de Russie pour une de ses sœurs ; les difficultés ne reposaient guère que sur des arrangements religieux. Le prince Eugène, causant avec M. de Schwartzemberg, apprit de lui que l'Empereur d'Autriche ne serait pas éloigné de donner sa fille ; il en fit part à l'Empereur. Un conseil fut convoqué pour décider quelle alliance, de la Russie ou de l'Autriche, serait la plus avantageuse : Eugène et Talleyrand furent pour l'Autriche, Cambacérès parla contre ; la majorité fut en faveur d'une archiduchesse. Eugène fut chargé d'en faire l'ouverture officieuse, et le ministre des relations extérieures reçut des pouvoirs de signer dans le jour même, si l'occasion s'en présentait ; ce qui en effet arriva ainsi.

La Russie en prit beaucoup d'humeur, et se regarda comme jouée ; elle ne l'était pas ; il n'y avait rien d'obligatoire encore vis-à-vis d'elle ; les deux parties demeuraient tout à fait libres. Les intérêts de la politique firent passer sur tout le reste.

L'Empereur donna pour dame d'honneur à l'impératrice Marie-Louise la duchesse de Montebello ; le comte de Beauharnais pour chevalier d'honneur, et le prince Aldobrandini pour écuyer. Lors des malheurs de 1814, ils ne répondirent pas, disait l'Empereur, au dévouement que l'impératrice avait droit d'en attendre : son écuyer la déserta sans prendre congé ; son chevalier d'honneur ne voulut pas la suivre ; et la dame d'honneur, malgré l'extrême affection que lui portait l'impératrice, crut, disait Napoléon, tous ses devoirs accomplis lorsqu'elle l'eût déposée à Vienne.

En général, quand l'Empereur avait à nommer, nous disait-il, à des places délicates, il demandait d'ordinaire des candidats à ceux qui l'entouraient ; et c'est sur ces listes et les renseignements qu'il se procurait, qu'il méditait son choix en secret. Il nous a nommé quelques-unes des personnes qu'on lui avait proposées pour dames d'honneur : la princesse de Vaudémont ; une Madame de la Rochefoucault, devenue Madame de Castellane, et plusieurs autres ; puis il nous a demandé de dire nous-mêmes qui nous eussions proposé ; ce qui nous a fait passer en revue une bonne partie de la cour. Au nom de Madame de Montesquiou, indiqué par l'un de nous : « Je le crois bien, a-t-il répondu ; mais elle était plus avantageusement placée encore. C'est une femme d'un rare mérite : sa piété est sincère, ses principes excellents ; elle s'est acquis de grands titres à mon estime et à mon affection. Il m'en eût fallu deux comme elle, une demi-douzaine ; je les eusse toutes placées dignement, et j'en eusse demandé encore : elle a été parfaite à Vienne auprès de mon fils. »

Voici, du reste, qui donnera une idée juste de la manière dont elle élevait le roi de Rome. Ce jeune prince occupait le rez-de-chaussée donnant sur la cour des Tuileries ; il était peu d'heures de la journée où un grand nombre de spectateurs ne regardassent par la fenêtre, dans l'espérance de l'apercevoir. Un jour qu'il était dans un violent accès de colère et qu'il se montrait rebelle à tous les efforts de Madame de Montesquiou, elle ordonna de fermer à l'instant tous les contrevents; l'enfant, étourdi de cette obscurité subite, demanda aussitôt à *Maman Quiou* pourquoi tout cela. « C'est que je vous aime trop, lui dit-elle, pour ne pas cacher votre colère à tout le monde. Que diraient toutes ces personnes que vous gouvernerez peut-être un jour, si elles vous avaient vu dans cet état ! Croyez-vous qu'elles voulussent vous obéir, si elles vous savaient aussi méchant? » Et l'enfant de demander pardon aussitôt, et de bien promettre que cela ne lui arriverait plus.

« Voilà, au fait, observait l'Empereur, des manières différentes de celles de M. de Villeroi à Louis XV : *Regardez tout ce peuple ; mon maître, il vous appartient, tous ces hommes que vous voyez là sont les vôtres.* »

Madame de Montesquiou était adorée de cet enfant; quand on voulut la renvoyer de Vienne, il fallut employer la ruse et le tromper; ce fut jusqu'à craindre pour sa santé.

L'empereur avait beaucoup d'idées nouvelles touchant l'éducation du roi de Rome: il comptait sur l'*Institut de Meudon*, dont il avait déjà décrété les principes, attendant quelques loisirs pour leurs développements. Il voulait y rassembler tous les princes de la maison impériale, surtout ceux de toutes les branches qu'il avait élevées sur des trônes étrangers. C'était là joindre, prétendait-il, aux soins de l'éducation particulière, tous les avantages de l'éducation en commun. « Destinés, disait-il, à occuper divers trônes et à régir diverses nations, ces enfants auraient puisé là des principes communs, des mœurs pareilles, des idées semblables. Pour mieux faciliter la fusion et l'uniformité des parties fédératives de l'empire, chacun de ces princes eût amené du dehors, avec lui, dix ou douze enfants, plus ou moins, de son âge et des premières familles de son pays; quelle influence n'eussent-ils pas exercée chez eux au retour! Je ne doutais pas, continuait l'Empereur, que les princes des autres dynasties étrangères à ma famille n'eussent bientôt sollicité de moi, comme une grande faveur, d'y voir admettre leurs enfants. Et quel avantage n'en serait-il pas résulté pour le bien-être des peuples composant l'association européenne! Tous ces jeunes princes, observait Napoléon, eussent été réunis d'assez bonne heure pour contracter les liens si chers et si puissants de la première enfance, et séparés néanmoins assez tôt pour prévenir les funestes effets des passions naissantes : l'ardeur des préférences, l'ambition du succès, la jalousie de l'amour, etc. »

L'Empereur eût voulut que toute l'éducation de ces princes-rois se fût fondée sur des connaissances générales, de grandes vues, des sommaires, des résultats; il eût voulu des connaissances plutôt que de la science, du jugement plutôt que de l'acquis; l'application des détails plutôt que l'étude des théories; surtout point de parties spéciales trop poursuivies : car il estimait que la perfection ou le trop de succès, dans certaines parties, soit des arts, soit des sciences, était un inconvénient dans le prince. Les peuples, disait-il, n'avaient qu'à perdre d'avoir un poète pour roi, un virtuose, un naturaliste, un chimiste, un tourneur, un serrurier, etc., etc.

Marie-Louise avouait à l'Empereur que, dans les premiers moments qu'il fut question de mariage, elle ne pouvait se défendre d'une certaine frayeur, à cause de tout le mal qu'elle avait entendu dire de Napoléon parmi les siens; sur quoi, quand elle rappelait tout cela, ses oncles, les archiducs, qui la poussaient fort à cette union, lui répondaient: « Tout cela n'était vrai que quand il était notre ennemi; il ne l'est plus aujourd'hui. »

Sur le roi de Rome. — Correspondance de Napoléon et des impératrices. — La reine de Prusse et Magdebourg. — Lettre sur
Madame de Hatzfeld. — Napoléon eut dû se remarier avec une
Française. — Le repos du lion. — Napoléon voulut-il être
légitime ? — La faillite du mariage autrichien.

— [1] De là, l'Empereur est arrivé naturellement à
parler de son fils. « Quelle éducation lui donnera-
t-on, disait-il ? De quels principes nourrira-t-on son
enfance ? Et, s'il allait avoir la tête faible ? s'il allait
tenir des légitimes ! Si on allait lui inspirer l'horreur de son père ! Cette idée fait frémir ! observait-il
douloureusement. Et pourtant quel pourrait être le
contrepoison à tout cela ? Il ne saurait y avoir désormais d'intermédiaire sûr, de tradition fidèle entre
lui et moi ? Tout au plus un jour mes Mémoires et
peut-être aussi votre Journal. Mais encore pour
surmonter le pli, les impulsions de l'enfance, pour
vaincre les vices de l'entourage, faut-il déjà une
certaine capacité, une certaine force de tête, un jugement tranchant, décisif, et tout cela est-il donc si
commun !... » Et il avait l'air profondément affecté.
« Mais parlons plutôt d'autre chose », a-t-il prononcé fortement. Et il n'a parlé de rien.
Nous nous sommes mis au travail.

— [2] Aujourd'hui 19, quand j'aborde l'Empereur,
il me donne à lui traduire un libelle qui lui était
tombé sous la main. A travers mille inepties, nous
arrivons à des lettres privées qu'il adressait à l'impératrice Joséphine, sous la formule solennelle de
Madame et chère épouse. Ensuite c'était une combinaison d'espions et d'agents, à l'aide desquels l'Empereur lisait dans l'intérieur de toutes les familles
en France, et perçait dans l'obscurité de tous les cabinets de l'Europe. L'Empereur n'a pas voulu aller

1. 1er octobre 1816.
2. 19 décembre 1815.

plus loin, et m'a fait jeter le livre en me disant :
C'est par trop bête ! »

Le fait est que Napoléon, dans ses relations privées, n'a jamais cessé d'écrire très bourgeoisement
tu à l'impératrice Joséphine, et *ma bonne petite Louise*
à Marie-Louise.

La première fois que j'ai vu de l'écriture suivie de
l'Empereur, c'est à Saint-Cloud, après la bataille de
Friedland, entre les mains de l'impératrice Joséphine
qui se plaisait à nous la faire déchiffrer comme des
espèces d'hiéroglyphes. Elle portait : « Mes enfants
viennent d'illustrer encore une fois ma carrière ; la
journée de Friedland s'inscrira dans l'histoire à
côté de celles de Marengo, d'Austerlitz et d'Iéna.
Tu feras tirer le canon ; Cambacérès fera publier le
bulletin... » Plus tard la même faveur me procura la
vue de la même écriture, lors du traité de Tilsitt.
Elle disait : « La reine de Prusse est réellement char-
mante ; elle est pleine de coquetterie pour moi ; n'en
sois pas jalouse ; je suis une toile cirée sur laquelle
tout cela ne fait que glisser. Il m'en coûterait trop
cher pour faire le galant. »

A ce sujet on racontait alors parmi nous, dans le
salon de Joséphine, que la reine de Prusse tenant à
sa main une fort belle rose, l'Empereur la lui avait
demandée, la reine avait d'abord hésité quelques
instants, disait-on, puis elle l'avait donnée en disant :
« Pourquoi faut-il que je vous donne si facilement,
vous qui demeurez inflexible sur tout ce que je vous
demande ? » faisant allusion à la place de Magdebourg, qu'elle avait ardemment sollicitée. Circonstance du reste tant soit peu variée, ainsi qu'on pourra
s'en convaincre plus tard par le récit même de
Napoléon qu'on trouvera par la suite.

Telle était pourtant la nature des rapports privés
que des ouvrages anglais d'un certain mérite ont défigurés au point de démontrer l'Empereur comme un

tyran farouche, insolent et brutal, prêt à faire violence, à l'aide de ses mamelouks, à cette belle reine,
sous les yeux mêmes de son mari malheureux.

Mais voici précisément sur le même sujet et à la
même époque, une lettre authentique, dont je n'ai eu
connaissance que depuis peu, et qui achèvera de
donner une idée juste du style de Napoléon vis-à-vis
de Joséphine, en même temps qu'elle fera connaître
des formes aimables, et surtout une sensibilité et une
galanterie domestiques qu'amis et ennemis étaient
assurément bien loin de soupçonner alors en celui
que, par toute l'Europe, la calomnie et le mensonge
étaient venus à bout de faire passer pour le plus brutal, le plus insensible des hommes. Cette lettre de
Napoléon est une réponse à des observations que
lui adressait Joséphine sur le bulletin de la grande
armée, qui s'exprimait avec trop peu de ménage-
ment sur la reine de Prusse.

« J'ai reçu la lettre où tu me parais fâchée du mal
que je dis des femmes. Il est vrai que je hais les
femmes intrigantes au delà de tout; je suis accoutumé
à des femmes bonnes, douces et conciliantes : ce sont
celles que j'aime. Si elles m'ont gâté, ce n'est pas ma
faute, mais la tienne. Au reste, tu verras que j'ai été
fort bon pour une qui s'est montrée sensible et bonne,
Madame d'Hatzfeld. Lorsque je lui montrai la lettre
de son mari, elle me dit en sanglotant avec une profonde sensibilité et naïvement : c'est bien là son écriture. Son accent allait à l'âme, elle me fit peine, je lui
dis : *Eh bien ! Madame, jetez cette lettre au feu, je ne
serais plus assez puissant pour faire condamner votre
mari.* Elle brûla la lettre, et me parut bien heureuse; son mari est depuis tranquille, deux heures
plus tard il était perdu. Tu vois donc que j'aime les
femmes bonnes, naïves et douces; mais c'est que
celles-là seules te ressemblent. »

6 novembre 1806 à neuf heures du soir.

...[1] Plus tard, il revenait sur ce qu'il avait voulu et ce qu'il eût dû, disait-il, en se remariant, épouser une Française. « C'était éminemment national, disait-il ; la France était assez grande, son monarque assez puissant pour pouvoir négliger toute considération étrangère. D'ailleurs, l'alliance du sang entre souverains ne tient pas contre les intérêts de la politique, et, sous ce rapport même, ne prépare que trop souvent des scandales en morale aux yeux des peuples ; puis, c'est admettre une étrangère aux secrets de l'État : elle peut en abuser ; et si l'on compte soi-même sur les siens au dehors, on peut se trouver n'avoir posé le pied que sur un abîme recouvert de fleurs. En tout, c'est une chimère que de croire que ces alliances garantissent ou assurent jamais rien. »

Quoi qu'il en soit, la mesure d'un nouveau mariage transporta d'aise les citoyens sages qui cherchaient un avenir. Napoléon, peu de jours après cette détermination, dit à un de ses ministres (le duc Decrès), dans un moment de gaieté : « On est donc bien joyeux de mon mariage ? — Oui, Sire, beaucoup. — J'entends : c'est qu'on suppose que le lion s'endormira. — Mais, Sire, pour dire le vrai, nous y comptons un peu. — Eh bien, dit Napoléon après quelques instants de silence, l'on se trompe, et ce n'est pas aux vices du lion qu'il faudra s'en prendre. Le sommeil lui serait aussi doux peut-être qu'à tout autre ; mais ne voyez-vous pas qu'avec *l'air d'attaquer sans cesse*, je ne suis pourtant jamais occupé *qu'à me défendre*. » Cette assertion a pu laisser des doutes tant qu'a duré la lutte terrible ; mais la joie et les indiscrétions de la victoire sont venues depuis consacrer la vérité. On a vu les uns se vanter qu'ils auraient continué la guerre jusqu'à ce qu'ils eussent abattu

---

1. 13 novembre 1816.

leur ennemi ; qu'ils n'avaient jamais eu d'autre pensée. D'autres n'ont pas craint de publier que c'était sous le masque des alliances du sang même, et sous celui de l'amitié qu'ils avaient ourdi le complot de sa chute !!!...

— [1] Eh ! mon cher, moi-même, après tout, ne m'a-t-on pas fait le même reproche [2] ? et peut-être n'est-ce pas sans quelque apparence de raison, car enfin peut-être bien des nuances se seront dérobées à moi-même. J'ai pourtant déclaré, dans une circonstance solennelle, qu'à mes yeux la souveraineté n'était point dans le titre, ni le trône dans son appareil. On m'a reproché qu'à peine au pouvoir j'avais exercé le despotisme, l'arbitraire ; mais c'est la dictature qu'il fallait dire, et les circonstances m'absoudront assez. Ce qu'on m'a reproché encore, c'est de m'être laissé enivrer par mon alliance avec la maison d'Autriche, de m'être cru bien plus véritablement souverain après mon mariage : en un mot, de m'être cru, dès cet instant, Alexandre devenu le fils d'un dieu ! Mais tout cela était-il bien juste ? Ai-je donc prêté véritablement à de tels travers ? Il m'arrivait une femme jeune, belle, agréable ; ne m'était-il donc pas permis d'en témoigner quelque joie ? Ne pouvais-je donc, sans encourir le blâme, lui consacrer quelques instants ? Ne m'était-il donc pas permis, à moi aussi, de me livrer à quelques moments de bonheur ? Eût-on donc voulu qu'à la façon de votre prince de Galles, j'eusse maltraité ma femme dès la première nuit ? Ou bien encore, attendait-on que j'eusse fait voler sa tête, à la façon de ce sultan, pour échapper aux reproches de la multitude ? Non, ma seule faute dans cette alliance a été vraiment d'y avoir apporté un

1. 30 juin 1816.
2. **De vouloir se rendre « légitime ».**

cœur trop bourgeois.... J'avais si souvent répété que le cœur d'un homme d'État ne devrait être que dans sa tête!... Malheureusement ici le mien était demeuré à sa place pour les sentiments de famille ; et ce mariage m'a perdu, parce que je croyais surtout à la religion, à la piété, à la morale, à l'honneur de François. Je l'estimais essentiellement !... Il m'a cruellement trompé!... Je veux bien qu'on l'ait trompé à son tour ; aussi je le lui pardonne... Mais l'histoire l'épargnera-t-elle ? Si toutefois... »

Et Napoléon a gardé le silence quelques instants, la tête appuyée sur une de ses mains. Puis se réveillant : « Quel roman pourtant que ma vie !!!... »

Le budget du général et de l'Empereur. — Vérifications personnelles. — La société des Tuileries. — Dépenses de la maison impériale aux Tuileries. — Les bonnes comptabilités.

[1]A dîner, l'Empereur nous a questionnés sur ce qui était nécessaire, disait-il, pour un garçon, dans une capitale de l'Europe, ou pour un ménage raisonnable, ou enfin pour un ménage de luxe.

Il aime ces questions et ces calculs, et les traite avec une grande sagacité, et des détails toujours curieux.

Chacun de nous a présenté ses budgets, et l'on s'est accordé, pour Paris, à quinze mille, quarante mille et cent mille francs. L'Empereur s'est arrêté sur l'extrême différence qu'il y avait entre le prix des choses et celui des mêmes choses, suivant les personnes et les circonstances.

« En quittant l'armée d'Italie, a-t-il dit, pour venir à Paris, Mme Bonaparte avait écrit qu'on meublât, avec tout ce qu'il y avait de mieux, une petite maison que nous avions rue de la Victoire. Cette maison

1. 21 avril 1816.

ne valait pas plus de quarante mille francs. Quelle fut ma surprise, mon indignation et ma mauvaise humeur, quand on me présenta le compte des meubles du salon, qui ne me semblaient rien de très extraordinaire, et qui montait pourtant à la somme énorme de cent vingt à cent trente mille francs. J'eus beau me défendre, crier, il fallut payer. L'entrepreneur montrait la lettre qui demandait tout ce qu'il y avait de mieux : or, tout ce qui était là était de nouveaux modèles faits exprès, il n'y avait pas de juge de paix qui ne m'eût condamné. »

De là, l'Empereur est passé aux prix fous demandés pour les ameublements des palais impériaux, aux grandes économies qu'il y avait introduites. Il nous a donné le prix du trône, celui des ornements impériaux, etc., etc. Quoi de plus curieux que de tenir de sa bouche ces détails, ces comptes, le mode de ces économies ! Combien je regrette de ne les avoir pas consignés dans le temps ! Mais veut-on connaître un de ses moyens de vérification : il revenait aux Tuileries, qu'on avait magnifiquement meublées en son absence ; on n'eut rien de plus pressé que de lui faire voir et admirer le tout : il s'en montre très satisfait, et s'arrêtant à une embrasure de fenêtre, devant une fort riche tenture, il demande des ciseaux, coupe un superbe gland d'or en pendant, le met froidement dans sa poche, et continue son inspection, au grand étonnement de ceux qui le suivaient, incertains, et cherchant à deviner son motif.

A quelques jours de là, à son lever, le gland ressort de sa poche ; et le remettant à celui qui était chargé des ameublements : « Tenez, mon cher, lui dit-il, Dieu me garde de penser que vous me volez ; mais on vous vole ; vous avez payé ceci un tiers au-dessus de sa valeur : on vous a traité en intendant de grand seigneur, vous eussiez pu faire un meilleur marché si vous n'aviez pas été connu. »

C'est que Napoléon, dans une de ses promenades matinales, et déguisé, ce qui lui arrivait fréquemment, était entré dans plusieurs magasins de la rue Saint-Denis ; avait fait évaluer ce qu'il avait emporté, proposé des entreprises analogues, et amené le résultat, disait-il, à sa plus simple expression. Chacun connaissait son faire à cet égard, et c'était là, disait-il encore, ses grands moyens d'économie domestique, qui, malgré une extrême magnificence d'ailleurs, était portée au dernier degré d'exactitude et de régularité. En dépit de ses immenses occupations, il revisait lui-même tous ses propres comptes ; mais il avait sa manière : on les lui présentait toujours par spécialité ; il s'arrêtait sur le premier article venu, le sucre par exemple, et trouvant des milliers de livres, il prenait une plume et demandait au comptable : « Combien de personnes dans ma maison, monsieur ? » (et il fallait pouvoir lui répondre sur-le-champ). « — Sire, tant. — A combien de livres de sucre par jour les portez-vous l'une dans l'autre ? — Sire, à tant. » Il faisait aussitôt son calcul, et se montrait satisfait, ou s'écriait en lui rejetant son papier : « Monsieur, je double votre propre estimation et vous dépassez encore énormément ; votre compte est donc faux ? Recommencez tout cela, et montrez-moi plus d'exactitude. » Et il suffisait de ce seul calcul, de cette seule algarade, faisait-il observer, pour tenir chacun dans la plus stricte régularité. Aussi disait-il parfois de son administration privée, comme de son administration publique : « J'ai introduit un tel ordre, j'emploie de telles contre-épreuves, que je ne puis être volé de beaucoup. Si je le suis encore, je le laisse sur la conscience du coupable ; il n'en sera pas étouffé, cela ne saurait être lourd. »

[1] Le premier consul avait une répugnance naturelle contre les faiseurs d'affaires ; il s'était fait un devoir, disait-il, de montrer d'autres principes que ceux du directoire. Il voulait que la probité devînt le premier ressort et le caractère de son nouveau gouvernement. Le consul se vit aussi presque aussitôt entouré de femmes de fournisseurs ; elles étaient toutes charmantes et de la dernière élégance : ces deux circonstances semblaient être de rigueur parmi tous les faiseurs d'affaires, et entrer pour beaucoup dans leurs spéculations. Mais le sévère Lebrun était là pour éclairer son jeune Télémaque. Il fut résolu de ne pas les admettre dans la société des Tuileries. Toutefois on n'était pas sans embarras pour la composer : on ne voulait pas de nobles, pour ne pas effaroucher les opinions politiques ; on ne voulait pas de faiseurs d'affaires, afin de relever les mœurs nouvelles ; il ne restait donc pas grand'chose : aussi fut-ce d'abord pendant quelque temps une espèce de lanterne magique fort mêlée et très changeante. Cependant cette réunion eut bientôt sa couleur, son ton, son mérite...

[2] Le soir, durant le double tour de calèche, le temps s'est passé à tracer le budget de celui qui, à Paris, aurait cent cinquante livres de rente : l'écurie, disait l'Empereur, devait y entrer pour un sixième, la table pour un quart, etc.

J'ai déjà dit qu'il aimait ces calculs, qui prenaient toujours quelque chose de neuf et de piquant dans sa bouche.

La conversation a conduit à des détails plus curieux sur la liste civile et les dépenses de la maison de l'Empereur. Voici ce que j'en ai recueilli :

1. 29 mai 1816.
2. 2 juin 1816.

La table était d'un million; et pourtant le dîner de la personne de l'Empereur n'était dans ce compte que pour cent francs par jour. Jamais on n'a pu arriver à le faire manger chaud, parce qu'une fois au travail, on ne savait jamais quand il quitterait; aussi, l'heure du dîner venue, on mettait pour lui des poulets à la broche de demi-heure en demi-heure; et l'on en a vu rôtir des douzaines avant d'atteindre celui qui lui a été présenté.

La conversation est passée de là aux avantages d'une bonne comptabilité. L'Empereur citait surtout sur ce point MM. *de Mollien* et *La Bouillerie*. Le premier avait ramené le trésor public à une simple maison de banque; si bien que l'Empereur, dans un seul tout petit cahier, avait, disait-il, constamment sous les yeux l'état complet de ses affaires, sa recette, sa dépense, ses arriérés, ses ressources, etc., etc.

L'Empereur disait avoir eu dans ses caves, aux Tuileries, jusqu'à quatre cents millions en or qui étaient tellement à lui, qu'il n'en existait d'autres traces qu'un petit livret dans les mains de son trésorier particulier. Tout s'est fondu à mesure, et surtout lors des revers, dans les dépenses de l'Etat. Comment aurait-il pu, disait-il, songer à s'en réserver quelque chose; il s'était identifié tout à fait avec la nation.

Il disait encore avoir fait entrer en France plus de deux milliards de numéraire, sans compter tout ce que les individus pouvaient en avoir rapporté pour leur propre compte.

L'Empereur disait avoir été vivement sensible à ce qu'en 1814, M. de la Bouillerie, se trouvant à Orléans avec des dizaines de millions à lui, Napoléon, sa propriété personnelle, il les eût portés à M. le comte d'Artois, à Paris, au lieu de les conduire à Fontainebleau, comme cela était de son devoir et de sa conscience. « La Bouillerie, pourtant, n'était pas un méchant homme, disait l'Empereur, je l'avais aimé et estimé.

Au retour de 1815, il sollicita vivement d'être admis près de moi et de pouvoir se justifier : il aurait prouvé sans doute que c'était de son ignorance et non de son cœur. Il me connaissait bien; il savait que s'il arrivait jusqu'à moi, il en serait quitte pour quelques paroles de colère. Mais je me connaissais aussi : j'étais résolu de ne pas le reprendre ; je refusai de le voir. C'était le seul moyen que j'avais en cette occasion de résister à lui et à plusieurs autres. »

« Toutefois *Estève*, son prédécesseur, n'en eût pas fait autant; il m'était chaudement attaché; il m'eût conduit mon trésor par force à Fontainebleau. S'il ne l'eût pu, il l'eût enterré, jeté dans les rivières, distribué plutôt que de le livrer. »

La cour de l'Empereur. — Service *d'honneur* et service *des besoins.* — Le crédit dû au hasard. — Les femmes à la cour. — Comment s'organisa la cour. — Création des titres. — La Légion d'honneur. — Anecdote du *tyran* Napoléon. — Les chambellans et les écuyers. — Les pétitions. — Après l'île d'Elbe. — La cour et la nation. — Déplacements non onéreux. — Paris, capitale de l'Univers.

—[1] La cour de l'Empereur était bien plus magnifique, sous tous les rapports, que tout ce qu'on avait vu jusque-là, et cependant, disait-il, elle coûtait infiniment moins. La suppression des abus, l'ordre et la régularité dans les comptes, faisaient cette grande différence. Sa chasse, à quelques particularités près, inutiles ou ridicules, observait-il, comme celle du faucon et autres, était aussi splendide, aussi nombreuse, aussi bruyante que celle de Louis XVI, et elle ne lui coûtait annuellement, assurait-il, que quatre cent mille francs, tandis qu'elle revenait au roi à sept millions. Il en était de même de la table : l'ordre

1. 27 juillet 1816.

et la sévérité de Duroc, disait l'Empereur, avaient accompli des prodiges sur ce point. Sous les rois, les palais ne demeuraient point meublés, on transportait les mêmes meubles d'un palais à l'autre ; on n'en fournissait point aux gens de la cour ; c'était à chacun à s'en pourvoir. Sous lui, au contraire, il n'y avait personne en service qui ne se trouvât, dans la chambre qui lui était assignée, aussi bien et mieux que chez lui, pour tout ce qui était nécessaire ou convenable.

L'écurie de l'Empereur lui coûtait trois millions ; les chevaux revenaient, en somme, à trois mille francs l'un dans l'autre par an. Un page coûtait de six à huit mille francs : cette dernière dépense, observait-il, était la plus forte, peut-être, du palais ; aussi pouvait-on vanter l'éducation qu'on leur donnait, les soins qu'on en prenait. Toutes les premières familles de l'empire sollicitaient d'y placer leurs enfants ; et elles avaient raison, disait l'Empereur.

Quant à l'étiquette, l'Empereur disait qu'il était le premier qui eût séparé le *service d'honneur* (expression imaginée sous lui) du service des besoins. Il avait mis de côté tout ce qui était sale et réel, pour y substituer ce qui n'était que nominal et de pure décoration. « Un roi, disait-il, n'est pas dans la nature ; il n'est que dans la civilisation. Il n'en est point de nu ; il n'en saurait être que d'habillé, etc. »

L'Empereur disait qu'on ne saurait être plus sûr que lui de la nature et de la comparaison de tous ces objets, parce qu'ils avaient été tous arrêtés par lui, et sur les procès-verbaux des temps passés, où il n'avait fait qu'élaguer le ridicule, et conserver ce qui pouvait être bon, etc.

La conversation a été encore une fois sur la cour de l'Empereur aux Tuileries, la foule nombreuse qui la composait, l'adresse et l'esprit avec lesquels l'Empereur la passait en revue, etc.[1] Je supprime beaucoup de choses, pour ne les pas répéter. « C'est encore plus difficile qu'on ne le pense, disait-il, que de parler à une foule de personnes, et de ne leur rien dire ; que de connaître une multitude de monde, dont les neuf dixièmes vous sont inconnus, etc. »

Plus tard, il observait combien, après tout, il était tout à la fois aisé et difficile de l'approcher, d'avoir affaire à lui, de s'en faire juger ; combien il tenait peu avec lui de faire sa fortune ou de la manquer. « A présent que je suis hors de la question, disait-il, que me voilà simple particulier, que je réfléchis en philosophe sur ce temps où j'avais à faire les œuvres de la Providence, sans néanmoins cesser d'être homme, je vois combien réellement le hasard entrait dans les destinées de ceux que je gouvernais ; combien la faveur, le crédit pouvaient être accidentels. L'intrigue est parfois si adroite, le mérite si gauche, ces extrêmes se touchent de si près, que mon atmosphère, avec la meilleure volonté du monde, devait être encore une véritable loterie. Et pouvais-je faire mieux ? Péchais-je par mes intentions, mes efforts ? D'autres ont-ils mieux fait ? C'est surtout par là qu'il faut me juger. Le vice est donc dans la nature du poste, dans la force des choses. »

De là on a parlé de la présentation des femmes à la cour, de leur embarras, de leurs secrètes dispositions, des vues, des espérances de quelques-unes. Mme de Montholon a dévoilé le secret de certaines de sa connaissance ; d'où il résultait que si, dans divers salons de Paris, on se récriait sur la brutalité des manières de l'Empereur, la dureté de ses paroles, la laideur de sa personne, d'autres cœurs, mieux disposés, mieux informés, et bien différemment affectés,

---

1. 8 septembre 1816.

vantaient ailleurs la douceur de sa voix, la grâce de ses manières, la finesse de son sourire, et surtout sa fameuse main, belle, disait-on, jusqu'au ridicule.

Ces petits avantages, observait-on, mêlés à beaucoup de puissance, à beaucoup plus de gloire encore, pouvaient monter assez naturellement certaines têtes, créer certains romans. Aussi combien aux Tuileries aspiraient à plaire au maître ! Combien cherchaient à faire partager un sentiment qu'on éprouvait peut-être réellement soi-même !

L'Empereur riait de nos observations et de nos conjectures ; et puis il convenait qu'à travers ses nuages d'affaires et d'encens, il avait cru plus d'une fois s'en apercevoir. Les moins timides, ou les plus vivement disposées, en avaient même parfois, disait-il, sollicité et obtenu des audiences. Nous en riions à notre tour, et disions que dans le temps elles avaient fourni matière à toute notre gaieté. Mais l'Empereur nous protestait sérieusement que cela avait été tout à fait à tort. Déjà, dans une conversation plus particulière, à Briars, dans nos soirées du clair de lune, qu'on a vues plus haut, l'Empereur m'avait dit de même, et avait détruit tous les bruits d'alors, hormis un seul.

— [1] Napoléon, arrivant à la souveraine puissance, trouva donc, ainsi qu'on le dit vulgairement, *terre rase et maison nette*, et put composer une cour tout à fait à son gré. Il rechercha, dit-il, un milieu raisonnable, voulant accorder la dignité du trône avec nos mœurs nouvelles, et surtout faire servir cette création à l'amélioration des manières des grands, et à l'industrie du peuple. Certes, ce n'était pas une petite affaire que de relever un trône sur le terrain même où l'on avait juridiquement exécuté le monarque régnant, et

1. 5 mars 1816.

où chaque année l'on avait juré constitutionnellement
la haine des rois. Ce n'était pas une petite affaire que
de rétablir les dignités, les titres, les décorations, au
milieu d'un peuple qui combattait et triomphait,
depuis quinze ans, pour les proscrire. Toutefois Napoléon, qui semblait toujours faire ce qu'il voulait,
disait-il, parce qu'il avait l'art de vouloir juste et à
propos, enleva de haute lutte ces difficultés. On le fit
Empereur, il créa des grands et se composa une cour.
Bientôt la victoire sembla prendre le soin elle-même
d'affermir et d'illustrer subitement ce nouvel ordre
de choses. Toute l'Europe le reconnut, et il fut même
un moment où l'on eût dit que toutes les cours du continent étaient accourues à Paris pour composer celle des
Tuileries, qui devint la plus brillante et la plus nombreuse que l'on eût jamais vue. Elle eut des cercles,
des ballets, des spectacles ; on y étala une magnificence et une grandeur extraordinaires. La seule personne du souverain conserva toujours une extrême
simplicité, qui servait même à le faire reconnaître.
C'est que ce luxe, ce faste, qu'il encourageait autour
de lui, étaient dans ses combinaisons, disait-il, non
dans ses goûts. Ce luxe, ce faste, étaient calculés pour
exciter et payer nos manufactures et notre industrie
nationale. Les cérémonies et les fêtes du mariage de
l'Impératrice, et celles du baptême du roi de Rome,
ont laissé bien loin derrière tout ce qui les a devancées,
et ne se renouvelleront probablement jamais.

L'Empereur prit à tâche de rétablir au dehors tout
ce qui pouvait le mettre en harmonie avec les autres
Cours de l'Europe ; mais au dedans, il eut le soin
constant d'ajuster les formes anciennes avec nos nouvelles mœurs.

Ainsi, il rétablit les levers et les couchers de nos
rois ; mais, au lieu qu'ils étaient réels alors, ils ne
furent plus que nominaux. Au lieu de présenter les
plus petits détails d'une vraie toilette et les saletés

qui pouvaient en être la suite, ces instants, sous l'Empereur, n'étaient consacrés qu'à recevoir le matin ou congédier le soir ceux de sa maison qui avaient des ordres directs à prendre de lui, et dont la prérogative était de pouvoir lui faire leur cour à ces heures privilégiées.

Ainsi l'Empereur rétablit des présentations spéciales auprès de sa personne, des admissions à sa Cour ; mais au lieu de ne se décider que sur la naissance, ce ne fut plus que sur la base combinée de la fortune, de l'influence et des services.

Ainsi l'Empereur créa des titres, dont la qualification donnait la main à l'ancienne féodalité ; mais sans valeur réelle et d'un but purement national, sans prérogatives, sans privilèges ; ils allaient atteindre toutes les naissances, tous les services, toutes les professions. Il les disait un rapprochement utile avec les mœurs de la vieille Europe au dehors, et un hochet innocent pour bien des vanités du dedans. « Car, observait-il, combien d'hommes supérieurs sont enfants plus d'une fois dans la journée ! »

Ainsi l'Empereur fit reparaître des décorations et distribua des croix et des cordons ; mais au lieu de ne les répandre que sur des classes spéciales et privilégiées, il les étendit à toute la société, à tous les genres de services, à tous les genres de talents ; et, par un privilège exclusif peut-être en la personne de Napoléon, plus il en accorda, plus ils acquirent de prix. Il estime à vingt-cinq mille peut-être le nombre des décorations de la Légion d'honneur [1] qu'il a distribuées ; et le désir de les obtenir, disait-il, allait toujours croissant : c'était devenu une espèce de fureur. Après la campagne de Wagram, il l'adressa à l'archiduc Charles ; et, par un raffinement de galanterie qui

---

1. Sur la création de la Légion d'honneur, voir « Napoléon aux Invalides » par la Direction du Musée de l'Armée.

n'appartenait qu'à Napoléon, ce fut la croix d'argent, précisément celle du simple soldat, qu'il lui envoya.

C'était, disait l'Empereur, la pratique fidèle et volontaire des maximes qu'on vient de voir, qui faisait de lui le monarque vraiment national, et qui aurait rendu la quatrième dynastie la dynastie vraiment constitutionnelle. « Aussi, remarquait-il, le peuple du plus bas étage en avait-il l'instinct secret. » Et à ce sujet il racontait qu'en revenant de son couronnement d'Italie, et dans les environs de Lyon, la population accourant sur les routes, il lui prit fantaisie de monter seul et à pied la montagne de *Tarare*. Il avait défendu que personne ne le suivît ; se mêlant à la foule, il accosta une bonne vieille à qui il demanda ce que cela signifiait ; elle lui répondit que c'était l'Empereur qui allait passer. Sur quoi, après quelques paroles de politique, il lui dit : « Mais, la bonne, autrefois vous aviez *le tyran Capet,* à présent vous avez *le tyran Napoléon,* que diable avez-vous gagné à tout cela ? » La force de l'argument, disait Napoléon, déconcerta la vieille pour un moment. Mais cependant elle se remit et lui répondit : « Mais pardonnez-moi, monsieur, après tout, il y a une grande différence, nous avons choisi celui-ci, et nous avions l'autre par hasard ; l'un était le roi des nobles, l'autre est celui du peuple ; c'est le nôtre. » Et la bonne vieille avait raison, ajoutait l'Empereur, et elle découvrait là plus d'instinct et de bon sens que bien des gens d'une grande instruction et de beaucoup d'esprit.

L'Empereur s'entoura de grands officiers de la Couronne ; il se composa une nombreuse maison d'honneur en chambellans, écuyers et autres ; il les prit et parmi les personnes nouvelles que la révolution avait élevées, et dans les familles anciennes qu'elle avait dépouillées. Les premiers se regardaient sur un terrain qu'ils avaient acquis, les autres sur un terrain qu'ils croyait recouvrer. Pour l'Empereur, il ne cherchait dans ce mélange que l'extinction des haines et la fusion des partis. Toutefois il est aisé, dit-il, d'apercevoir des mœurs et des manières bien différentes : les anciens mettaient bien plus d'empressement et de grâce dans leur service; une Mme de Montmorency se serait précipitée pour renouer les souliers de l'Impératrice; une dame nouvelle y eût répugné; celle-ci eût craint d'être prise pour une femme de chambre; Mme de Montmorency n'avait nullement cette crainte. Ces emplois d'honneur étaient pour la plupart sans émolument, ils portaient même à de grandes dépenses; mais ils mettaient chaque jour sous les yeux du maître, d'un maître tout-puissant, source des honneurs et des grâces, et qui avait dit hautement qu'il ne voulait pas qu'un officier de sa maison ne s'adressât à d'autre qu'à lui.

Au moment du mariage de l'Impératrice, l'Empereur fit une recrue nombreuse de chambellans dans les premiers rangs de l'ancienne aristocratie; tout à la fois pour montrer à l'Europe qu'il n'existait plus qu'un parti en France, et pour entourer l'Impératrice de noms qui eussent pu lui être familiers peut-être. L'empereur balança même à prendre dans cette classe la dame d'honneur; la crainte que l'Impératrice, dont il ne connaissait pas le caractère, n'arrivât avec des préjugés de naissance qui enflerait trop l'ancien parti, lui fit faire un autre choix.

Depuis cet instant jusqu'au moment de nos revers, les plus anciennes, les plus illustres sollicitaient avec ardeur d'entrer dans la maison de l'Empereur : et comment ne l'eussent-ils pas fait! l'Empereur gouvernait le monde, il avait élevé la France et les Français au-dessus des nations; la puissance, la gloire, la force étaient son cortège; on était heureux dans l'atmosphère d'un tel lustre; appartenir directement à sa personne était, au dedans et ou dehors, un titre à la considération, aux hommages, aux respects.

Lors de la Restauration, un royaliste qui s'était conservé pur et devant lequel j'avais trouvé grâce, me disait le plus sérieusement du monde (car quelle différence d'idées n'amène point la différence des partis), qu'avec mon nom et la conduite franche que j'avais tenue, je ne devais pas désespérer de pouvoir me placer près du roi, ou dans la maison de quelque prince ou princesse. Quel fut le renversement de ses idées quand je lui répondis : « Mon cher, je me le suis rendu impossible : j'ai servi le maître le plus puissant de la terre, je ne saurais désormais prendre rien de pareil auprès de qui que ce soit ici-bas. Sachez que quand nous allions porter au loin les ordres de l'Empereur, dans les Cours étrangères, en portant sa couleur, nous nous considérions et nous étions considérés partout à l'égal des princes. Il nous a fait voir jusqu'à sept rois attendant dans ses salons, au milieu de nous et avec nous. Lors de son mariage quatre reines portaient le manteau de l'Impératrice, dont un de nous pourtant était le chevalier d'honneur et un autre l'écuyer. Croyez donc, mon cher, qu'une ambition généreuse se trouve rassasiée après de telles grandeurs. »

Du reste, la magnificence et la splendeur qui composaient cette Cour sans exemple, reposaient sur un ordre et une régularité d'administration qui a fait l'étonnement et l'admiration de ceux qui sont venus en fouiller les débris. L'Empereur en inspectait plusieurs fois lui-même les comptes dans l'année. On a trouvé tous ses châteaux réparés et embellis ; ils renfermaient près de quarante millions de vaisselle. S'il eût joui de quelques années de paix, l'imagination a de la peine à s'arrêter, dit-il, sur ce qu'il aurait pu faire.

L'Empereur disait avoir eu une idée heureuse qu'il était bien fâché de n'avoir pas exécutée ; c'était d'avoir chargé quelques personnes de rechercher les pétitions les plus importantes : « Elles m'eussent indiqué chaque jour, disait-il, trois ou quatre particuliers des provinces, qui aurait été admis à mon lever, et m'auraient expliqué directement leur affaire; je l'eusse discutée immédiatement avec eux, et leur eusse rendu prompte justice. »

Je disais à l'Empereur que la commission qu'il avait créée fort anciennement sous le titre de Commission des pétitions, approchait infiniment de son idée actuelle et faisait, en effet, beaucoup de bien. J'en avais été président lors du retour de l'île d'Elbe; et dans le premier mois, j'avais déjà fait droit à plus de quatre mille pétitions.

« Il est vrai, lui disais-je, que les circonstances d'abord, et l'habitude ensuite, n'avaient jamais permis à cet établissement de jouir de la plus précieuse prérogative dont il a doté sa création, celle qui aurait produit sans doute le plus d'effet sur l'opinion, savoir, de lui présenter officiellement, à sa grande audience, du dimanche, le résultat du travail de toute la semaine. » Mais la nature des choses, les constantes expéditions de l'Empereur, et surtout la jalousie des ministres, tout avait concouru à dépouiller cette commission de ce beau privilège.

L'Empereur était fâché aussi, disait-il, de n'avoir point établi, par l'étiquette du palais, que toutes les personnes présentées, les femmes surtout qui pourraient prétendre à obtenir de lui une audience, arriveraient de plein droit au salon de service. L'Empereur, le traversant plusieurs fois dans la journée, eût pu satisfaire en passant à quelques-unes de leurs demandes, et se fût épargné de la sorte le refus de ces audiences ou la perte du temps qu'elles lui causaient...

...Au retour de l'île d'Elbe, l'Empereur disait avoir eu la pensée de dîner chaque dimanche dans la galerie de Diane, au milieu de quatre ou cinq cents convives ; ce qui eût été sans doute, disait-il, d'un immense effet sur le public, surtout au moment du Champ de Mai, lors de la réunion des députés des départements à Paris ; mais la rapidité et l'importance des affaires l'en empêchèrent : il craignit aussi peut-être qu'on ne vît dans cette mesure une trop grande affectation de popularité, et que les ennemis du dehors ne la transformassent en crainte de sa part.

On est dans l'habitude, disait l'Empereur, de citer l'influence du ton et des manières de la cour sur celles d'une nation : il était loin d'avoir obtenu, remarquait-il, aucun résultat à ce sujet ; mais c'était le vice des circonstances et de plusieurs combinaisons inaperçues : il y avait beaucoup réfléchi, et il pensait qu'il l'eût obtenu avec le temps.

« La cour, continuait-il, prise collectivement, n'exerce point cette influence ; ce n'est que parce que ses éléments, ceux qui la composent vont propager, chacun dans sa sphère d'activité, ce qu'ils ont puisé à la source commune ; le ton de la cour n'arrive donc à toute une nation qu'au travers des sociétés intermédiaires. Or, nous n'avions pas de sociétés, nous ne pouvions point encore en avoir. Les sociétés, ces réunions pleines de charmes, où l'on jouit si bien des avantages de la civilisation, disparaissent subitement devant les révolutions, et ne se rétablissent qu'avec lenteur après la tempête. Les bases indispensables de la société sont l'oisiveté et le luxe ; or nous étions encore tous dans l'agitation, et les grandes fortunes n'étaient pas encore bien établies. Un grand nombre de spectacles, une foule d'établissements publics, présentaient d'ailleurs des plaisirs plus faciles, moins gênants, plus vifs. La génération des femmes du jour était jeune ; elles aimaient mieux courir et se montrer en public que de demeurer chez elles et se composer

un cercle rétréci. Mais elles auraient vieilli, disait-il,
et avec un peu de temps et de repos, toutes les choses
eussent repris leur allure naturelle. Et puis encore,
faisait-il observer, ce serait peut-être une erreur que
de juger d'une cour moderne par le souvenir des
cours anciennes : les cours anciennes étaient véritablement la puissance ; on disait la cour et la ville.
Aujourd'hui, si l'on voulait parler juste, on était
obligé de dire la ville et la cour. Les seigneurs
féodaux, depuis qu'ils avaient perdu leur pouvoir,
cherchaient en dédommagement leurs jouissances.
Les souverains eux-mêmes semblaient désormais
soumis à cette loi : le trône, avec nos idées libérales,
cessait insensiblement d'être une seigneurie, et
devenait purement une magistrature ; le prince,
n'ayant plus qu'une représentation morale, toujours
triste et ennuyeuse à la longue, devait chercher
à s'y dérober, pour venir, en simple citoyen, prendre
sa part des charmes de la société. »

Parmi une grande quantité de mesures nouvelles
projetées par l'Empereur pour un avenir plus tranquille, son idée favorite avait été, la paix obtenue
et le repos conquis, de ne plus vivre que pour les
épurations administratives et les améliorations
locales ; de se voir en tournées perpétuelles dans les
départements : il eût visité et non parcouru, campé
et non voyagé ; il eût fait usage de ses propres chevaux, se fût entouré de l'impératrice, du roi de Rome,
de sa cour. Toutefois il eût voulu que ce grand
attirail n'eût été onéreux à personne, mais plutôt un
bienfait pour tous : une tenture des Gobelins et tous
les accessoires, traînés à sa suite, eussent meublé,
décoré ses stations. Les autres personnes de la cour,
disait-il, eussent été logées à la craie chez les bourgeois, qui eussent regardé leurs hôtes comme un
bienfait plutôt qu'un fardeau, parce qu'ils eussent
toujours été pour eux la certitude de quelque

avantage ou de quelques faveurs. « C'est là, continuait-il, que j'eusse pu, dans chaque lieu, prévenir
les fraudes, châtier les dilapidateurs ; ordonner des
édifices, des ponts, des chemins ; dessécher des
marais, fertiliser des terres, etc... Si le ciel alors,
continuait-il, m'eût accordé quelques années, assurément j'aurais fait de Paris la capitale de l'univers,
et de toute la France un véritable roman. » Il
répétait souvent ces dernières paroles : que de gens
déjà auront dit cela, ou le répéteront avec lui !

IV

CARACTÈRE ET TEMPÉRAMENT

Le caractère de Napoléon. — Justice et bienveillance. — Il se juge sans passion. — L'Etoile de Napoléon. — Sensibilité. — Fatalisme.

— [1] Qui aujourd'hui sur la terre pourrait se flatter de connaître dans l'Empereur l'homme privé plus que moi ? Qui a possédé les deux mois de solitude au désert de Briars ? Qui a joui de ces longues promenades au clair de lune, de ces heures nombreuses écoulées avec lui ? Qui a eu comme moi l'instant, le lieu, le sujet des conversations ? Qui a reçu le ressouvenir des charmes de l'enfance, le récit des plaisirs de la jeunesse, l'amertume des douleurs modernes ? Aussi crois-je connaître à fond son caractère, aussi puis-je m'expliquer à présent bien des circonstances qui semblaient, dans le temps, à plusieurs, difficiles à entendre. Je comprends bien, surtout aujourd'hui, ce qui nous frappait si fort et le caractérisait particulièrement aux jours de sa puissance ; savoir : Qu'on n'était jamais complètement perdu avec lui ; que quelque éclatante qu'eût été la disgrâce, quelque profond qu'eût été l'abîme où l'on avait été jeté, on devait toujours espérer d'en revenir ; qu'une fois auprès de lui, quelque faute que l'on fît, quelque déplaisir que l'on causât, il était bien rare de s'en voir éloigné tout à fait. C'est qu'il est dans l'Empereur, à un degré éminent, deux qualités bien précieuses :

1. 15 décembre 1815.

un grand fonds de justice et une disposition naturelle à s'attacher. Quels que soient les contrariétés
et les mouvements de colère qu'il vient à éprouver,
il est encore un sentiment de justice qui reste tout-
puissant sur lui ; on est toujours sûr de le rendre
attentif à de bonnes raisons ; on est même sûr, si l'on
garde le silence, de les lui voir produire lui-même,
s'il s'en présente à son esprit. D'un autre côté, il
n'oublie jamais les services une fois rendus ; pas
davantage les habitudes prises ; tôt ou tard le ressouvenir lui en vient à l'esprit ; il se dit tout ce que l'on
a dû souffrir, trouve que le châtiment a été assez long
et fait alors chercher au loin celui que le monde
même avait oublié ; celui-ci reparaît au grand étonnement de tous, à l'étonnement de lui-même. On en
connaît une foule d'exemples.

L'Empereur, sans être démonstratif, s'attache sincèrement. Une fois qu'il a pris l'habitude de quelqu'un, il ne pense pas qu'il puisse s'en séparer ; il en
aperçoit les fautes, il les condamne, il blâme son
propre choix, il gronde même avec force ; mais on
n'a rien à craindre, ce sont comme autant de nouveaux liens.

On sera surpris sans doute de me voir esquisser
ces traits du caractère de Napoléon avec autant de
simplicité. Tout ce qu'on en écrit ordinairement est
si recherché ; on se croit obligé à tant d'antithèses, à
tant de brillant : c'est qu'en général les autres cherchent l'effet, ils se torturent l'esprit ; moi j'écris ici
ce que je vois, j'exprime ce que je sens.

— [1] Et ici je dois dire que depuis que j'apprends à
connaître l'Empereur, je ne lui ai jamais vu encore
un seul moment de colère ou d'animosité contre

1. 16 novembre 1815.

aucun de ceux qui se sont le plus mal conduits à son
égard. Il ne s'exalte pas sur ceux dont on lui vante la
belle conduite : ils avaient fait leur devoir. Il ne s'emporte pas contre ceux qui se sont rendus si coupables ; il les avait en partie devinés ; ils avaient cédé à
leur nature ; il les peignait froidement, sans fiel ;
attribuait une partie de leur conduite aux circonstances, qu'il confessait avoir été bien difficiles ;
rejetait le reste sur les faiblesses humaines...

Je reviens encore à quelques touches caractéristi-
ques sur l'Empereur. Il est sûr qu'il parle froidement,
sans passions, sans préjugés, sans ressentiment, des
circonstances et des personnes qui remplissent sa
vie. On sent qu'il pourrait devenir l'allié de ses plus
cruels ennemis, comme vivre avec l'homme qui lui a
fait le plus de mal. Il parle de son histoire passée
comme si elle avait déjà trois cents ans de date ; ses
récits et ses observations ont le langage des siècles ;
c'est une ombre conversant aux Champs-Élysées, de
vrais dialogues des morts. Il s'exprime souvent sur
lui-même comme sur une tierce personne ; parlant
des actes de l'Empereur, indiquant les faits que l'histoire pourrait lui reprocher, analysant les raisons et
les motifs qu'on pourrait alléguer pour sa justification.

Il n'aurait pas, disait-il, à s'excuser d'aucune faute
sur autrui, n'ayant jamais suivi que sa propre décision ; il aurait à se plaindre, tout au plus, de fausses
informations ; mais jamais de mauvais conseils. Il
s'était entouré du plus de lumière possible, mais
s'en était toujours tenu à son propre jugement ; il
était loin de s'en repentir. « C'est, disait-il, l'indéci-
sion et l'anarchie dans les moteurs, qui amènent
l'anarchie et la faiblesse dans les résultats. Pour
être équitable sur les fautes produites par la seule
décision personnelle de l'Empereur, continuait-il, il
faudrait mettre en balance les grandes actions dont

on l'aurait privé[1], et les autres fautes que lui auraient fait commettre les conseils auxquels on lui reproche de ne pas s'être abandonné, etc. »

Dans la complication des circonstances de sa chute, il voit les choses tellement en masse et de si haut, que les hommes lui échappent. Jamais on ne l'a surpris animé contre aucun de ceux dont on croirait qu'il a le plus à se plaindre. Sa plus grande marque de réprobation, et je m'en suis convaincu bien souvent, est de garder le silence sur leur compte quand on les mentionne devant lui. Mais combien de fois on l'a vu arrêter les expressions violentes et moins retenues de nous qui l'entourions ! « Vous ne connaissez pas les hommes, nous disait-il alors, ils sont difficiles à saisir quand on veut être juste, Se connaissent-ils, s'expliquent-ils bien eux-mêmes ? La plupart de ceux qui m'ont abandonné, si j'avais continué d'être heureux, n'eussent peut-être jamais soupçonné leur propre défection. Il est des vices et des vertus de circonstance. Nos dernières épreuves sont au-dessus de toutes les forces humaines ! Et puis j'ai plutôt été abandonné que trahi ; il y a eu plus de faiblesse autour de moi que de perfidie ; c'est le *reniement de saint Pierre*, le repentir et les larmes peuvent être à la porte. A côté de cela, qui, dans l'histoire, eut plus de partisans et d'amis ? Qui fut plus populaire et plus aimé ? Qui jamais laissa des regrets plus ardents et plus vifs ?... Voyez la France ; d'ici

---

1. « Dans une circonstance importante on vint à bout d'epousser un des membres de sa famille à oser venir lui faire des représentations contre une de ses grandes entreprises. Ils se trouvaient dans une embrasure de fenêtre. L'Empereur, après avoir écouté assez longtemps et avec plus de patience qu'on aurait pu le croire, interrompant tout à coup l'interlocuteur et fixant le ciel : « Voyez-vous cette étoile ? lui dit-il (or on était au milieu du jour). — Non. — Eh bien, moi je la vois, et très distinctement. Sur ce, mon cher, bonjour ! Retournez à vos affaires, et surtout fiez-vous-en à ceux qui voient un peu plus loin que vous... »

sur mon roc, ne serait-on pas tenté de dire que j'
règne encore? Les rois et les princes, mes alliés
m'ont été fidèles jusqu'à extinction, ils ont été enlevé
par les peuples en masse ; et ceux des miens qu
étaient autour de moi, se sont trouvés enveloppé
tout étourdis, dans un tourbillon irrésistible... Nor
la nature humaine pouvait se montrer plus laide, e
moi plus à plaindre ! »

— [1] Le matin, dans sa chambre, l'Empereur, à tra
vers une foule d'objets. est venu à causer sentimen
sensations, sensibilité ; et, citant à ce sujet l'un d
nous [2] qui, observait-il, ne prononçait le nom de s
mère que les larmes aux yeux, il a dit : « Mais cel
ne lui est-il pas particulier ? Est-ce donc général
Etes-vous de même, ou suis-je dénaturé ? Pour mo
j'aime assurément ma mère, et de tout mon cœur ;
n'est rien que je ne fisse pour elle, et cependant :
j'apprenais sa perte, je ne crois pas que je puisse expr
mer ma douleur par une larme ; et je n'affirmera
pas qu'il en fût de même pour la perte d'un am
celle de ma femme ou de mon fils. Cette différenc
est-elle dans la nature ? Quel peut en être le motif
Ne serait-ce pas que la raison m'a accoutumé d'avanc
à la perte de ma mère qui est dans l'ordre natu
rel des choses tandis que celle de ma femme et d
mon fils est une surprise, une rigueur du sort conti
laquelle je cherche à me débattre ? Et puis tou
bonnement encore est-ce peut-être le pendant natu
rel à l'égoïsme ? J'appartiens à l'un, et les autre
m'appartiennent. » Et il a multiplié les motifs ave
sa profusion accoutumée, toujours neuve, toujoui
piquante ; mais je ne les retrouve pas.

1. 23 septembre 1816.
2. Le général Gourgaud, d'une grande sensibilité nerveuse.

Il est sûr qu'il aimait tendrement sa femme et son fils. Les personnes qui ont servi dans son intérieur nous laissent connaître à présent combien il se livrait aux sentiments de famille, et nous développent des nuances de caractère que nous étions loin dans le temps de lui soupçonner. Il serrait parfois son fils dans ses bras avec effusion et à l'étouffer ; mais le plus souvent encore sa tendresse s'exprimait par des contrariétés et des niches. S'il le rencontrait dans les jardins, il le jetait par terre ou renversait ses joujoux. On le lui amenait tous les jours à déjeuner, et il manquait rarement de le débarbouiller avec tout ce qui se trouvait à sa portée sur la table. Quant à sa femme, il n'était pas de jours où elle ne reparût ici dans ses conversations privées ; pour peu qu'elles se prolongeassent, elle finissait tôt ou tard de manière ou d'autre, par y être pour quelque chose ou par en devenir tout l'objet.

[1] Napoléon disait qu'à la suite d'une de ses grandes affaires d'Italie, il traversa, lui troisième ou quatrième, le champ de bataille dont on n'avait pu encore enlever les morts : « C'était par un beau clair de lune et dans la solitude profonde de la nuit, disait l'Empereur ; tout à coup un chien sortant de dessous les vêtements d'un cadavre, s'élança sur nous et retourna presque aussitôt à son gîte, en poussant des cris douloureux ; il léchait tour à tour le visage de son maître, et se lançait de nouveau sur nous ; c'était tout à la fois demander du secours et rechercher la vengeance. Soit disposition du moment, continuait l'Empereur, soit le lieu, l'heure, le temps, l'acte en lui-même, ou je ne sais quoi, toujours est-il vrai que jamais rien, sur aucun de mes champs de bataille,

1. 3 décembre 1815.

ne me causa une impression pareille. Je m'arrêtai involontairement à contempler ce spectacle. Cet homme, me disais-je, a peut-être des amis; il en a peut-être dans le camp, dans sa compagnie, et il gît ici abandonné de tous excepté de son chien! Quelle leçon la nature nous donnait par l'intermédiaire d'un animal!...

« Ce qu'est l'homme! et quel n'est pas le mystère de ses impressions! J'avais sans émotion ordonné des batailles qui devaient décider du sort de l'armée; j'avais vu d'un œil sec exécuter des mouvements qui amenaient la perte d'un grand nombre d'entre nous; et ici je me sentais ému, j'étais remué par les cris et la douleur d'un chien!... Ce qu'il y a de bien certain, c'est qu'en ce moment j'eusse été plus traitable pour un ennemi suppliant : je concevais mieux Achille rendant le corps d'Hector aux larmes de Priam. »

¹ Dans divers sujets de conversation qui ont suivi, le fatalisme s'est trouvé mentionné, et l'Empereur a dit à cet égard des choses curieuses et remarquables; entre autres : « Ne me fait-on pas passer pour imbu du fatalisme, m'a-t-il demandé? — Mais, oui, Sire, du moins parmi beaucoup de gens. — Eh bien!... Eh bien! il faut laisser dire; aussi bien, on peut vouloir imiter, et cela peut avoir parfois son utilité... Ce que sont les hommes pourtant!... On est plus sûr de les occuper, de les frapper davantage par des absurdités, que par des idées justes; mais un homme de bon sens peut-il bien s'y arrêter un instant! Ou le fatalisme admet le libre arbitre, ou il le repousse. S'il l'admet, qu'est-ce qu'un résultat déjà fixé d'avance, vous dit-on, et que pourtant la moindre détermination, un seul pas, une seule parole vont faire varier

1. 1ᵉʳ octobre 1816.

à l'infini ? Si le fatalisme, au contraire, n'admet pas le libre arbitre, c'est bien autre chose ; alors, quand vous venez au monde, il n'y a plus qu'à vous jeter dans votre berceau, sans vous donner aucun soin ; s'il est irrévocablement fixé que vous vivrez, bien qu'on ne vous donne à boire ni à manger, vous grandirez toujours. Vous voyez bien que ce n'est pas une doctrine soutenable, ce n'est qu'un mot. Les Turcs eux-mêmes, ces patrons du fatalisme, n'en sont pas persuadés ; autrement il n'y aurait plus de médecine chez eux, et celui qui occupe un troisième étage, ne se donnerait pas la peine de descendre longuement les escaliers ; il descendrait tout de suite par la fenêtre, et vous voyez à quelle foule d'absurdités cela conduit, etc. »

Puissance de travail. — La Méthode. — Le secrétaire du portefeuille. — Qualités d'un général. — Equilibre entre l'esprit et le caractère. — Méthode d'avertissement aux coupables. — Napoléon interpellé.

[1] L'Empereur, depuis quelques jours, a une grande ferveur de travail. Toutes les matinées se sont passées à des recherches sur l'Egypte, dans les auteurs anciens. Nous avons parcouru de concert Hérodote, Pline, Strabon, etc., etc., ne prenant guère d'autre interruption que l'instant du déjeuner sur sa petite table. Le temps demeurait toujours mauvais, et l'Empereur a dicté littéralement durant ces deux jours dans tout leur entier.

A dîner, il nous disait qu'il se trouvait beaucoup mieux, et nous lui avons fait observer, à ce sujet, que depuis quelque temps néanmoins il ne sortait plus, et travaillait huit, dix, douze heures par jour.

« C'est cela même, disait-il : le travail est mon élément ; je suis né et construit pour le travail. J'ai

1. 25 au 27 septembre 1816.

connu les limites de mes jambes, j'ai connu les limites de mes yeux ; je n'ai jamais pu connaître celles de mon travail. Aussi j'ai manqué tuer ce pauvre Méneval ; j'ai été obligé de le faire relever, et de le mettre en convalescence auprès de Marie-Louise, chez laquelle son emploi n'était plus qu'une véritable sinécure. »

L'Empereur ajoutait que, s'il était en Europe, et tranquille, son plaisir serait d'écrire l'histoire. Il se plaignait de la manière pitoyable dont il la voyait traitée partout... L'Empereur en reparaissant le matin au cabinet, y trouvait des liasses mises en ordre à l'avance par M. Méneval [1]. S'il y manquait parfois vingt-quatre heures ou deux jours, son secrétaire le prévenait qu'il allait se laisser encombrer, et que le cabinet serait bientôt plein, ce à quoi l'Empereur répliquait d'ordinaire gaiement: « Ne vous effrayez pas, cela sera bientôt net. » Et en effet, en peu d'heures, l'Empereur s'était mis au courant. Il est vrai qu'il répondait beaucoup en ne répondant pas, en jetant tout ce qu'il jugeait inutile, même de ses ministres, ce à quoi ils étaient faits. Ne voyant pas arriver de réponse, ils savaient à quoi s'en tenir. Il lisait lui-même toutes les lettres, répondant par un mot à la marge de certaines, et dictant la réponse à d'autres. Celles qui étaient d'une haute importance étaient toujours mises de côté, relues deux fois, et jamais répondues qu'après quelque intervalle.

Il avait pour coutume, en sortant du cabinet, de rappeler les objets essentiels, et de dire qu'ils devaient être prêts à heure fixe ; et ils l'étaient toujours. Si, à cette heure, l'Empereur ne venait point. M. Méneval le pourchassait dans le palais, souvent à différentes reprises, pour le lui rappeler. Parfois

---

1. Son titre auprès du premier consul était « secrétaire du portefeuille ».

l'Empereur terminait ; parfois encore il répondait :
« *A demain, la nuit porte conseil.* » C'était sa phrase
habituelle ; aussi, disait-il avoir travaillé plus la nuit
que le jour. Ce n'est pas que les affaires lui caucas-
sent des insomnies ; mais seulement parce qu'il dor-
mait à heures interrompues, suivant son besoin, et
que peu lui suffisait.

Il arrivait souvent à l'Empereur, dans le cours de
ses campagnes, qu'on le réveillait subitement pour
des circonstances instantanées : il se levait aussitôt ;
on n'eût pas deviné à ses yeux qu'il venait de dormir : il donnait ses décisions ou dictait des réponses
avec la même clarté, la même fraîcheur d'esprit que
si c'eût été en tout autre moment. C'est ce qu'il appelait *la présence d'esprit d'après minuit :* elle était
complète et extraordinaire chez lui. Il est arrivé,
dans ces circonstances, qu'on l'a réveillé peut-être
jusqu'à dix fois dans la même nuit, et on le trouvait
toujours rendormi, parce qu'il n'avait pas encore
satisfait tout son besoin de sommeil. Se vantant un
jour de cette facilité de sommeil, et du peu qu'il lui
en fallait, à un de ses ministres (le général Clarke),
celui-ci lui répondit plaisamment : « C'est bien ce
qui nous désole, Sire ; car c'est souvent à nos dépens ;
il nous en descend parfois quelque chose. »

L'Empereur faisait tout par lui-même, et presque
tout par la voie de son cabinet. Il nommait à toutes
les places, substituant la plupart du temps de nouveaux noms à ceux dont ses ministres lui adressaient
la proposition. Il lisait leurs projets, les adoptait, les
rayait ou les modifiait. Il faisait jusqu'aux notes
même de son ministre des relations extérieures, qu'il
dictait à son secrétaire Méneval, pour lequel il
n'avait nul secret. C'était encore par l'intermédiaire
de celui-ci qu'il écrivait aux souverains, observant
avec eux un formulaire qu'il lui avait fait rédiger sur
les protocoles du passé, et à la rigueur duquel il atta-

chait beaucoup d'importance. Les ministres travaillaient tous en commun avec l'Empereur un jour fixe
de la semaine, à moins de cas particuliers ou accidentels dans les affaires ou dans un des ministères.
Le travail de chacun se faisait en présence de tous
les autres, qui pouvaient y prendre part. Chacun
vidait de la sorte son portefeuille. Un registre consa-
crait les délibérations ; il doit en exister un grand
nombre de volumes. Les objets arrêtés demeuraient
pour la signature, qui se faisait par l'intermédiaire
du ministre secrétaire d'État, qui le certifiait. Parfois, quelques-uns de ces objets, bien qu'arrêtés,
passaient au cabinet avant la signature, pour y être
revus et modifiés. Le ministre des relations extérieures était le seul qui, prenant part au travail
général des autres ministres, avait en outre, par la
nature secrète de ses fonctions, un travail particulier
avec l'Empereur. L'Empereur confiait le travail du
personnel de la guerre à un de ses aides de camp de
prédilection. Duroc a joui longtemps de cette confiance ; puis Bertrand et Lauriston ; le comte de
Lobau a été le dernier.

— [1] Il disait que les périls des généraux de nos
jours ne pouvaient se comparer à ceux des temps
anciens ; il n'y avait pas de position aujourd'hui où
un général ne pût être atteint par l'artillerie. Jadis
les généraux ne couraient de risque que quand ils
chargeaient eux-mêmes ; ce qui n'était arrivé à César
que deux ou trois fois.

Il était rare et difficile, disait-il dans un autre
moment, de réunir toutes les qualités nécessaires à
un grand général. Ce qui était le plus désirable et
tirait aussitôt quelqu'un hors de ligne, c'est que chez

1. 4 et 5 décembre 1816.

lui l'esprit ou le talent fût en équilibre avec le caractère ou le courage : c'est ce qu'il appelait être *carré* autant de base que de hauteur. Si le courage, continuait-il, était de beaucoup supérieur, le général entreprenait vicieusement au delà de ses conceptions ; et, au contraire, il n'osait pas les accomplir, si son caractère ou son courage demeurait au-dessous de son esprit. Il citait alors le *vice-roi*, chez lequel cet équilibre était le seul mérite, et suffisait néanmoins pour en faire un homme très distingué.

De là on a beaucoup parlé du courage physique et du courage moral ; et l'Empereur disait, au sujet du courage physique, qu'il était impossible à *Murat* et à *Ney* de n'être pas braves ; mais qu'on n'avait pas moins de tête qu'eux, le premier surtout.

Quant au courage moral, il avait trouvé fort rare, disait-il, *celui de deux heures après minuit* ; c'est-à-dire le courage de l'improviste qui, en dépit des événements les plus soudains, laisse néanmoins la même liberté d'esprit, de jugement et de décision. Il n'hésitait pas à prononcer qu'il était celui qui s'était trouvé avoir le plus de ce courage de deux heures après minuit, et qu'il avait vu fort peu de personnes qui ne fussent demeurées beaucoup en arrière.

Il disait à la suite de cela qu'on se faisait une idée peu juste de la force d'âme nécessaire pour livrer, avec une pleine méditation de ses conséquences, une de ces grandes batailles d'où vont dépendre le sort d'une armée, d'un pays, la possession d'un trône. Aussi observait-il qu'on trouvait rarement des généraux empressés à donner bataille : « Ils prenaient bien leur position, s'établissaient, méditaient leurs combinaisons ; mais là commençaient leurs indécisions ; et rien de plus difficile et pourtant de plus précieux que de savoir se décider. »

¹ Souvent l'Empereur attaquait toute une masse sur de simples individus ; et il le faisait avec un grand éclat, pour qu'on en demeurât frappé davantage ; mais ses colères publiques, dont on a fait tant de bruit, n'étaient que feintes ou factices. L'Empereur disait qu'il avait prévenu par là bien des fautes, et s'était épargné beaucoup de châtiments.

Un jour, dans une des grandes audiences, il attaqua un colonel avec la plus grande chaleur et tout à fait avec l'accent de la colère, sur de légers désordres commis par son régiment envers les habitants du pays qu'il venait de traverser en rentrant en France ; et comme le colonel, pensant la punition fort au-dessus de la faute commise, cherchait à se disculper et y revenait souvent, l'Empereur lui disait à voix basse, sans discontinuer la mercuriale publique : « C'est bien ; mais taisez-vous. Je vous crois ; mais demeurez tranquille... » Et plus tard, en le revoyant seul, il lui dit : « C'est que je fustigeais en vous des généraux qui vous entouraient, et qui, si je me fusse adressé directement à eux se seraient trouvés mériter la dernière dégradation, peut-être davantage. »

Mais si l'Empereur attaquait de la sorte en public, il lui arrivait parfois aussi de se voir attaqué à son tour : j'ai été témoin de plusieurs exemples.

Un jour à Saint-Cloud, à la grande audience du dimanche, et précisément à mon côté, un sous-préfet ou tout autre fonctionnaire piémontais, l'air égaré, et tout hors de lui, l'interpelle de la voix la plus élevée, lui demandant justice sur sa destitution, soutenant qu'il avait été faussement accusé et condamné. « Allez trouver mes ministres, lui répondit l'Empereur. — Non, Sire, c'est par vous que je veux être jugé. — Je ne le saurais ; je n'en ai point le temps ; j'ai à m'occuper de tout l'empire, et mes ministres sont institués

1. 1ᵉʳ juin 1816.

pour s'occuper des individus. — Mais ils me condamneront toujours. — Et pourquoi ?— Parce que tout le monde m'en veut. — Et pourquoi encore ? — Parce que je vous aime. Il suffit qu'on vous soit attaché pour qu'on devienne en horreur à tout le monde. — Ce que vous dites là est bien fort, monsieur, dit l'Empereur avec calme, j'aime à croire que vous vous trompez. » Et il passa tranquillement au voisin, tandis que nous en demeurions déconcertés, et en étions devenus rouges d'embarras. Une autre fois, à une parade, un jeune officier, aussi tout hors de lui, sort des rangs pour se plaindre qu'il est maltraité, dégradé ; qu'on a été injuste à son égard, qu'on lui a fait éprouver des passe-droits, et qu'il y a cinq ans qu'il est lieutenant sans pouvoir obtenir d'avancement. « Calmez-vous, lui dit l'Empereur, moi je l'ai bien été sept ans, et vous voyez qu'après tout, cela n'empêche pas de faire son chemin. » Tout le monde de rire, et le jeune officier, subitement refroidi, d'aller reprendre son rang. En tout rien n'était plus commun que de voir les individus s'attaquer à l'Empereur et lui tenir tête.

Je l'ai vu maintes fois, dans de vives et chaudes réclamations, ne pouvoir obtenir la dernière parole, et prendre le parti de céder, en passant à d'autres personnes ou en changeant de sujet.

Principe général.

Les actes de l'Empereur, quelque passionnés qu'ils parussent, étaient toujours accompagnés de calculs. « Quant un de mes ministres, disait-il, ou quelque autre grand personnage avait fait une faute grave, qu'il y avait vraiment lieu de se fâcher, que je devais vraiment me mettre en colère, être furieux, alors j'avais toujours le soin d'admettre un tiers à cette scène ; j'avais pour règle que, quand je me décidais à frapper, le coup devait porter sur beaucoup ; celui qui le recevait ne m'en voulait ni plus ni moins ; et celui

qui en était le témoin, dont il eût fallu voir la figure
et l'embarras, allait discrètement transmettre au loin
ce qu'il avait vu et entendu : une terreur salutaire
circulait de veine en veine dans le corps social. Les
choses en marchaient mieux; je punissais moins, je
recueillais infiniment, et sans avoir beaucoup de mal. »

Dans une de ces grandes occasions, le ministre de
la marine (Decrès) se trouva admis de conserve avec
le véritable patient, et l'Empereur l'avait choisi dans
la triple intention qu'il fût le témoin, qu'il reçût sa
part directe d'un avertissement salutaire, et servît
néanmoins de terme de comparaison propre à confu-
sionner d'autant celui qu'il avait réellement en vue;
car, après s'être exprimé vis-à-vis de celui-ci avec la
dernière violence, et être entré dans les plus petits
détails d'une menace extrême, se retournant tout à
coup vers Decrès, il lui dit : « Et vous aussi, monsieur
le ministre de la marine, on m'apprend que vous
vous avisez d'être de l'opposition; c'est fort étrange,
j'en suis très irrité, quoique après tout je sache bien
que chez vous il y a du moins des *tirants d'eau* d'honneur et de fidélité que vous ne dépasserez jamais. »

¹Dans un autre moment, à la suite de l'impopula-
rité dont, disait-il, il avait fini par être l'objet, comme
je revenais à lui témoigner mon étonnement de ce
qu'il n'avait pas cherché quelque moyen de faire con-
treminer les libelles, et de rappeler l'opinion qu'on
lui enlevait, il a répondu avec une sorte d'inspiration : « J'avais, ma foi, des vues bien autrement
larges que celles d'aller m'occuper de flagorner ou de
ménager une petite multitude, quelques coteries ou

1. 30 octobre 1816.

variations de sectes; non, il fallait me laisser revenir victorieux de Moscou, et l'on eût vu bientôt, non seulement tous ces gens-là, non seulement toute la France, mais encore le monde entier me revenir, m'admirer et me bénir. Il ne m'eût plus fallu que disparaître par hasard au sein du mystère, et le vulgaire eût renouvelé pour moi la fable de Romulus; il eût dit que je m'étais enlevé au ciel pour aller prendre ma place parmi les dieux!... »

[1] L'Empereur, déguisé, parcourait souvent la capitale; il sortait surtout de très grand matin, seul, à pied dans les rues : se mêlait aux ouvriers, dont il cherchait à connaître la situation et l'esprit.

Plus d'une fois je l'ai entendu au Conseil d'Etat recommander au préfet de police d'en faire autant; c'était ce qu'il appelait *la police du cadi*, celle qui s'exerce en personne et qu'il estimait de beaucoup la meilleure.

Napoléon, de retour de la désastreuse campagne de Moscou et de Leipsick, pour maintenir la confiance, affecta de se placer souvent et presque seul au milieu de la multitude. Il parcourait, lui trois ou quatrième, les marchés, les faubourgs et toutes les parties populeuses de la capitale, où il causait familièrement, et partout il fut bien reçu, bien traité.

Un jour, à la Halle, après quelques mots échangés, une femme se hasarda à lui dire qu'il fallait faire la paix. « La bonne, continuez de vendre vos herbes, reprit l'Empereur, et laissez-moi faire ce qui me regarde : chacun son métier. » Et tous les assistants de rire et d'applaudir à son opinion.

Un autre jour, au faubourg Saint-Antoine, entouré d'une immense multitude, parmi laquelle il se montrait très bon homme, un des assistants osa l'inter-

1. 16 octobre 1816.

peller. « Est-il vrai, comme on dit, que les affaires vont si mal ? — Mais, répondit l'Empereur, je ne peux pas dire qu'elles aillent trop bien. — Mais comment cela finira-t-il donc ? — Ma foi, Dieu le sait. — Mais comment ? Est-ce que les ennemis pourraient entrer en France ? — Cela pourrait bien être, et venir même jusqu'ici, si l'on ne m'aide pas : je n'ai pas un million de bras ; je ne puis pas faire tout à moi tout seul. — Mais nous vous soutiendrons, dirent un grand nombre de voix. — Alors je saurai bien battre encore l'ennemi, et conserver toute notre gloire. — Mais, que faut-il donc que nous fassions ? — Vous enrôler et vous battre. — Nous le ferions bien, dit un autre, mais nous voudrions y mettre quelques conditions ! — Eh bien ! lesquelles, dites ? — Nous voudrions ne pas passer la frontière. — Vous ne la passerez pas. — Nous voudrions, dit un troisième, être de la garde. — Eh bien ! va pour la garde. » Et les acclamations de retentir. Des registres furent ouverts sur-le-champ, et plus de deux mille individus s'enrôlèrent dans la journée. En les quittant, Napoléon regagnait lentement les Tuileries, pressé par cette multitude en désordre qui faisait retentir l'air de ses cris ; lorsqu'il vint à déboucher sur le Carrousel, le tout fut pris pour une insurrection, si bien que l'on s'empressa de fermer les grilles.

A son retour de l'île d'Elbe, l'Empereur fit une pareille visite au faubourg Saint-Antoine, et y fut reçu avec un enthousiasme sans égal ; il fut reconduit de même. Traversant le faubourg Saint-Germain, la rage de la multitude s'exhalait contre ces beaux hôtels et en montrait les fenêtres d'une main furieuse. L'empereur disait s'être trouvé bien rarement dans une situation aussi délicate. « Que de maux, disait-il, n'eussent pas pu produire une seule pierre lancée du milieu de cette multitude, ou une seule parole imprudente, ou même une expression seulement équivoque

de mon visage ; le faubourg malveillant pouvait disparaître dans son entier, et je crois bien que ce ne
fut qu'au calme de ma personne, au respect que me
portait cette multitude, que fut due sa conservation. »

[1] Napoléon répétait souvent des traits de la sorte [2] ;
en voici un écrit sous sa dictée, il s'agit du passage
du Saint-Bernard, avant la bataille de Marengo.

« Le consul montait, dans le plus mauvais pas, le
mulet d'un habitant de Saint-Pierre, désigné comme
étant le mulet le plus sûr de tout le pays. Le guide
du consul était un grand et vigoureux jeune homme
de vingt-deux ans, qui s'entretint beaucoup avec lui,
en s'abandonnant à cette confiance propre à son âge,
et à la simplicité des habitants des montagnes. Il
confia au premier consul toutes ses peines, ainsi que
les rêves de bonheur qu'il faisait pour l'avenir. Arrivé
au couvent, le premier consul, qui jusque-là ne lui
avait rien témoigné, écrivit un billet et le donna à ce
paysan pour le remettre à son adresse. Le billet
était un ordre qui prescrivait diverses dispositions,
qui eurent lieu immédiatement après le passage, et
qui réalisaient toutes les espérances du jeune paysan :
telles que la bâtisse d'une maison, l'achat d'un terrain, etc. Quelque temps après son retour, l'étonnement du jeune montagnard fut bien grand de voir
tant de monde s'empresser de satisfaire ses désirs,
et la fortune lui arriver de tous côtés. »

1. 3 semptembre 1816.
2. Traits de bienfaisance

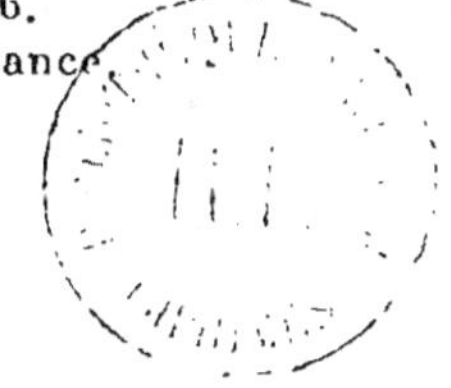

La santé de Napoléon avant Sainte-Hélène. — Constitution et tempérament de l'Empereur. — Résistance extraordinaire à la fatigue. — Napoléon et les médecins. — Sommeil à volonté. — Les *tiroirs* du cerveau. — Médecines et remèdes. — Le mystère de la vie. — Le traitement moral. — Les blessures de Napoléon. — Nécessité d'en garder le secret.

— [1] « Je suis plus heureux que vous, a dit l'Empereur. De ma vie je n'ai senti ma tête, *ni mon estomac.* » L'Empereur se répétait volontiers ; aussi a-t-il prononcé ces mêmes paroles peut-être dix, vingt, trente fois au milieu de nous en différents moments [2].

— [3] L'Empereur, contre l'opinion commune, celle que j'avais entretenue moi-même, est loin d'avoir une forte constitution ; ses membres sont gros, mais sa fibre est très molle ; avec une poitrine fort large, il est toujours enrhumé ; son corps est soumis aux plus légères influences ; l'odeur de peinture suffit pour le rendre malade ; certains mets, la plus petite humidité, agissent immédiatement sur lui ; son corps est bien loin d'être de fer, ainsi qu'on l'a cru, c'est seulement son moral. On connaît ses prodigieuses fatigues au dehors, ses perpétuels travaux au dedans ;

1. 11 août 1816.
2. « D'ordinaire je passe tous les détails de ce genre, à cause de leur minutie ; mais celui que je viens de mentionner en cet instant n'acquiert qu'une trop grande importance par la nature de la mort et les agonies prolongées et terribles de l'immortelle victime, qui a succombé sous les triples tourments du corps, de l'esprit et du cœur. Il eût eu bien moins à souffrir entre les mains des Cannibales !... Et ce supplice, ces tourments, lui ont été froidement ménagés par une administration barbare qui a entaché de cet acte les annales d'un peuple si justement renommé par l'élévation de ses sentiments et sa sympathie pour le malheur !... Mais aussi une triste et pénible célébrité s'attachera au nom des bourreaux de Napoléon. L'indignation des cœurs généreux de tous les pays et de tous les âges les frappe à jamais d'une éternelle réprobation ! »
3. 25 novembre 1815.

jamais aucun souverain n'a égalé ses fatigues corporelles. Ce qu'on cite de plus fort est la course de Valladolid à Burgos, à franc étrier (trente-cinq lieues d'Espagne en cinq heures et demie, plus de sept lieues à l'heure [1]). Napoléon était parti avec une nombreuse suite, à cause du danger des guérillas : à chaque pas, il resta du monde en route ; Napoléon arriva presque seul. On cite aussi la course de Vienne au Simmering (dix-huit ou vingt lieues), où il se rendit à cheval, déjeuna et revint aussitôt après. On lui a vu faire souvent des chasses de trente-huit lieues, les moindres étaient de quinze. Un jour, un officier russe, arrivant en courrier de Pétersbourg, en douze ou treize jours, joignit Napoléon à Fontainebleau, au départ de la chasse ; pour délassement il eut la faveur d'être invité à suivre : il n'eut garde de refuser ; mais il tomba dans la forêt et ce ne fut pas sans peine qu'on le retrouva.

J'ai vu l'Empereur au Conseil d'Etat, traiter les affaires huit ou neuf heures de suite, et lever la séance avec les idées aussi nettes, la tête aussi fraîche qu'au commencement. Je l'ai vu lire, à Sainte-Hélène, dix ou douze heures de suite, des sujets abstraits, sans en paraître nullement fatigué.

Il a supporté sans ébranlement les plus fortes secousses qu'un homme puisse éprouver ici-bas. A son retour de Moscow ou de Leipsick, après l'exposé du désastre au Conseil d'Etat, il dit : « On a répandu dans Paris que les cheveux m'avaient blanchi ; mais vous voyez qu'il n'en est rien (montrant son front

---

1. « Ceci paraîtra incroyable ; moi-même, en relisant aujourd'hui mon manuscrit, je doute ; mais je ne peux oublier cependant que lorsqu'il en fut question à Longwood, c'était à dîner, ce devint l'objet d'une discussion assez longue, et je n'ai bien certainement écrit alors que ce qui demeura convenu. D'ailleurs, il existe encore plusieurs de ceux qui l'accompagnaient ; on pourra vérifier. »

de la main). et j'espère que j'en saurais supporter bien d'autres. » Mais toutes ces prodigieuses épreuves ne se sont accomplies, pour ainsi dire, qu'en déception de son physique, qui ne se montre jamais moins susceptible que quand l'activité de l'esprit est plus grande.

Napoléon mange très irrégulièrement et en général fort peu. Il répète souvent qu'on peut souffrir de trop manger, jamais d'avoir mangé trop peu. Il est homme à rester vingt-quatre heures sans manger, seulement pour se donner de l'appétit le lendemain. Il boit moins encore ; un seul verre de vin de Madère ou de Champagne suffit pour réveiller ses forces ou lui donner de la gaîté. Il dort fort peu, et à des heures très irrégulières ; se relevant au premier réveil pour lire ou pour travailler, et se recouchant pour redormir encore.

L'Empereur ne croit pas à la médecine, il ne prend jamais aucun remède. Il s'est créé un traitement particulier : son grand secret avait été depuis longtemps, disait-il, de commettre un excès en sens opposé à son habitude présente ; c'est ce qu'il appelle rappeler l'équilibre de la nature : s'il était depuis quelque temps au repos, il faisait subitement une course de soixante milles, une chasse de tout un jour.

S'il se trouvait au contraire surpris au milieu de très grandes fatigues, il se condamnait à vingt-quatre heures de repos absolu. Cette secousse imprévue lui causait infailliblement une crise intérieure qui amenait aussitôt le résultat désiré ; cela, disait-il, ne lui avait jamais manqué.

L'Empereur a la lymphe trop épaisse, son sang circule difficilement. La nature l'a doué de deux avantages bien précieux, dit-il : l'un est de s'endormir dès qu'il a besoin de repos, à quelque heure et en quelque lieu que ce soit ; l'autre de ne pouvoir commettre d'excès nuisibles dans son boire ou dans son manger : « Si- je dépassais le moindrement mon *tirant d'eau*, disait-il, mon estomac rendrait aussitôt le surplus. » Il vomit très facilement, une simple toux d'irritation suffit pour lui faire rendre son dîner.

—[1] L'Empereur expliquait la netteté de ses idées et la faculté de pouvoir, sans se fatiguer, prolonger à l'extrême ses occupations, en disant que les divers objets et les diverses affaires se trouvaient casés dans sa tête comme ils eussent pu l'être dans une armoire. « Quand je veux interrompre une affaire, disait-il, je ferme son tiroir, et j'ouvre celui d'une autre. Elles ne se mêlent point, et ne me gênent ni ne me fatiguent point l'une par l'autre. »

Jamais non plus il n'avait éprouvé, disait-il, d'insomnies par la préoccupation involontaire de ses idées. « Veux-je dormir, je ferme tous les tiroirs, et me voilà au sommeil. » Aussi observait-il qu'il avait toujours dormi quand il en avait besoin, et à peu près à volonté.

[2] L'Empereur ne croit point à la médecine, ni à ses remèdes, dont il ne fait aucun usage. « Docteur, disait-il, notre corps est une machine à vivre, il est organisé pour cela, c'est sa nature ; laissez-y la vie à son aise, qu'elle s'y défende elle-même, elle fera plus que si vous la paralysiez en l'encombrant de remèdes. Notre corps est comme une montre parfaite qui doit aller un certain temps ; l'horloger n'a pas la faculté de l'ouvrir, il ne peut la manier qu'à tâtons et les yeux bandés. Pour un qui, à force de la tourmenter à l'aide d'instruments biscornus, vient à bout de lui faire du bien, combien d'ignorants la détruisent, etc... »

1. 29 septembre 1816. — Dictée de Napoléon.
2. 8 mars 1816.

L'Empereur **ne reconnaissait** donc d'utilité à la médecine que dans certains cas assez rares, dans les maladies connues, consacrées par le temps et l'expérience ; et il comparait alors l'art du médecin à celui de l'ingénieur dans les sièges réguliers, où les maximes de Vauban, les règles de l'expérience, ont soumis tous les hasards à des lois connues. Aussi, d'après ces principes, l'Empereur avait-il conçu l'idée d'une loi qui n'eût permis à la masse des médecins en France que l'usage des remèdes innocents, et qui leur eût interdit celui des remèdes *héroïques*, c'est-à-dire qui peuvent donner la mort, à moins qu'ils ne fissent trois ou quatre mille francs au moins de leur état ; ce qui supposait déjà, disait-il, de l'éducation, des connaissances et un certain crédit public. « Cette mesure, disait-il, était certainement juste et bienfaisante ; toutefois elle était encore, dans les circonstances où je me trouvais, hors de saison ; les lumières n'étaient pas encore assez généralement répandues : nul doute que la masse du peuple n'eût vu qu'un acte de tyrannie dans la loi qui pourtant le dérobait à ses bourreaux. »

L'Empereur avait, disait-il, souvent entrepris sur la médecine, le célèbre Corvisart, son premier médecin. Celui-ci, à part l'honneur de son corps et de ses collègues, lui confessait avoir à peu près les mêmes opinions, et les mettait même en pratique. Il était très ennemi des remèdes, les employait fort peu. L'Impératrice Marie-Louise souffrant beaucoup dans sa grossesse, et le tourmentant pour être soulagée, il lui donnait malicieusement des pilules de mie de pain, qui ne laissaient pas que de lui faire beaucoup de bien, assurait-elle.

L'Empereur disait qu'il avait amené Corvisart à avouer que la médecine était une ressource privilégiée ; qu'elle pouvait faire du bien aux riches, mais qu'elle était le fléau des pauvres. « Mais ne croyez-vous pas, disait l'Empereur, que, vu l'incertitude de la médecine en elle-même et l'ignorance des mains qui l'emploient, ses résultats, pris en masse, sont plus funestes aux peuples qu'utiles ? » Corvisart en convenait franchement. « Mais vous-même n'avez-vous jamais tué personne ? disait l'Empereur ; c'est-à-dire, n'est-il pas des malades qui sont morts évidemment de vos remèdes ? — Sans doute, répondait Corvisart ; mais je ne dois pas l'avoir plus sur la conscience que Votre Majesté, qui aurait fait périr des cavaliers, non parce qu'elle aurait ordonné une mauvaise manœuvre, mais parce qu'il s'est trouvé sur leur route un fossé, un précipice qu'elle n'avait pu voir, etc... »

De là l'Empereur est passé à des problèmes et des définitions qu'il proposait au docteur. « Qu'est-ce que la vie ? lui disait-il. Quand et comment la recevons-nous ? Tout cela est-il autre chose que mystère ? »

Puis il définissait la folie innocente, une lacune ou divagation de jugement entre des idées justes et leur application : un fou mange des raisins dans une vigne qui n'est pas la sienne, et répond aux reproches du propriétaire : « Nous sommes deux ici, le soleil nous voit ; donc j'ai le droit de manger des raisins. » Le fou terrible était celui chez qui cette lacune ou divagation du jugement s'exerçait entre des idées et des actes : c'était celui qui coupait la tête d'un homme endormi et se cachait derrière une haie pour jouir de l'embarras du corps mort, lorsqu'il viendrait à se réveiller.

L'Empereur demandait encore au docteur quelle était la différence entre le sommeil et la mort, et il répondait lui-même en disant que le sommeil était la suppression momentanée des facultés sur lesquelles notre volonté exerce son pouvoir ; et la mort, la suspension durable, non seulement de ces mêmes facultés, mais encore de celles sur lesquelles notre volonté est sans pouvoir.

De là, la conversation est tombée sur la peste. L'Empereur soutenait qu'elle se prenait par l'aspiration aussi bien que par le contact ; il disait que son plus grand danger et sa plus grande propagation étaient dans la crainte ; son siège principal dans l'imagination : en Egypte, tous ceux dont l'imagination était frappée périssaient. La défense la plus sûre, le remède le plus efficace, étaient le courage moral. Lui, Napoléon, avait impunément touché, disait-il, des pestiférés à Jaffa, et sauvé beaucoup de monde, en trompant les soldats pendant plus de deux mois sur la nature du mal : ce n'était pas la peste, leur avait-on dit, mais une fièvre à bubons. De plus, il avait observé que le meilleur moyen d'en préserver l'armée avait été de la mettre en marche et de lui donner beaucoup de mouvement : la distraction et la fatigue s'étaient trouvées les plus sûres garanties, etc. [1]

L'Empereur disait encore au docteur : « Si Hippocrate entrait tout à coup dans votre hôpital, ne serait-il pas bien étonné ? adopterait-il vos maximes et vos mesures ? ne vous réprouverait-il pas ? Vous-même, entendriez-vous son langage ? vous comprendriez-vous l'un et l'autre ? » Et il terminait enfin par vanter gaiement la médecine de Babylone, où l'on exposait

---

1. On trouve dans les Mémoires de M. Larrey, comme phénomène, ou du moins comme chose très remarquable, que la force des circonstances, dans la retraite de Saint-Jean-d'Acre, ayant fait réduire la nourriture des malades à quelques simples galettes de biscuit, et leur pansement à de l'eau saumâtre, ces malades ont traversé soixante lieues de désert, sans accidents, et avec de tels avantages que la plupart se sont trouvés guéris lorsqu'ils ont revu l'Egypte. Il attribue cette espèce de prodige à l'exercice direct ou indirect, aux chaleurs sèches du désert, et surtout à la joie de retrouver un pays qui était devenu pour les soldats une espèce de nouvelle patrie.

les malades à la porte, et où les parents, assis auprès d'eux, arrêtaient les passants pour leur demander s'ils avaient jamais eu pareille chose, et ce qui les avait guéris. On avait du moins la certitude, disait-il, d'éviter ceux que les remèdes avaient tués.

— [1] En faisant sa toilette, il passait sa main sur sa cuisse gauche, où se voyait un trou considérable; il y enfonçait le doigt en me le montrant significativement, et voyant que j'ignorais ce que ce pouvait être, il m'a dit que c'était le coup de baïonnette qui avait failli lui coûter la cuisse au siège de Toulon. Marchand, qui l'habillait, s'est permis d'observer qu'on le savait bien à bord du *Northumberland*; qu'un des hommes de l'équipage lui avait dit, lorsqu'on y arriva, que c'était un Anglais qui, le premier, avait blessé notre Empereur.

L'Empereur prenant alors ce sujet, disait qu'on avait généralement admiré et prôné le rare bonheur qui le tenait comme invulnérable au milieu de tant de batailles. « Et l'on était dans l'erreur, ajoutait-il, seulement j'avais toujours fait mystère de tous mes dangers. » Et il a raconté qu'il avait eu trois chevaux tués sous lui au siège de Toulon; qu'il en avait eu plusieurs tués ou blessés dans ses campagnes d'Italie, trois ou quatre au siège de Saint-Jean-d'Acre. Qu'il avait été blessé maintes fois : qu'à la bataille de Ratisbonne, une balle lui avait frappé le talon; qu'à celle d'Essling ou de Wagram, je ne saurais dire laquelle, un autre coup de feu lui avait déchiré la botte, le bas et la peau de la jambe gauche; en 1814 il avait perdu un cheval et son chapeau à Arcis-sur-Aube, ou dans son voisinage; et après le combat de Brienne, en rentrant le soir à son quartier général,

1. 25 décembre 1815.

triste et méditatif, il se trouva chargé inopinément
par des Cosaques qui avaient passé sur les derrières
de l'armée; il en repoussa un de la main, et se vit
contraint de tirer son épée pour sa défense personnelle; plusieurs de ces Cosaques furent tués à ses
côtés. « Mais ce qui donne un prix bien extraordinaire à cette circonstance, disait-il, c'est qu'elle se
passa auprès d'un arbre que je considérais en cet
instant, et que je reconnaissais pour être celui au
pied duquel, durant nos récréations, à l'âge de douze
ans, je venais lire la *Jérusalem délivrée*. » C'était
donc là que Napoléon avait éprouvé sans doute les
premières émotions de la gloire !

L'Empereur répétait qu'il avait été très souvent
exposé dans ses batailles; mais on le taisait toujours
avec le plus grand soin. Il avait recommandé, une
fois pour toutes, le silence le plus absolu sur toutes
les circonstances de cette nature. « Quelle confusion,
quel désordre n'eussent pas résulté du plus léger
bruit, du plus petit doute touchant mon existence !
disait-il. A ma vie se rattachait le sort d'un grand
empire, toute la politique et les destinées de l'Europe ! »

Cette habitude, du reste, de tenir ces circonstances
secrètes, faisait, ajoutait-il en ce moment, qu'il
n'avait pas songé à les relater dans ses campagnes;
et puis elles étaient aujourd'hui presque hors de sa
mémoire; ce n'était plus guère, disait-il, que par
hasard et dans le cours de ses conversations qu'elles
pouvaient lui revenir, etc., etc.

V

VIE DE NAPOLÉON

De la naissance au Consulat. — Origines de la famille de l'Empereur. — Scepticisme de Napoléon. — Ses parents. — Ses frères.

— [1] Le nom de Bonaparte s'écrit indistinctement Bonaparte ou Buonaparte ainsi que le savent tous les Italiens. Le père de Napoléon écrivait Buonaparte; un oncle de celui-ci, l'archidiacre Lucien, qui lui a survécu et a servi de père à Napoléon et à tous ses frères, écrivait, sous le même toit et dans le même temps, Bonaparte. Napoléon, durant toute sa jeunesse, a signé Buonaparte, comme son père. Arrivé au commandement de l'armée d'Italie, il se donna bien de garde d'altérer cette orthographe, qui était plus spécialement la nuance italienne; mais plus tard, et au milieu des Français, il voulut la franciser, et ne signa plus que Bonaparte.

Cette famille a joué longtemps un rôle distingué dans la moyenne Italie; elle a été puissante à Trévise; on la trouve inscrite sur le Livre d'or de Bologne et parmi les patrices florentins.

Lorsque Napoléon, alors général de l'armée d'Italie, entra vainqueur dans Trévise, les chefs de la ville vinrent joyeusement au-devant de lui et lui présentèrent les titres et les actes qui prouvaient que sa famille y avait joué un grand rôle.

A l'entrevue de Dresde, avant la campagne de

1. 21 août 1815.

Russie, l'empereur François apprit un jour à l'empereur Napoléon, son gendre, que sa famille avait été souveraine à Trévise; qu'il en était bien sûr, parce qu'il s'en était fait représenter tous les documents. Napoléon lui répondit en riant qu'il n'en voulait rien savoir, qu'il préférait bien plutôt être le *Rodolphe de Hapsbourg* de sa famille. François y attachait plus d'importance; il lui disait qu'il était bien indifférent d'avoir été riche et de devenir pauvre; mais qu'il était sans prix d'avoir été souverain, et qu'il fallait le dire à Marie-Louise à qui cela ferait grand plaisir[1].

Lorsque Napoléon, dans la campagne d'Italie, entra dans Bologne, *Marescalchi, Caprara* et *Aldini,* depuis si connus en France, et alors députés du sénat de leur ville, vinrent lui présenter, avec complaisance, leur Livre d'or, où se trouvaient inscrits le nom et les armoiries de sa famille.

Plusieurs maisons ou édifices attestent encore dans Florence l'existence dont y avait jadis joui la famille Bonaparte; plusieurs demeurent encore chargés de ses écussons.

Un Corse ou un Bolonais, *Cesari*, je crois, choqué à Londres de la manière dont le gouvernemeet avait reçu la lettre pacifique du général Bonaparte entrant au consulat, publia alors des renseignements généalogiques qui établissaient ses alliances avec l'antique maison d'*Est*[2], *Welf* ou *Guelf,* supposée être la tige des présents rois d'Angleterre[3].

---

1. « Je ne lui donnerais pas ma fille si je n'étais convaincu que sa famille est aussi noble que la mienne. »— *La famille Bonaparte depuis 1275.* — M. Foissy.

2. Lire « Este ».

3. « Ce paragraphe s'est trouvé au manuscrit dans un état à me laisser des doutes, et j'ai été sur le point de le supprimer. Toutefois voici ce qui me l'a fait conserver. Que prétends-je? Principalement laisser des matériaux. Or, indiquer comment je les ai

Le duc de Feltre, ministre de France en Toscane, a rapporté à Paris, de la galerie de Médicis, le portrait d'une Buonaparte mariée à un des princes de cette famille. La mère du pape Nicolas V ou de Paul V de Sarzane, était une Bonaparte.

C'est un Bonaparte qui a été chargé du traité par lequel s'est fait l'échange de Livourne contre Sarzane. C'est un Bonaparte auquel, à la renaissance des lettres, on est redevable d'une des plus anciennes comédies, celle de la *Veuve*, qui est à la bibliothèque publique à Paris [1].

Lorsque Napoléon, à la tête de l'armée d'Italie, marchait sur Rome, et recevait à Tolentino les propositions du pape, un des négociateurs ennemi observa qu'il était le seul Français qui, depuis le connétable de Bourbon, eût marché sur Rome ; mais que ce qui ajoutait, disait-il, à cette circonstance quelque chose de bien bizarre, c'est que l'histoire de la première expédition se trouvait écrite précisément par un des parents de celui qui exécutait la seconde, par monsignor *Nicolas Buonaparte*, qui a laissé en effet *le Sac de Rome par le connétable de Bourbon* [2].

recueillis, dire que je les tiens d'une simple conversation courante, que je puis les avoir défigurés en les saisissant au vol, en laisser entrevoir les vices possibles et mettre sur la voie pour y remédier, n'ai-je pas assez rempli mon objet ?

1. « Vérifié à la Bibliothèque royale ; ce manuscrit s'y trouve en effet, et l'ouvrage est même imprimé. »

2. « Vérifié à la Bibliothèque où se trouve en effet cette relation du sac de Rome ; mais par *Jacques Buonaparte*, et non par *Nicolas*. Jacques était contemporain du sac de Rome et témoin oculaire ; son manuscrit a été imprimé, pour la première fois, à Cologne, en 1756, et le volume renferme une généalogie des Bonaparte, que l'on fait remonter très haut et que l'on qualifie d'une des plus illustres maisons de la Toscane.

Elle présente quelque chose de bien bizarre sans doute, c'est que le premier Bonaparte mentionné dans cette généalogie est dit avoir été exilé de sa patrie comme *gibelin*. Etait-il donc du destin de cette famille, dans tous les temps, à toutes les époques, de devoir succomber sous la maligne influence des *guelfes* ?

De là peut-être, ou du pape mentionné plus haut, le nom de *Nicolas*, qu'on a voulu, dans certains pamphlets, être celui de l'Empereur au lieu de Napoléon. Cet ouvrage se trouve dans toutes les bibliothèques ; il est précédé d'une histoire de la maison Buonaparte, imprimée il y a quarante ou cinquante ans, et rédigée par un professeur de l'université de Pise, le docteur Vaccha.

M. de Cetto, ambassadeur de Bavière, m'a répété souvent que les archives de Munich renfermaient un grand nombre de pièces italiennes qui témoignent l'illustration de cette maison.

Napoléon, au temps de sa puissance, s'est constamment refusé à toute espèce de travail ou même de conversation sur cet objet. Sous son consulat, il découragea trop bien la première tentative de ce genre, pour que personne essayât d'y revenir. Quelqu'un publia une généalogie dans laquelle on rattachait sa famille à d'anciens rois du Nord ; Napoléon fit persifler cet essai de la flatterie dans un papier public, où l'on finissait par conclure que la noblesse du premier Consul ne datait que de *Montenotte* ou du *dix-huit brumaire*.

Cette famille fut, comme tant d'autres, victime des nombreuses révolutions qui désolèrent les villes d'Italie ; les troubles de Florence mirent les Bonapartes au nombre des *fuorusciti* (émigrés). Un d'eux se retira d'abord à Sarzane, et de là passa en Corse, d'où ses descendants ont toujours continué d'envoyer leurs enfants en Toscane, à la branche qui y était demeurée à San-Miniato.

Depuis plusieurs générations, le second des enfants

L'éditeur de Cologne écrit tantôt *Buonaparte* et tantôt *Bonaparte*.

Ce monsignor Nicolas Bonaparte, donné ci-dessus au texte, comme l'historien, n'en est que l'oncle ; il est mentionné du reste dans la généalogie comme un savant très distingué et comme ayant fondé la classe de jurisprudence à l'université de Pise. »

de cette famille a constamment porté le nom de *Napoléon*, qu'elle tenait, dans l'origine, d'un Napoléon des Ursins, célèbre dans les fastes militaires d'Italie.

Napoléon, après son expédition de Livourne, se rendant à Florence, coucha à San-Miniato chez un vieil abbé Buonaparte, qui traita magnifiquement tout son état-major. Après avoir épuisé tous les souvenirs de famille, il dit au jeune général qu'il allait lui chercher la pièce la plus précieuse. Napoléon crut qu'il allait lui montrer quelque bel arbre généalogique, fort propre à gratifier sa vanité, disait-il en riant ; mais c'était un mémoire fort en règle, en faveur d'un père *Bonaventure Buonaparte*, capucin de Bologne, béatifié depuis longtemps, et qu'on n'avait pu faire canoniser à cause des frais énormes que cela eût nécessités. « Le pape ne vous refusera pas, disait le bon abbé, si vous le demandez, et s'il faut payer, aujourd'hui ce doit être peu de chose pour vous. »

Napoléon rit beaucoup de la bonhomie du vieux parent qui était si peu en harmonie avec les mœurs du jour, et qui ne se doutait nullement que les saints ne fussent plus de saison.

Arrivé à Florence, Napoléon crut lui être fort agréable en lui procurant le cordon de l'ordre de Saint-Étienne, dont il n'était que simple chevalier ; mais le pieux abbé était moins touché des faveurs de ce monde que de l'attribution céleste qu'il réclamait, et elle n'était pas, au demeurant, sans des fondements réels ; le pape, venu à Paris pour couronner l'empereur Napoléon, mit à son tour sur le tapis les titres du père Bonaventure ; c'était lui sans doute, disait-il, qui, du séjour des bienheureux, avait conduit son parent, comme par la main, dans la belle carrière terrestre qu'il venait de parcourir ; c'était ce saint personnage, sans doute, qui l'avait préservé de

tout danger dans ses nombreuses batailles, etc., etc.
L'Empereur fit constamment la sourde oreille et
laissa à la bienveillance personnelle du pape à faire,
de lui-même, quelque chose pour le bienheureux
Bonaventure.

Le vieil abbé, dans la suite, laissa son héritage à
Napoléon, qui, étant empereur, en a fait présent à un
établissement public de Toscane.

Du reste, il serait difficile de lier ici aucun ensemble généalogique sur de seules conversations, l'Empereur n'ayant jamais regardé, disait-il en riant, un
seul de ses parchemins. Ils sont toujours demeurés
dans les mains de son frère Joseph, qu'il appelait
gaiement le *généalogiste de la famille*. Et, dans la
crainte de l'oublier, je consignerai ici, à ce sujet, que
l'Empereur lui a remis, à l'île d'Aix, au moment de
son départ, un volume contenant les lettres autographes que lui ont adressées tous les souverains de
l'Europe. J'ai montré plus d'une fois mon chagrin à
l'Empereur de s'être dessaisi d'un manuscrit histo-
que si précieux [1].

1. A mon retour en Europe, je n'ai pas manqué de m'informer
de cet important dépôt, et je me suis empressé de suggérer au prince
Joseph de le faire recopier pour assurer davantage son existence.
Quel a été mon chagrin d'apprendre que ce monument historique
était égaré ; qu'on ne savait ce qu'il était devenu ! Dans quelles
mains pourrait-il être tombé ? Puissent-elles apprécier une telle
collection et la conserver à l'histoire !

Depuis la première publication de mon *Mémorial*, voici ce que
je trouve à ce sujet dans M. O'Méara, édition de Londres, 1822,
page 416 :

« Le prince Joseph, avant de quitter Rochefort pour l'Amérique,
crut prudent de déposer ces papiers précieux entre les mains d'une
personne sur l'intégrité de laquelle il avait le droit de compter ;
mais il paraît qu'il en a été bassement trahi ; car il y a peu de
mois, ces lettres originales ont été apportées à Londres dans l'intention d'en trafiquer pour la somme de trente mille livres sterling,
ce qui a été immédiatement communiqué aux ministre de Sa Majesté
et aux ambassadeurs étrangers. Je tiens de bonne source que l'ambassadeur de Russie a payé dix mille livres sterling pour racheter

Charles Bonaparte, père de Napoléon, était fort grand de taille, beau, bien fait ; son éducation avait été soignée à Rome et à Pise, où il avait étudié la loi ; il avait de la chaleur et de l'énergie. C'est lui qui, à la consulte extraordinaire de Corse, où l'on proposait de se soumettre à la France, prononça un discours qui enflamma tous les esprits ; il n'avait alors que vingt ans. « Si, pour être libre, il ne s'agissait que de le vouloir, disait-il, tous les peuples le seraient : l'histoire nous apprend cependant que peu sont arrivés au bienfait de la liberté parce que peu ont eu l'énergie, le courage et les vertus nécessaires. »

Lorsque l'île se trouva conquise, il voulut accompagner Paoli dans son émigration ; un vieux oncle, *l'archidiacre Lucien*, qui exerçait l'autorité d'un père sur le reste de sa famille, le força à revenir.

Charles Bonaparte, en 1779, fut député, pour la noblesse des États de Corse, à Paris, et mena avec lui le jeune Napoléon, alors âgé de dix ans. Il avait passé par Florence, et y avait obtenu une lettre de recommandation du grand-duc Léopold, pour la reine de France Marie-Antoinette, sa sœur. Il dut cette lettre au rang et à la considération que la notoriété publique, à Florence, assignait à son nom et à son origine toscane.

---

les seules lettres de son maître. Parmi divers passages qui m'ont été répétés par ceux qui ont eu la faveur de parcourir les pièces autographes, j'en remarque une du roi de Prusse, écrivant *qu'il était toujours senti un sentiment paternel pour le Hanovre*. En tout, il paraît, par ces papiers, que les souverains en général faisaient de vives supplications pour obtenir du territoire. »

Si l'on m'a dit vrai, il se pourrait qu'en dépit de l'infidélité que nous dévoile M. O'Méara, nous ne demeurassions pourtant pas entièrement privés de la connaissance de ce précieux recueil ; le dépositaire, m'a-t-on assuré, s'étant, par une double vilenie, précautionné d'une copie à l'insu de ceux auxquels il avait vendu les originaux, et s'en étant arrangé depuis avec un éditeur qui s'occuperait de sa publication.

8

A cette époque, deux généraux français se trouvaient en Corse, fort divisés entre eux ; leurs querelles y formaient deux partis : c'étaient M. *de Marbeuf*, doux et populaire ; et M. *de Narbonne Pellet*, haut et violent. Ce dernier, d'une naissance et d'un crédit supérieurs, devait être naturellement dangereux pour son rival ; heureusement pour M. de Marbeuf, beaucoup plus aimé en Corse, la députation de cette province arriva à Versailles. Charles Bonaparte la conduisait ; il fut consulté, et la chaleur de ses témoignages fit donner raison à M. de Marbeuf. Le neveu de ce dernier, archevêque de Lyon et ministre de la feuille des bénéfices, crut devoir venir en faire des remerciements à Charles Bonaparte, et quand celui-ci conduisit son fils à l'école militaire de Brienne, l'archevêque lui donna une recommandation spéciale pour la famille de Brienne qui y demeurait la plus grande partie de l'année : de là l'intérêt et les rapports de bienveillance des Marbeuf et des Brienne envers les enfants Bonaparte. La malignité s'est égayée à créer une autre cause ; la plus simple vérification des dates suffit pour la rendre absurde.

Le vieux M. de Marbeuf, commandant dans l'île, demeurait à Ajaccio ; la famille Bonaparte y était une des premières ; Madame Bonaparte était la plus agréable, la plus belle de la ville ; rien de plus naturel que le commandant y fixât ses habitudes et lui prodiguât ses préférences.

Charles Bonaparte mourut à trente-huit ans, d'un squirrhe à l'estomac. Il avait éprouvé une espèce de guérison dans un voyage à Paris ; mais il succomba dans une seconde attaque à Montpellier, où il fut enterré dans un des couvents de cette ville.

Sous le consulat, les notables de Montpellier, par l'organe de leur compatriote Chaptal, ministre de l'intérieur, firent prier le premier consul de permettre qu'ils élevassent un monument à la mémoire de son père. Napoléon les remercia de leurs bonnes intentions, et les refusa. « Ne troublons point le repos des morts, dit-il, laissons leurs cendres tranquilles. J'ai perdu aussi mon grand-père, mon arrière grand-père, pourquoi ne ferait-on rien pour eux ? cela mène loin. Si c'était hier que j'eusse perdu mon père, il serait convenable et naturel que j'accompagnasse mes regrets de quelque haute marque de respect; mais il y a vingt ans ; cet événement est étranger au public, n'en parlons point. »

Depuis, Louis Bonaparte, à l'insu de Napoléon, fit exhumer le corps de son père et le fit transporter à Saint-Leu, où il lui consacra un monument.

Charles Bonaparte n'avait été rien moins que dévot; il s'était même permis quelques poésies antireligieuses, et cependant, à sa mort, il ne se trouvait pas assez de prêtres pour lui à Montpellier, disait l'Empereur; bien différent en cela de son oncle, l'archidiacre Lucien, homme d'église, très pieux et vrai croyant, mort longtemps après dans un âge fort avancé. Au moment de s'éteindre, il se fâcha vivement contre Fesch, qui, déjà prêtre, était accouru en étole et en surplis pour l'assister dans ses derniers moments ; il le pria de le laisser mourir tranquille, et il finit entouré de tous les siens, leur donnant les instructions du sage et la bénédiction des patriarches [1].

---

1. J'ai reçu prière du cardinal Fesch de vouloir bien appliquer ici quelques redressements qui, bien que légers, lui semblaient essentiels, et je n'ai pas cru pouvoir mieux faire à cet égard que de transcrire précisément l'article de sa lettre relatif à cet objet.

« Si vous veniez à faire une autre édition, marque-t-il, je désirerais que vous missiez à l'article où vous parlez de l'archidiacre, quelques mots qui rendraient la scène de ses derniers instants. Je lui demandai s'il ne voulait pas faire entrer son confesseur ; il me répondit qu'il n'avait plus rien à lui dire : or, dans ce moment-là, il avait déjà reçu tous les sacrements de l'Eglise. Un scrupule ou un zèle excessif de ma part ne pouvait pas donner occasion de faire soupçonner que l'archidiacre ne se souciait pas de remplir tous ses devoirs religieux. Il est vrai que l'Empereur n'a

L'Empereur revenait souvent sur ce vieil oncle qui lui avait servi de second père, et qui était demeuré longtemps le chef de la famille. Il était archidiacre d'Ajaccio, l'une des premières dignités de l'île. Ses soins et ses économies avaient rétabli les affaires de la famille, que les dépenses et le luxe de Charles avaient fort dérangées. Le vieux archidiacre jouissait d'une grande vénération et d'une véritable autorité morale dans le canton : il n'était point de querelle que les paysans et les bergers ne vinssent soumettre à sa décision ; et il les renvoyait avec ses jugements et ses bénédictions.

Charles Bonaparte avait épousé Mademoiselle *Letizia Ramolino*, dont la mère, devenue veuve, s'était mariée à M. Fesch, capitaine dans un des régiments suisses que Gênes entretenait d'habitude dans l'île. De ce second mariage vint le *cardinal Fesch*, qui se trouvait ainsi demi-frère de Madame, et oncle de l'Empereur.

Madame était une des plus belles femmes de son temps, sa beauté était connue dans l'île : Paoli, au temps de sa puissance, ayant reçu une ambassade d'Alger ou de Tunis, voulut donner aux barbaresques une idée des attraits de ses compatriotes : il rassembla toutes les beautés de l'île : Madame y tenait le premier rang. Plus tard, dans un voyage pour voir son fils à Brienne, elle fut remarquée, même dans Paris.

Madame, lors de la guerre de la liberté en Corse,

dû se souvenir que d'une partie de la chose, puisqu'il ne put pas entendre ce que je disais au mourant ; et en effet, l'Empereur m'a dit la même chose à moi-même, dans des conversations particulières et ne voulut jamais entendre mon explication. Cependant je puis attester devant Dieu qu'il avait mal saisi ma demande et la réponse de son oncle, si toutefois il put entendre quelque chose. Au demeurant cela ne fait rien, le défunt archidiacre n'en recevra aucun tort ; on ne doit pas attendre que l'Empereur fasse pour lui une profession de foi. »

partagea souvent les périls de son mari, qui s'y montra fort chaud. Elle le suivit parfois à cheval dans ses expéditions, spécialement durant sa grossesse de Napoléon. Madame avait un grand caractère, de la force d'âme, beaucoup d'élévation et de fierté. Elle a eu treize enfants, et eût pu facilement en avoir beaucoup d'autres, étant devenue veuve à environ trente ans, et ayant prolongé au delà de cinquante la faculté d'en avoir. De ces treize enfants, cinq garçons seulement et trois filles ont vécu, et tous ont joué un grand rôle sous le règne de Napoléon.

Joseph, l'aîné de tous, qu'on voulut mettre d'abord dans l'Église, à cause de l'archevêque de Lyon, Marbeuf, qui tenait la feuille des bénéfices, fit ses études en conséquence ; mais il s'y refusa absolument lorsque le moment arriva de s'engager. Il a été successivement roi de Naples et d'Espagne.

Louis a été roi de Hollande, et *Jérôme* roi de Westphalie ; *Elisa*, grande-duchesse de Toscane ; *Caroline*, reine de Naples ; *Pauline*, princesse Borghèse. *Lucien*, que son second mariage et une fausse direction de caractère privèrent sans doute d'une couronne, ennoblit du moins son opposition et ses différends avec son frère, en venant, au retour de l'île d'Elbe, se jeter dans ses bras, et cela lorsqu'il était loin de regarder ses affaires comme assurées. Lucien, disait l'Empereur, eut une jeunesse orageuse ; dès l'âge de quinze ans il fut mené en France par M. de Sémonville, qui en fit de bonne heure un révolutionnaire zélé et un clubiste ardent. Et à ce sujet, Napoléon disait qu'on trouvait dans les nombreux libelles publiés contre lui quelques adresses ou lettres signées Brutus Bonaparte, ou autrement, qu'on lui attribuait ; il n'affirmerait pas, continuait-il, que ces adresses ne fussent de quelqu'un de la famille, tout ce qu'il pouvait assurer, c'est qu'elles n'étaient pas de lui, Napoléon.

J'ai vu le prince Lucien de fort près au retour de l'île d'Elbe ; il eût été difficile de montrer des idées politiques plus saines, mieux arrêtées, ainsi qu'un dévouement plus absolu et mieux intentionné.

Enfance de Napoléon. — Détails. — Napoléon à Brienne. — Pichegru. — Napoléon à l'Ecole militaire de Paris. — L'officier d'artillerie. — Ses fréquentations. — Napoléon au début de la révolution.

—[1] Napoléon est né le 15 août 1769, jour de l'Assomption, vers midi. Sa mère, femme forte au moral et au physique, qui avait fait la guerre grosse de lui, voulut aller à la messe à cause de la solennité du jour ; elle fut obligée de revenir en toute hâte, ne put atteindre sa chambre à coucher, et déposa son enfant sur un de ces vieux tapis antiques à grandes figures, de ces héros de la fable ou de l'Iliade peut-être : c'était Napoléon.

Napoléon, dans sa toute petite enfance, était turbulent, adroit, vif, preste à l'extrême ; il avait, dit-il, sur Joseph, son aîné, un ascendant des plus complets. Celui-ci était battu, mordu ; des plaintes étaient déjà portées à la mère, la mère grondait, que le pauvre Joseph n'avait pas encore eu le temps d'ouvrir la bouche.

Napoléon arriva à l'école militaire de Brienne à l'âge d'environ dix ans. Son nom, que son accent corse lui faisait prononcer à peu près Napoilloné, lui valut des camarades le sobriquet de *la paille au nez*. Cette époque fut pour Napoléon celle d'un changement dans son caractère. Au rebours de toutes les histoires apocryphes qui ont donné les anecdotes de sa vie, Napoléon fut, à Brienne, doux, tranquille, appliqué et

1. 27 au 31 août 1815.

d'une grande sensibilité. Un jour le maître de quartier, brutal de sa nature, sans consulter, disait Napoléon, les nuances physiques et morales de l'enfant, le condamna à porter l'habit de bure, et à dîner à genoux à la porte du réfectoire : c'était une espèce de déshonneur. Napoléon avait beaucoup d'amour-propre, une grande fierté intérieure ; le moment de l'exécution fut celui d'un vomissement subit et d'une violente attaque de nerfs. Le supérieur, qui passait par hasard, l'arracha au supplice, en grondant le maître de son peu de discernement, et le père *Patrault*, son professeur de mathématiques, accourut, se plaignant que, sans nul égard, on dégradât ainsi son premier mathématicien.

« A l'âge de puberté [1], Napoléon devint morose, sombre ; la lecture fut pour lui une espèce de passion poussée jusqu'à la rage ; il dévorait tous les livres. Pichegru fut son maître de quartier et son répétiteur sur les quatre règles de l'arithmétique.

« Pichegru était de la Franche-Comté, et d'une famille de cultivateurs. Les Minimes de Champagne avaient été chargés de l'école militaire de Brienne ; leur pauvreté et leur peu de ressources attirant peu de sujets parmi eux, faisaient qu'ils n'y pouvaient suffire ; ils eurent recours aux Minimes de Franche-Comté ; le père Patrault fut un de ceux-ci. Une tante de Pichegru, sœur de charité, le suivit pour avoir soin de l'infirmerie, amenant avec elle son neveu, jeune enfant auquel on donna gratuitement l'éducation des élèves. Pichegru, doué d'une grande intelligence, devint, aussitôt que son âge le permit, maître de quartier, et répétiteur du père Patraud, qui lui avait enseigné les mathématiques. Il songeait à se faire Minime : c'était là toute son ambition et les

---

1. Propre dictée de l'Empereur. — Las Cases désigne ainsi lui-même certains passages du *Mémorial*.

idées de sa tante ; mais le père Patrault l'en dissuada,
en lui disant que leur profession n'était plus du siècle, et que Pichegru devait songer à quelque chose
de mieux ; il le porta à s'enrôler dans l'artillerie, où
la révolution le prit sous-officier. On connaît sa fortune militaire : c'est le conquérant de la Hollande.
Ainsi le père Patrault a la gloire de compter parmi
ses élèves les deux plus grands généraux de la France
moderne.

« Plus tard, ce père Patrault fut sécularisé par
M. de Brienne, archevêque de Sens et cardinal de
Loménie, qui en fit un de ses grands vicaires, et lui
confia la gestion de ses nombreux bénéfices.

« Lors de la révolution, le père Patrault, d'une opinion politique bien opposée à son archevêque, n'en
fit pas moins les plus grands efforts pour le sauver,
et s'entremit à ce sujet avec Danton, qui était du voisinage ; mais ce fut inutilement, et l'on croit qu'il
rendit au cardinal le service, à la manière des Anciens,
de lui procurer le poison dont il se donna la mort
pour éviter l'échafaud.

« Napoléon ne conservait qu'une idée confuse de
Pichegru ; il lui restait qu'il était grand, et avait quel-
chose de rouge dans la figure. Il n'en était pas ainsi,
à ce qu'il paraît, de Pichegru, qui semblait avoir conservé des souvenirs frappants du jeune Napoléon.
Quand Pichegru se fut livré au parti royaliste, consulté si l'on ne pourrait pas aller jusqu'au général
en chef de l'armée d'Italie : « N'y perdez pas votre
temps, dit-il ; je l'ai connu dans son enfance ; ce doit
être un caractère inflexible : il a pris un parti, il n'en
changera pas. »

L'Empereur rit beaucoup de tous les contes et de
toutes les anecdotes dont on charge sa jeunesse, dans
la foule des petits ouvrages qu'il a fait éclore, et n'en
avoue presque aucune. En voici pourtant une qu'il
reconnaît au sujet de sa confirmation, à l'école mili-

taire de Paris. Au nom de *Napoléon*, l'archevêque qui
le confirmait ayant témoigné son étonnement, disait
qu'il ne connaissait pas ce saint, qu'il n'était pas dans
le calendrier ; l'enfant répondit avec vivacité, que ce
ne saurait être une raison, puisqu'il y avait une foule
de saints et seulement trois cent soixante-cinq jours.

Napoléon n'avait jamais connu de jour de fête avant
le Concordat : son patron était en effet étranger au
calendrier français, sa date même partout incer-
taine ; ce fut la galanterie du pape qui la fixa au
15 d'août, tout à la fois jour de la naissance de
l'Empereur et de la signature du Concordat.

« En 1784 [1], Napoléon fut un de ceux que le concours d'usage désigna à Brienne pour aller achever
son éducation à l'école militaire de Paris. Le choix
était fait annuellement par un inspecteur, qui parcourait les douze écoles militaires ; cet emploi était rempli par le chevalier *de Keralio*, officier général, auteur
d'une tactique, et qui avait été précepteur du présent
roi de Bavière, dans son enfance duc des Deux-Ponts :
c'était un vieillard aimable, des plus propres à cette
fonction ; il aimait les enfants, jouait avec eux après
les avoir examinés et retenait avec lui, à la table des
Minimes, ceux qui lui avaient plu davantage. Il avait
pris une affection toute particulière pour le jeune
Napoléon, qu'il se plaisait à exciter de toutes
manières ; il le nomma pour se rendre à Paris, bien
qu'il n'eût peut-être pas l'âge requis. L'enfant n'était
fort que sur les mathématiques et les moines repré-
sentèrent qu'il serait mieux d'attendre à l'année suivante, qu'il aurait ainsi le temps de se fortifier sur
tout le reste, ce que ne voulut pas écouter le chevalier de Keralio, disant : « Je sais ce que je fais ; si je
passe par-dessus la règle, ce n'est point ici une faveur
de famille, je ne connais pas celle de cet enfant ; c'est

1. Dictée de Napoléon.

tout à cause de lui-même : j'aperçois ici une étincelle qu'on ne saurait trop cultiver. » Le bon chevalier mourut presque aussitôt; mais celui qui vint après, M. *de Régnaud*, qui n'aurait peut-être pas eu sa perspicacité, exécuta néanmoins les notes qu'il trouva, et le jeune Napoléon fut envoyé à Paris.

Tout annonçait en lui, dès lors, des qualités supérieures, un caractère prononcé, des méditations profondes, des conceptions fortes. Il paraît que, dès sa plus tendre jeunesse, ses parents avaient fondé sur lui toutes leurs espérances : son père, expirant à Montpellier, bien que Joseph fût auprès de lui, ne rêvait dans son délire qu'après Napoléon, qui était au loin à son école : il l'appelait sans cesse pour qu'il vînt à son secours avec *sa grande épée*. Plus tard le vieil oncle Lucien, au lit de mort, entouré d'eux tous, disait à Joseph :

« — Tu es l'aîné de la famille, mais en voilà le chef, montrant Napoléon, ne l'oublie jamais.

« — C'était, disait gaiement l'Empereur, un vrai déshéritage ; la scène de Jacob et d'Esaü. »

Elevé moi-même à l'Ecole militaire de Paris, mais un an plus tôt que Napoléon, j'ai pu en causer dans la suite, à mon retour de l'émigration, avec les maîtres qui nous avaient été communs.

M. *de l'Eguille*, notre maître d'histoire, se vantait que si l'on voulait aller rechercher dans les archives de l'école militaire, on y trouverait qu'il avait prédit une grande carrière à son élève, en exaltant dans ses notes la profondeur de ses réflexions et la sagacité de son jugement. Il me disait que le premier consul le faisait souvent venir à la Malmaison et lui parlait toujours de ses anciennes leçons : « Celle qui m'a laissé le plus d'impressions, lui disait-il une fois, était la révolte du connétable de Bourbon, bien que vous ne la présentassiez pas avec toute la justesse possible :

à vous entendre, son grand crime était d'avoir combattu son roi ; ce qui en était assurément un bien léger dans ces temps de seigneuries et de souverainetés partagées, vu surtout la scandaleuse injustice dont il avait été victime. Son unique, son grand, son véritable crime, sur lequel vous n'insistiez pas assez, c'était d'être venu avec les étrangers attaquer son sol natal. »

M. *Domairon*, notre professeur de belles-lettres, me disait qu'il avait toujours été frappé de la bizarrerie des amplifications de Napoléon ; il les avait appelées dès lors du *granit chauffé au volcan.*

Un seul s'y trompa, ce fut M. *Bauer*, le gros et lourd maître d'allemand. Le jeune Napoléon ne faisait rien dans cette langue, ce qui avait inspiré à M. Bauer, qui ne supposait rien au-dessus, le plus profond mépris. Un jour que l'écolier ne se trouvait pas à sa place, M. Bauer s'informa où il pouvait être, on répondit qu'il subissait en ce moment son examen pour l'artillerie.

« — Mais, est-ce qu'il sait quelque chose ? disait ironiquement l'épais M. Bauer.

« — Comment, monsieur, mais c'est le plus fort mathématicien de l'école, lui répondit-on.

« — Eh bien ! je l'ai toujours entendu dire et je l'avais toujours pensé, que les mathématiques n'allaient qu'aux bêtes.

« — Il serait curieux, me disait l'Empereur, de savoir si M. Bauer a vécu assez longtemps pour jouir de son jugement. »

Il avait à peine dix-huit ans, que l'abbé *Raynal*, frappé de l'étendue de ses connaissances, l'appréciait assez pour en faire un des ornements de ses déjeuners scientifiques. Enfin, le célèbre *Paoli*, qui, après lui avoir inspiré longtemps une espèce de culte, le trouva tout à coup à la tête d'un parti contre lui, dès qu'il voulut favoriser les Anglais au détriment de la France, avait coutume de dire *que ce jeune homme était taillé à l'antique, que c'était un homme de Plutarque.*

En 1787, Napoléon, reçu à la fois élève et officier d'artillerie, sortit de l'école militaire pour entrer dans le régiment de la Fère, en qualité de lieutenant en second ; d'où il passa, dans la suite, lieutenant en premier dans le régiment de Grenoble.

Napoléon, en sortant de l'école militaire, alla rejoindre son régiment à Valence. Le premier hiver qu'il y passa, il avait pour compagnons de table *Lariboissière* qu'il créa depuis, étant empereur, inspecteur général de l'artillerie ; *Sorbier*, qui a succédé dans ce titre a Lariboissière ; *d'Hédouville cadet*, ministre plénipotentiaire à Francfort ; *Mallet*, le frère de celui qui conduisit l'échauffourée de Paris, en 1813 ; un nommé *Mabille*, qu'au retour de son émigration, l'Empereur plaça, avec le temps, dans l'administration des postes ; *Rolland de Villarceaux*, depuis préfet de Nîmes ; *Desmazzis cadet*, son camarade d'école militaire, et le compagnon de ses premières années, auquel il a confié, devenu empereur, le garde-meuble de la couronne.

Il y avait dans le corps des officiers plus ou moins aisés ; Napoléon était au nombre des premiers : il recevait douze cents francs de sa famille, c'était alors la grosse pension des officiers. Deux seulement, dans le régiment, avaient cabriolet ou voiture, et c'étaient de grands seigneurs. Sorbier était un de ces deux ; il était fils d'un médecin de Moulins.

Napoléon, à Valence, fut admis de bonne heure chez Madame *du Colombier ;* c'était une femme de cinquante ans, du plus rare mérite ; elle gouvernait la ville et s'engoua fort, dès l'instant, du jeune officier d'artillerie : elle le faisait inviter à toutes les parties de la ville et de la campagne, elle l'introduisit dans l'intimité d'un *abbé de Saint-Rufe*, riche et d'un certain âge, qui réunissait souvent ce qu'il y avait de plus distingué dans le pays. Napoléon devait sa faveur et

la prédilection de Madame du Colombier à son extrême
instruction, à la facilité, à la force, à la clarté avec
laquelle il en faisait usage ; cette dame lui prédisait
souvent un grand avenir. A sa mort, la Révolution
était commencée ; elle y avait pris beaucoup d'intérêt ;
et, dans un de ses derniers moments, on lui a entendu
dire que, s'il n'arrivait pas malheur au jeune Napoléon,
il y jouerait infailliblement un grand rôle. L'Empereur
n'en parle qu'avec une tendre reconnaissance, n'hé-
sitant pas à croire que les relations distinguées, la
situation supérieure dans laquelle cette dame le plaça
si jeune dans la société, peuvent avoir grandement
influé sur les destinées de sa vie.

L'existence privilégiée de Napoléon lui attira une
extrême jalousie de la part de ses camarades : ils le
voyaient avec peine s'absenter si souvent d'au milieu
d'eux, bien que ce ne fût nullement à leur détriment
sous aucun rapport. Heureusement, le commandant,
M. d'*Urtubie*, vieillard respectable, l'avait parfaitement
jugé ; il ne cessa de lui être favorable et de lui faciliter
tous les moyens d'allier les biens du service avec les
agréments de la société.

Napoléon prit du goût pour Mademoiselle *du
Colombier*, qui n'y fut pas insensible : c'était leur
première inclination à tous deux, et telle qu'elle pouvait être à leur âge avec leur éducation. « On n'eût pas
pu être plus innocent que nous, disait l'Empereur ;
nous nous ménagions de petits rendez-vous ; je me
souviens encore d'un au milieu de l'été, au point du
jour ; on le croira avec peine, tout notre bonheur se
réduisit à manger des cerises ensemble. ».....

L'Empereur, à dix-huit et vingt ans, était des plus
instruits, pensant fortement, et de la logique la plus
serrée. Il avait immensément lu, profondément médité,
et a peut-être perdu depuis, dit-il. Son esprit était
vif, prompt ; sa parole énergique ; partout il était
aussitôt remarqué, et obtenait beaucoup de succès

auprès des deux sexes, surtout auprès **de** celui qu'on préfère à cet âge ; et il devait lui plaire par des idées neuves et fines, par des raisonnements audacieux. Les hommes devaient redouter sa logique et sa discussion, auxquelles la connaissance de sa propre force l'entraînait naturellement.

Beaucoup de ceux qui l'ont connu dans ses premières années lui ont prédit une carrière extraordinaire ; aucun d'eux n'a été surpris de celle qu'il a remplie. Vers ce temps il remporta, sous l'anonyme, un prix à l'Académie de Lyon, sur la question posée par Raynal : « *Quels sont les principes et les institutions à inculquer aux hommes, pour les rendre le plus heureux possible ?* » Le mémoire anonyme fut fort remarqué ; il était, du reste, tout à fait dans les idées du temps ; il commençait par demander ce qu'était le bonheur, et répondait de jouir complètement de la vie, de la manière la plus conforme à notre organisation morale et physique. Devenu empereur, il causait un jour de cette circonstance avec M. de Talleyrand ; celui-ci, en courtisan délicat, lui rapporta, au bout de huit jours, ce fameux mémoire, qu'il avait fait déterrer des archives de l'académie de Lyon. C'était en hiver, l'Empereur le prit, en lut quelques pages, et jeta au feu cette première production de sa jeunesse. « Comme on ne s'avise jamais de tout, disait Napoléon, M. de Talleyrand ne s'était pas donné la peine d'en faire prendre copie. »

Le prince de Condé s'annonça un jour à l'école d'artillerie d'Auxonne : c'était un grand honneur et une grande affaire que de se trouver inspecté par ce prince militaire. Le commandant, en dépit de la hiérarchie, mit le jeune Napoléon à la tête du polygone, de préférence à d'autres d'un rang supérieur. Or il arriva que la veille de l'inspection tous les canons du polygone furent encloués ; mais Napoléon était trop alerte, avait l'œil trop **vif**, pour se laisser prendre à ce mauvais tour de ses camarades ou peut-être même au piège de l'illustre voyageur.

On croit généralement, dans le monde, que les premières années de l'Empereur ont été taciturnes, sombres, moroses ; mais au contraire, en débutant au service, il était fort gai. Il n'a pas de plus grand plaisir ici que de nous raconter les espiègleries de son école d'artillerie ; il semble oublier alors momentanément les malheurs qui nous enchaînent, quand il s'abandonne aux détails de ces temps heureux de sa première jeunesse...

Les circonstances et la réflexion ont beaucoup modifié son caractère. Il n'est pas jusqu'à son style, aujourd'hui si serré, si laconique, qui ne fût alors emphatique et abondant. Dès l'assemblée législative, Napoléon devint grave, sévère dans sa tenue et peu communicatif. L'armée d'Italie fut encore une époque pour son caractère. Son extrême jeunesse, quand il en vint prendre le commandement, demandait une grande réserve et la dernière sévérité de mœurs : « C'était nécessaire, indispensable, disait-il, pour pouvoir commander à des hommes tellement au-dessus de moi par leur âge. Aussi ma conduite y fut-elle irréprochable, exemplaire ; je me montrais une espèce de Caton, je le dus paraître à tous les yeux, et j'étais en effet un philosophe, un sage. » C'est avec ce caractère qu'il s'est présenté sur la scène du monde.

Napoléon se trouvait en garnison à Valence au moment où commença la révolution ; et bientôt on attacha une importance spéciale à faire émigrer les officiers d'artillerie ; ceux-ci, de leur côté, étaient fort divisés d'opinions. Napoléon, tout aux idées du jour, avec l'instinct des grandes choses et la passion de la gloire nationale, prit le parti de la révolution, et son exemple influa sur la grande majorité du régiment. Il fut très chaud patriote sous l'assemblée constituante ; mais la législative devint une époque pour ses idées et ses opinions.

Il se trouvait à Paris le 21 juin 1792, et fut témoin, sur la terrasse de l'eau, des rassemblements tumultueux des faubourgs qui, traversant le jardin des Tuileries, forcèrent le palais. Il n'y avait que six mille hommes ; c'était une foule sans ordre, dénotant, par les propos et les vêtements, tout ce que la populace a de plus commun et de plus abject.

Il fut aussi témoin du 10 août, où les assaillants n'étaient ni plus relevés ni plus redoutables.

En 1793, Napoléon était en Corse, et y avait un commandement de gardes nationales. Il combattit Paoli dès qu'il put soupçonner que ce vieillard, qui lui avait été jusque-là si cher, avait le projet de livrer l'île aux Anglais. Aussi, rien de plus faux que Napoléon, ou aucun des siens, ait jamais été en Angleterre ainsi que cela y a été généralement répandu, offrir de lever un régiment corse à son service.

Les Anglais et Paoli l'emportèrent sur les patriotes corses ; ils brûlèrent Ajaccio. La maison des Bonapartes fut incendiée, et toute la famille se trouva dans l'obligation de gagner le continent. Elle se fixa à Marseille, d'où Napoléon se rendit à Paris : il y arriva au moment où les fédéralistes de Marseille venaient de livrer Toulon aux Anglais.

Napoléon au siège de Toulon. — Commencements de Duroc, de Junot. — Dissentiments avec des représentants du peuple, avec Aubry. — Anecdotes sur vendémiaire. — Désintéressement. — Le surnom de *Petit Caporal*. Différence du système du directoire d'avec celui du général de l'armée d'Italie.

— [1] En septembre 1793, Napoléon Bonaparte, âgé de vingt-quatre ans, était encore inconnu au monde

1. 1er au 6 septembre 1815.

qu'il devait remplir de son nom ; il était lieutenant-colonel d'artillerie, et se trouvait depuis peu de semaines à Paris, venant de Corse, où les circonstances, politiques l'avaient fait succomber sous la faction de Paoli. Les Anglais venaient de se saisir de Toulon, on avait besoin d'un officier d'artillerie distingué pour diriger les opérations du siège, Napoléon y fut envoyé. Là, le prendra l'histoire, pour ne plus le quitter ; là, commence son immortalité.

Je renvoie aux mémoires de la campagne d'Italie ; on y lira le plan d'attaque qu'il fit adopter, la manière dont il l'exécuta ; on y verra que c'est lui précisément et lui seul, qui prit la place. Ce dut être un bien grand triomphe sans doute ; mais, pour l'apprécier plus dignement encore, il faudrait surtout comparer le procès-verbal du plan d'attaque avec le procès-verbal de l'évacuation : l'un est la prédiction littérale, l'autre est l'accomplissement mot à mot. Dès cet instant, la réputation du jeune commandant d'artillerie fut extrême ; l'Empereur n'en parle pas sans complaisance ; c'est une des époques de sa vie où il a éprouvé, dit-il, le plus de satisfaction, c'était son premier succès : on sait que c'est celui qui imprime les plus doux souvenirs. La relation de la campagne d'Italie peindra suffisamment les trois généraux en chef qui se sont succédé durant le siège : l'inconcevable ignorance de *Cartaux*, la sombre brutalité de *Doppet*, et la bravoure bonhommière de *Dugommier* ; je n'en dirai rien ici.....

Dans tous les différends que Cartaux avait avec le commandant d'artillerie, lesquels se passaient la plupart du temps devant sa femme, celle-ci prenait toujours le parti de l'officier d'artillerie, disant naïvement à son mari : « Mais laisse donc faire ce jeune homme ; il en sait plus que toi ; il ne te demande rien ; ne rends-tu pas compte ? la gloire te reste. »

Cette femme n'était pas sans beaucoup de bon sens.

Retournant à Paris, après le rappel de son mari, les Jacobins de Marseille donnèrent au ménage disgracié une fête superbe ; pendant le repas, comme il y était question du commandant d'artillerie qu'on élevait aux nues : « Ne vous y fiez pas, dit-elle, ce jeune homme a trop d'esprit pour être longtemps un *sans-culotte.* » Sur quoi le général de s'écrier gravement, et d'une voix de stentor : « Femme Carlaux, nous sommes donc des bêtes, nous ! — Non, je ne dis pas cela, mon ami ; mais..... tiens, il n'est pas de ton espèce, il faut que je te le dise. ».....

Tout alors n'était que désordre, anarchie. « Le faiseur du général en chef, qui avait trouvé le secret de nous déplaire extrêmement, disait Napoléon, faisait fort l'entendu, et tracassait sans cesse les artilleurs dans leurs parcs et leurs batteries. On imagine gaiement de s'en délivrer ; on le tourne en ridicule, on s'excite, on se monte la tête ; tout à coup il paraît avec sa confiance ordinaire, tranchant, ordonnant, furetant ; on lui répond mal, on lui tend quelque piège, on se prend de bec ; l'orage se grossit, la tempête éclate ; de toutes parts on crie à l'aristocrate, on le menace de la lanterne, et mon homme de piquer des deux ; il ne reparut oncques depuis. »

Le commandant d'artillerie était à tout et partout. Son activité, son caractère, lui avaient créé une influence positive sur le reste de l'armée. Toutes les fois que l'ennemi tentait quelques sorties, on forçait les assiégeants à quelques mouvements rapides et inopinés, les chefs des colonnes et des détachements n'avaient tous qu'une même parole: « Courez au commandant de l'artillerie, disait-on, demandez-lui ce qu'il faut faire ; il connaît mieux les localités que personne. » Et cela s'exécutait sans qu'aucun s'en plaignît. Du reste, il ne s'épargnait point ; il eut plusieurs chevaux tués sous lui, et reçut d'un Anglais, un coup de baïonnette à la cuisse gauche ; blessure grave qui le menaça quelques instants de l'amputation.

Étant un jour dans une batterie, où un des chargeurs est tué, il prend le refouloir, et charge lui-même dix à douze coups. A quelques jours de là, il se trouve couvert d'une gale très maligne; on cherche où elle peut avoir été attrapée; *Muiron*, son adjudant, découvre que le canonnier mort en était infecté. L'ardeur de la jeunesse, l'activité du service, font que le commandant d'artillerie se contente d'un léger traitement, et le mal disparut; mais le poison n'était que rentré, il affecta longtemps sa santé et faillit lui coûter la vie. De là, la maigreur, l'état chétif et débile, le teint maladif du général en chef de l'armée d'Italie et de l'armée d'Egypte.

Ce ne fut que beaucoup plus tard, aux Tuileries, après de nombreux vésicatoires sur la poitrine, que Corvisart le rendit tout à fait à la santé; alors aussi commença cet embonpoint qu'on lui a connu depuis.

Napoléon, de simple commandant de l'artillerie de Toulon, eût pu en devenir le général en chef avant la fin du siège. Le jour même de l'attaque du Petit-Gibraltar, le général Dugommier, qui la retardait depuis quelques jours, voulait la retarder encore; sur les trois ou quatre heures après midi, les représentants envoyèrent chercher Napoléon; ils étaient mécontents de Dugommier, surtout à cause de son nouveau délai, et voulant le destituer, ils offrirent le commandement au chef de l'artillerie, qui s'y refusa, et alla trouver son général, qu'il estimait et aimait, lui fit connaître ce dont il s'agissait, et le décida à l'attaque. Sur les huit ou neuf heures du soir, quant tout était en marche, au moment de l'exécution, les choses changèrent, les représentants interdisaient alors l'attaque, mais Dugommier, toujours poussé par le commandant d'artillerie, y persista; s'il n'eût pas réussi, il était perdu, sa tête tombait; tel était le train des affaires et la justice du temps.

Ce furent les notes que les comités de Paris trouvèrent au bureau de l'artillerie, sur le compte de Napoléon, qui firent jeter les yeux sur lui pour le siège de Toulon. On vient de voir que dès qu'il y parut, malgré son âge et l'infériorité de son grade, il y gouverna : ce fut le résultat naturel de l'ascendant, du savoir, de l'activité, de l'énergie, sur l'ignorance et la confusion du moment. Ce fut réellement lui qui prit Toulon, et pourtant il est à peine nommé dans les relations. Il tenait déjà cette ville, que dans l'armée on ne s'en doutait point encore : après avoir enlevé le Petit-Gibraltar qui, pour lui, avait toujours été la clé et le terme de toute l'entreprise, il dit au vieux Dugommier, qui était accablé de fatigue : «Allez vous reposer, nous venons de prendre Toulon, vous pourrez y coucher après-demain. » Quand Dugommier vit la chose en effet accomplie, quand il récapitula que le jeune commandant d'artillerie lui avait toujours dit d'avance, à point nommé, ce qui arriverait, ce fut alors tout à fait de sa part de l'admiration et de l'enthousiasme ; il ne pouvait tarir sur son compte. Il est très vrai, ainsi qu'on le trouve dans quelques pièces du temps, qu'il instruisit les comités de Paris qu'il avait avec lui un jeune homme auquel on devait une véritable attention, parce que quelque côté qu'il adoptât, il était sûrement destiné à mettre un grand poids dans la balance. Dugommier, envoyé à l'armée des Pyrénées orientales, voulut avoir avec lui le jeune commandant d'artillerie ; mais il ne put l'obtenir ; toutefois il en parlait sans cesse, et depuis, quand cette même armée, après la paix avec l'Espagne, fut envoyée pour renfort à celle d'Italie, qui reçut bientôt après Napoléon pour général en chef, celui-ci se trouva arriver au milieu d'officiers qui, d'après tout ce qu'ils avaient entendu dire par Dugommier, n'avaient plus assez d'yeux pour le considérer.

Quant à Napoléon, son succès de Toulon ne l'étonna pas trop ; il en jouit, disait-il, avec une vive satisfaction, mais s'en sans émerveiller. Il en fut de même l'année suivante à Saorgio, où ses opérations furent admirables : il y accomplit en peu de jours ce qu'on tentait vainement depuis deux ans. « Vendémiaire et même Montenotte, disait l'Empereur, ne me portèrent pas encore à me croire un homme supérieur ; ce n'est qu'après Lodi qu'il me vint dans l'idée que je pourrais bien devenir, après tout, un acteur décisif sur notre scène politique. Alors naquit, continuait-il, la première étincelle de la haute ambition. » Toutefois il se rappelait qu'après vendémiaire, commandant l'armée de l'intérieur, il donna, dès ce temps-là, un plan de campagne qui se terminait par la pacification sur la côte du *Simmering*, ce qu'il exécuta peu de temps après lui-même, à *Léoben*. Cette pièce pourrait se trouver peut-être encore dans les archives des bureaux.....

Napoléon, devenu général d'artillerie, commandant cette arme à l'armée d'Italie, y porta la supériorité et l'influence qu'il avait acquises si rapidement devant Toulon ; toutefois, ce ne fut pas sans quelques traverses, ni même sans quelques dangers. Il fut mis en arrestation à Nice, quelques instants, par le représentant *Laporte*, devant lequel il ne voulait pas plier. Un autre représentant dans une autre circonstance, le mit *hors la loi*, parce qu'il ne voulait pas le laisser disposer de tous ses chevaux d'artillerie pour courir la poste. Enfin un décret, non exécuté, le manda à la barre de la Convention, pour avoir proposé quelques mesures militaires relatives aux fortifications de Marseille.

Dans cette armée de Nice ou d'Italie, il enthousiasma fort le représentant *Robespierre le jeune*, auquel il donne des qualités bien différentes de celles de son frère, qu'il n'a du reste jamais vu. Ce Robespierre jeune, rappelé à Paris, quelque temps avant le 9 thermidor, par son frère, fit tout au monde pour décider Napoléon à le suivre. « Si je n'eusse inflexiblement refusé, observait-il, sait-on où pouvait me conduire un premier pas, et quelles autres destinées m'attendaient ? »

Les événements de thermidor ayant amené un changement dans les comités de la Convention, *Aubry*, ancien capitaine d'artillerie, se trouva diriger celui-de la guerre, et fit un nouveau tableau de l'armée ; il ne s'y oublia pas, il se fit général d'artillerie, et favorisa plusieurs de ses anciens camarades, au détriment de la queue du corps, qu'il réforma. Napoléon, qui avait à peine vingt-cinq ans, devint alors général d'infanterie, et fut désigné pour le service de la Vendée. Cette circonstance lui fit quitter l'armée d'Italie pour réclamer avec chaleur contre un pareil changement, qui ne lui convenait sous aucun rapport. Trouvant Aubry inflexible, et qui s'irritait de ses justes réclamations, il donna sa démission. On verra, dans la relation des campagnes d'Italie, comment il fut presque immédiatement employé, lors de l'échec de Kellerman, au comité de opérations militaires, où se préparaient le mouvement des armées et les plans de campagne ; c'est là que vint le prendre le 13 vendémiaire.

Les réclamations auprès d'Aubry furent une véritable scène ; il insistait avec force, parce qu'il avait des faits par devers lui ; Aubry s'obstinait avec aigreur, parce qu'il avait la puissance : celui-ci disait à Napoléon qu'il était trop jeune, et qu'il fallait laisser passer les anciens ; Napoléon répondait qu'on vieillissait vite sur le champ de bataille, et qu'il en arrivait : Aubry n'avait jamais vu le feu ; les paroles furent très vives.....

On trouvera, dans la relation de la fameuse journée de vendémiaire, si importante dans les destinées de la révolution et dans celles de Napoléon, qu'il balança quelque temps à se charger de la défense de la Convention.

La nuit qui suivit cette journée, Napoléon se présenta au comité des quarante, qui était en permanence aux Tuileries. Il avait besoin de tirer des mortiers et des munitions de Meudon ; la circonspection du président (*Cambacérès*) était telle que, malgré les dangers qui avaient signalé la journée, il n'en voulut jamais signer l'ordre ; mais seulement, et par accommodement, il invita à mettre ces objets à la disposition du général.

Pendant son commandement de Paris, qui suivit la journée du 13 vendémiaire, Napoléon eut à lutter surtout contre une grande disette, qui donna lieu à plusieurs scènes populaires. Un jour entre autres que la distribution avait manqué, et qu'il s'était formé des attroupements nombreux à la porte des boulangers, Napoléon passait, avec une partie de son état-major, pour veiller à la tranquillité publique, un gros de la populace, des femmes surtout, l'entourent, le pressent, demandant du pain à grands cris ; la foule s'augmente, les menaces s'accroissent, et la situation devient des plus critiques. Une femme monstrueusement grosse et grasse se fait particulièrement remarquer par ses gestes et par ses paroles : « Tout ce tas d'épauliers, crie-t-elle en apostrophant ce groupe d'officiers, se moquent de nous ; pourvu qu'ils mangent et qu'ils s'engraissent bien, il leur est fort égal que le pauvre peuple meure de faim. » Napoléon l'interpelle : « La bonne, regarde-moi bien, quel est le plus gras de nous deux ? » Or Napoléon était alors extrêmement maigre. « J'étais un vrai parchemin », disait-il. Un rire universel désarme la populace, et l'état-major continue sa route.

Le dénuement du trésor et la rareté du numéraire étaient tels dans la république, qu'au départ du général Bonaparte pour l'armée d'Italie, tous ses efforts et ceux du directoire ne purent composer que deux mille louis qu'il emporta dans sa voiture. C'est avec cela qu'il part pour aller conquérir l'Italie et marcher à l'empire du monde. Et voici un détail curieux : il doit exister un ordre du jour signé Berthier, où le général en chef, à son arrivée au quartier-général à Nice, fait distribuer aux généraux, pour les aider à entrer en campagne, la somme de quatre louis en espèces ; et c'était une grande somme : depuis bien du temps personne ne connaissait plus le numéraire. Ce simple ordre du jour peint les circonstances du temps avec plus de force et de vérité que ne saurait le faire un gros volume.

Dès que Napoléon se montre à l'armée d'Italie, on voit tout aussitôt l'homme fait pour commander aux autres ; il remplit dès cet instant la grande scène du monde ; il occupe toute l'Europe : c'est un météore qui envahit le firmament. Il concentre dès lors tous les regards, toutes les pensées ; compose toutes les conversations. A compter de cet instant, toutes les gazettes, tous les ouvrages, tous les monuments sont toujours lui. On rencontre son nom dans toutes les pages, à toutes les lignes, dans toutes les bouches, partout [1].

1.   RÉCAPITULATION CHRONOLOGIQUE.

L'Empereur est né le.....................................	15 août	1769
Entré à l'école de Brienne le...................		1779
Passé à celle de Paris le.........................		1784
Lieutenant dans le premier régiment d'artillerie de la Fère, le........................	1 sept.	1787
Capitaine le.....................................	6 fév.	1792
Chef de bataillon le	19 oct.	1793
Général de brigade le.............................	6 fév.	1794
Général de division le............................	16 oct.	1795
Général en chef de l'armée de l'intérieur.......	26 oct.	1795

Son apparition fut une véritable révolution dans les mœurs, les manières, la conduite, le langage. Decrès m'a souvent répété que ce fut à Toulon qu'il apprit la nomination de Napoléon au commandement de l'armée d'Italie : il l'avait beaucoup connu à Paris, il se trouvait en toute familiarité avec lui. « Aussi, quand nous apprenons, disait-il, que le nouveau général va traverser la ville, je m'offre aussitôt à tous les camarades pour les présenter, en me faisant valoir de mes liaisons. Je cours plein d'empressement, de joie, le salon s'ouvre, je vais m'élancer, quand l'attitude, le regard, le son de voix, suffisent pour m'arrêter : il n'y avait pourtant en lui rien d'injurieux ; mais c'en fut assez, à partir de là je n'ai jamais été tenté de franchir la distance qui m'avait été imposée. »

Un autre signe caractéristique du généralat de Napoléon, c'est l'habileté, l'énergie, la pureté de son administration ; sa haine constante pour les dilapidations, le mépris absolu de ses propres intérêts. « Je revins de la campagne d'Italie, nous disait-il un jour, n'ayant pas trois cent mille francs en propre ; j'eusse pu facilement en rapporter dix ou douze millions, ils eussent bien été les miens ; je n'ai jamais rendu de comptes, on ne m'en demanda jamais. Je m'attendais, au retour, à quelque grande récompense nationale : il fut question, dans le public, de me doter de Chambord ; j'eusse été très avide de cette espèce de fortune ; mais le directoire fit écarter la chose. Cependant j'avais envoyé en France cinquante millions au

Général en chef de l'armée d'Italie le...........	23	fév.	1796
Premier consul le............................	13	déc.	1799
Consul à vie le...............................	2	août	1802
Empereur le.................................	18	mai	1804
Couronné le.................................	2	déc.	1804
Première abdication, à Fontainebleau...........	11	avril	1814
Reprend les rênes le..........................	20	mars	1815
Deuxième abdication à l'Elysée, le.............	21	juin	1815

moins pour le service de l'Etat. C'est la première fois, dans l'histoire moderne, qu'une armée fournit aux besoins de la patrie, au lieu de lui être à charge. »

Lorsque Napoléon traita avec le duc de Modène, *Salicetti*, commissaire du gouvernement auprès de l'armée, avec lequel il avait été assez mal jusque-là, vint le trouver dans son cabinet. « Le commandeur d'Est, lui dit-il, frère du duc, est là avec quatre millions en or dans quatre caisses : il vient, au nom de son frère, vous prier de les accepter, et moi je viens vous en donner le conseil ; je suis de votre pays, je connais vos affaires de famille ; le directoire et le corps législatif ne reconnaîtront jamais vos services ; ceci est bien à vous, acceptez-le sans scrupule et sans publicité ; la contribution du duc sera diminuée d'autant, et il sera bien aise d'avoir acquis un protecteur. »

— « Je vous remercie, répondit froidement Napoléon, je n'irai pas, pour cette somme, me mettre à la disposition du duc de Modène, je veux demeurer libre. ».....

... « Arrivé à la tête des affaires comme consul, mon propre désintéressement et toute ma sévérité ont pu seuls changer les mœurs de l'administration, et empêcher le spectacle effroyable des dilapidations directoriales. J'ai eu beaucoup de peine à vaincre les penchants des premières personnes de l'Etat, que l'on a vues depuis, près de moi, strictes et sans reproches. Il m'a fallu les effrayer souvent. Combien n'ai-je pas dû répéter de fois, dans mes conseils, que si je trouvais en faute mon propre frère, je n'hésiterais pas à le chasser. »

Jamais personne sur la terre ne disposa de plus de richesses, et ne s'en appropria moins. Napoléon a eu, dit-il, jusqu'à quatre cents millions d'espèces dans les caves des Tuileries. Son domaine de l'extraordinaire s'élevait à plus de sept cents millions. Il a dit avoir distribué plus de cinq cents millions de dotation à l'armée. Et, chose bien remarquable, celui qui répandit autant de trésors n'eut jamais de propriété particulière! il avait rassemblé au Musée des valeurs qu'on ne saurait estimer, et il n'eut jamais un tableau, une rareté à lui.

Au retour d'Italie, et partant pour l'Égypte, il acquit la Malmaison ; il y mit à peu près tout ce qu'il possédait. Il l'acheta au nom de sa femme, qui était plus âgée que lui ; en lui survivant il pouvait se trouver n'avoir plus rien ; c'est, disait-il lui-même, qu'il n'avait jamais eu le goût ni le sentiment de la propriété ; il n'avait jamais eu, ni songé à avoir.

« Si peut-être j'ai quelque chose aujourd'hui [1], con-

---

1. Le dépôt chez la maison Laffitte.

L'Empereur ayant abdiqué pour la seconde fois, quelqu'un, qui l'aimait pour lui-même, et connaissait son imprévoyance, accourut pour connaître si l'on avait pris des mesures pour son avenir. On n'y avait pas songé, et Napoléon demeurait absolument sans rien. Pour pouvoir y remédier, il fallut que bien des gens s'y prêtassent de tout leur cœur ; et l'on vint à bout, de la sorte, de lui composer les quatre ou cinq millions dont M. Laffitte s'est trouvé le dépositaire.

Au moment de quitter la Malmaison, la sollicitude des vrais amis de Napoléon ne lui fut pas moins utile. Quelqu'un, qui se défiait du désordre et de la confusion inséparables de notre situation, voulut vérifier par lui-même si l'on avait bien pourvu à tout ; quel fut son étonnement d'apprendre que le chariot chargé des ressources futures demeurait oublié sous une remise à la Malmaison même ; et quand on voulut y remédier, la clef ne se trouva plus. Cet embarras demanda beaucoup de temps ; notre départ en fut même retardé de quelques instants.

Cependant M. Laffitte était accouru pour donner à l'Empereur un récépissé de la somme ; mais Napoléon n'en voulait point, lui disant : « Je vous connais, Monsieur Laffitte, je sais que vous n'aimiez point mon gouvernement ; mais je vous tiens pour un honnête homme. »

Du reste, M. Laffitte semble avoir été destiné à se trouver le dépositaire des monarques malheureux. Louis XVIII en partant pour Gand, lui avait fait remettre pareillement une somme considérable. A l'arrivée de Napoléon, le 20 mars, M. Laffitte fut mandé par

tinuait-il, cela dépend de la manière dont on s'y sera pris au loin depuis mon départ; mais, dans ce cas encore, il aura tenu à la lame d'un couteau que je n'eusse rien au monde. Du reste, chacun a ses idées relatives : j'avais le goût de la fondation, et non celui de la propriété. Ma propriété à moi était dans la gloire et la célébrité : le *Simplon*, pour les peuples, le *Louvre*, pour les étrangers, m'étaient plus à moi une propriété que des domaines privés. J'achetais des diamants à la couronne; je réparais les palais du souverain, je les encombrais de mobilier; et je me surprenais parfois à trouver que les dépenses de Joséphine, dans ses serres ou sa galerie, étaient un véritable tort pour mon Jardin des Plantes ou mon Musée de Paris, etc. »

En prenant le commandement de l'armée d'Italie, Napoléon, malgré son extrême jeunesse, y imprima tout d'abord la subordination, la confiance et le dévouement le plus absolu. Il subjugua l'armée par son génie, bien plus qu'il ne la séduisit par sa popularité : il était en général très sévère et peu communicatif. Il a constamment dédaigné dans le cours de sa vie les moyens secondaires qui peuvent gagner les faveurs de la multitude; peut-être même y a-t-il mis une répugnance qui peut lui avoir été nuisible.

Son extrême jeunesse, lorsqu'il prit le commandement de l'armée d'Italie, ou toute autre cause y avait établi un singulier usage; c'est qu'après chaque bataille, les plus vieux soldats se réunissaient en conseil, et donnaient un nouveau grade à leur jeune général : quand celui-ci rentrait au camp, il y était reçu par les vieilles moustaches, qui le saluaient de

l'Empereur, et questionné sur ce dépôt, qu'il ne nia pas. Et comme il exprimait la crainte qu'un reproche se trouvât renfermé dans les questions qui venaient de lui être faites. — « Aucun, répondit l'Empereur : cet argent était personnellement au roi, et les affaires domestiques ne sont pas de la politique. »

son nouveau titre. Il fut fait caporal à Lodi, sergent à Castiglione ; et de là ce surnom de *petit caporal*, resté longtemps à Napoléon parmi les soldats. Et qui peut dire la chaîne qui unit la plus petite cause aux plus grands événements ! peut-être ce sobriquet a-t-il contribué au prodige de son retour en 1815 ; lorsqu'il harangua le premier bataillon qu'il rencontra, avec lequel il fallut parlementer, une voix s'écria : « *Vive notre petit caporal ! nous ne le combattrons jamais !* »

Sur l'Egypte. — Saint-Jean-d'Acre. — Le désert. — Anecdotes. — Au 18 Brumaire. — Les Consuls.

—[1] Au dîner, l'Empereur s'est trouvé fort causant. Il venait de travailler à sa campagne d'Égypte, qu'il avait laissée quelque temps, et qu'il nous avait dit devoir être aussi intéressante qu'un épisode de roman. Au sujet de sa pointe sur Saint-Jean-d'Acre, il disait : « C'était pourtant bien audacieux que d'avoir osé se placer ainsi au milieu de la Syrie avec seulement douze mille hommes. J'étais, continuait-il, à cinq cents lieues de Desaix, qui formait l'autre extrémité de mon armée. Sidney Smith a raconté que j'avais perdu dix-huit mille hommes devant Saint-Jean-d'Acre ; or, mon armée n'était que de douze mille hommes. Un petit échappé du collège, à ce qu'il paraît, n'entendant rien à ce qu'il décrit, ne sachant que faire quelque argent, frère pourtant de quelqu'un que j'ai comblé, qui faisait partie de mon Conseil d'État, vient de publier sur cet événement quelque chose qui m'a passé aujourd'hui sous les yeux, et qui m'irrite par sa niaiserie et la mauvaise teinte qu'il essaie de répandre sur la gloire et les travaux de cette armée, etc.

« Si j'avais été maître de la mer j'eusse été maître de l'Orient ; et la chose était si possible, que cela n'a

1. 21 juillet 1816.

tenu qu'à la stupidité ou à la mauvaise conduite de quelques marins.

« Volney, voyageant en Egypte avant la Révolution, avait écrit qu'on ne pourrait occuper ce pays sans trois grandes guerres : contre l'Angleterre, le Grand-Seigneur et les habitants. La dernière surtout lui paraissait difficile et terrible. Il s'est trompé tout à fait à l'égard de celle-ci, car elle n'a été rien pour nous. Nous étions même venus à bout d'avoir, en peu de temps, les habitants pour amis, et d'avoir mêlé leur cause à la nôtre.

« Une poignée de Français avait donc suffi pour conquérir ce beau pays, qu'ils n'eussent jamais dû perdre ! Nous avions vraiment accompli des prodiges de guerre et de politique ! Notre affaire n'avait rien de commun avec les anciennes croisades : les croisés étaient innombrables et mus par le fanatisme ; mon armée, au contraire, était fort petite, et les soldats si peu passionnés pour leur entreprise, qu'ils furent tentés souvent, dans le principe, d'enlever leurs drapeaux et de revenir. Toutefois, j'étais venu à bout de les réconcilier avec le pays, où il y avait abondance de toutes choses, et à si bon marché, que je fus un moment tenté de les mettre à la demi-solde, pour leur conserver l'autre moitié en réserve. Je m'étais acquis un tel empire sur eux, qu'il m'eût suffi d'un simple ordre du jour pour les rendre mahométans. Ils n'eussent fait qu'en rire ; la population eût été satisfaite, et les chrétiens de l'Orient eux-mêmes eussent cru leur cause gagnée ; ils nous eussent approuvés, pensant que nous ne pouvions pas faire mieux pour eux et pour nous.

« Les Anglais ont frémi de nous voir occuper l'Egypte. Nous montrions à l'Europe le vrai moyen de les priver de l'Inde. Ils ne sont pas encore bien rassurés ; et ils ont raison. Si quarante ou cinquante mille familles européennes fixent jamais leur industrie,

leurs lois et leur administration en Egypte, l'Inde
sera aussitôt perdue pour les Anglais, bien plus encore
par la force des choses que par celle des armes. »
Dans le cours de la soirée, le grand-maréchal a
rappelé à l'Empereur une de ses conversations avec le
mathématicien *Monge*, à Cutakié, au milieu du désert.
« Que vous semble de tout ceci, citoyen Monge ? disait
Napoléon. — Mais, citoyen général, répondait Monge,
je pense que si jamais on voit ici autant de voitures
qu'à l'Opéra, il faudra qu'il se soit passé de fameuses
révolutions sur le globe. » L'Empereur riait beaucoup
à ce ressouvenir. Il avait pourtant alors sur les lieux,
disait-il, une voiture à six chevaux. C'était assurément
la première qui eût traversé le désert de la sorte;
aussi elle étonnait fort les Arabes.

L'Empereur disait que le désert avait toujours eu
pour lui un attrait particulier. Il ne l'avait jamais
traversé sans une certaine émotion. C'était pour lui
l'image de l'immensité, disait-il; il ne montrait point
de bornes, n'avait ni commencement ni fin; c'était un
océan de pied ferme. Ce spectacle plaisait à son imagination. Et il se complaisait à faire observer que
Napoléon veut dire *lion du désert!*...

— [1] Après dîner, l'Empereur est revenu sur le
18 Brumaire, et nous l'a raconté avec une infinité de
petits détails. Comme il l'a dicté depuis longtemps
au général Gourgaud, c'est là que je renverrai pour
la masse de l'événement. Je n'en vais donner ici que
quelques traits ou accessoires qui ne s'y trouveront
sans doute pas.

La situation de Napoléon à son retour d'Égypte fut
unique. Il s'était vu aussitôt sollicité par tous les partis, et avait reçu tous leurs secrets. Il en était trois
bien distincts : *le Manège*, dont un général fort connu

1. 5 juillet 1816.

était un des chefs ; *les Modérés*, conduits par Sieyès, et *les Pourris*, disait-il, ayant Barras à leur tête.

La détermination que prit Napoléon de s'associer aux Modérés lui fit courir de grands dangers, disait-il. Avec les jacobins il n'en eût couru aucun ; ils lui avaient offert de le nommer *dictateur* : « Mais après avoir vaincu avec eux, disait l'Empereur, il m'eût fallu presque aussitôt vaincre contre eux. Un club ne supporte point de chef durable, il lui en faut un pour chaque passion. Or, se servir un jour d'un parti, pour l'attaquer le lendemain, de quelque prétexte que l'on s'enveloppe, c'est toujours trahir ; ce n'était pas dans mes principes.

« Mon cher, me disait l'Empereur dans un autre moment, après avoir parcouru de nouveau l'événement de Brumaire, il y a loin de là, vous en conviendrez, à la conspiration de Saint-Réal, qui offre bien plus d'intrigues et bien moins de résultats : la nôtre ne fut que l'affaire d'un tour de main. Il est sûr, ajoutait-il, que jamais plus grande révolution ne causa moins d'embarras, tant elle était désirée ; aussi se trouva-t-elle couverte des applaudissements universels.

« Pour mon propre compte, toute ma part dans le complot d'exécution se borna à réunir à une heure fixe la foule de mes visiteurs, et à marcher à leur tête pour saisir la puissance. Ce fut du seuil de ma porte, du haut de mon perron, et sans qu'ils en eussent été prévenus d'avance, que je les conduisis à cette conquête : ce fut au milieu de leur brillant cortège, de leur vive allégresse, de leur ardeur unanime que je me présentai à la barre des Anciens pour les remercier de la dictature dont ils m'investissaient.

« On a discuté métaphysiquement, et l'on discutera longtemps encore si nous ne violâmes pas les lois, si nous ne fûmes pas criminels ; mais ce sont autant d'abstractions bonnes tout au plus pour les livres et les tribunes, et qui doivent disparaître devant l'impérieuse nécessité ; autant vaudrait accuser de dégât le marin qui coupe ses mâts pour ne pas sombrer. Le fait est que la patrie sans nous était perdue, et que nous la sauvâmes. Aussi les auteurs, les grands acteurs de ce mémorable coup d'État, au lieu de dénégations et de justifications, doivent-ils, à l'exemple de ce Romain, se contenter de répondre avec fierté à leurs accusateurs : *Nous protestons que nous avons sauvé notre pays, venez avec nous en rendre grâces aux dieux.*

« Et certes tous ceux qui dans le temps faisaient parti du tourbillon politique ont eu d'autant moins de droit de se récrier avec justice que tous convenaient qu'un changement était indispensable, que tous le voulaient, et que chacun cherchait à l'opérer de son côté. Je fis le mien à l'aide des *Modérés ;* la fin subite de l'anarchie, le retour immédiat de l'ordre, de l'union, de la force, de la gloire, furent ses résultats. Ceux des *Jacobins* ou ceux des *Immoraux* auraient-ils été supérieurs ? Il est permis de croire que non. Toutefois il n'est pas moins très naturel qu'ils en soient demeurés mécontents et en aient jeté les hauts cris. Aussi, n'est-ce qu'à des temps plus éloignés, à des hommes plus désintéressés qu'il appartient de prononcer sainement sur cette grande affaire. »

Au surplus voici deux traits qui aideront à juger de l'état réel de la république à l'époque de Brumaire. Après cette journée, il ne se trouva pas au trésor de quoi expédier un courrier ; et quand le consul voulut se procurer la force précise de l'armée, il fut réduit à envoyer des personnes sur les lieux. « Mais, disait-il, vous devez avoir des rôles au bureau de la guerre ? — A quoi nous serviraient-ils, répondait-on, il y a eu tant de mutations dont on n'a pu tenir compte. — Mais du moins, vous devez avoir l'état de solde qui nous mènera à notre but ? — Nous ne la payons pas.

— Mais les états des vivres ? — Nous ne les nourrissons pas. — Mais ceux de l'habillement ? — Nous ne les habillons pas. »

La révolution de Brumaire accomplie, il se trouva trois consuls provisoires : *Napoléon, Sieyès* et *Ducos*. Il fallait un président. La crise était chaude et rendait le général bien nécessaire, aussi saisit-il le fauteuil, et ses deux acolytes n'eurent garde de le lui disputer. Ducos, d'ailleurs, se prononça dès cet instant une fois pour toutes. Le général seul pouvait les sauver, disait-il ; et dès lors il se déclarait pour toujours de son avis en toutes choses. Sieyès s'en mordit les lèvres ; mais il dut en faire autant.....

« Lorsqu'il fallut se fixer sur une constitution, disait l'Empereur, Sieyès donna une autre scène fort plaisante. Les circonstances et l'opinion publique en avaient fait une espèce d'oracle en ce genre : il déroula donc aux commissions des deux conseils, mystérieusement et avec poids et mesure, les différentes bases, qui furent toutes adoptées, bonnes, imparfaites ou mauvaises. Enfin, il couronna l'œuvre en dévoilant la sommité, ce qu'on attendait avec une vive et curieuse impatience. Il proposa un *Grand-électeur* qui résiderait à Versailles, jouirait de six millions annuels, représenterait la dignité nationale et n'aurait d'autre fonction que de nommer deux consuls : celui de la *paix*, celui de la *guerre*, tout à fait indépendants dans leurs fonctions. Encore si cet électeur avait fait un mauvais choix, le Sénat devait-il *l'absorber* lui-même. C'était l'expression technique, c'est-à-dire le faire disparaître en le faisant rentrer par forme de punition dans la foule des citoyens. »

Napoléon, faute d'expérience dans les assemblées, et aussi par une circonspection commandée par le moment, avait pris peu ou point de part à ce qui avait précédé ; mais ici, à ce point décisif il se mit à rire, dit-il, au nez de Sieyès, et sabra ce qu'il appelait ses

niaiseries métaphysiques. Sieyès n'aimait pas à se
défendre, disait l'Empereur, et ne savait pas le faire.
Il essaya pourtant ici de dire qu'après tout un roi
n'était pas autre chose. Napoléon lui répondait :
« Mais vous prenez l'abus pour le principe, l'ombre
pour le corps. » Puis il l'acheva en lui disant : « Et
comment avez-vous pu imaginer, Monsieur Sieyès,
qu'un homme de quelque talent et d'un peu d'honneur
voulût se résigner au rôle d'un cochon à l'engrais de
quelques millions ? » Après une telle sortie, qui, disait
l'Empereur, fit rire aux éclats tous les assistants, la
création de Sieyès demeura noyée; il n'y eut plus
moyen pour lui de revenir à son grand-électeur, et
l'on se décida pour un premier consul à décision
suprême, ayant la nomination à tous les emplois, et
deux consuls accessoires à voix délibératives seulement. C'était au fait dès cet instant l'unité du pouvoir. Le premier consul était un vrai président d'Amérique, gazé sous des formes que commandait encore
l'esprit ombrageux du moment; aussi l'Empereur
dit-il que son règne commença réellement dès ce
jour-là.

VI

L'EMPIRE

—[1] L'Empereur a repris sur la guerre d'Espagne :
« Cette combinaison m'a perdu. Toutes les circonstances de mes désastres viennent se rattacher à ce
nœud fatal ; elle a détruit ma moralité en Europe,
compliqué mes embarras, ouvert une école aux soldats anglais. C'est moi qui ai formé l'armée anglaise
dans la Péninsule.

« Les événements ont prouvé que j'avais fait une
grande faute dans le choix de mes moyens ; car la
faute est dans les moyens bien plus que dans les
principes. Il est hors de doute que, dans la crise où
se trouvait la France, dans la lutte des idées nouvelles, dans la grande cause du siècle contre le reste
de l'Europe, nous ne pouvions laisser l'Espagne en
arrière, à la disposition de nos ennemis : il fallait
l'enchaîner, de gré ou de force, dans notre système.
Le destin de la France le demandait ainsi, et le code
du salut des nations n'est pas toujours celui des
particuliers. D'ailleurs, à la nécessité de la politique
se joignait ici, pour moi, la force du droit. L'Espagne
quand elle m'avait cru en péril, l'Espagne, quand
elle me sut aux prises à Iéna, m'avait à peu près
déclaré la guerre. L'injure ne devait pas rester

1. 6 mai 1816.

impunie ; je pouvais la lui déclarer à mon tour ; et
certes le succès ne pouvait point être douteux. C'est
cette facilité même qui m'égara. La nation mépri-
sait son gouvernement ; elle appelait à grands cris
une régénération. De la hauteur à laquelle le sort
m'avait élevé, je me crus appelé, je crus digne de
moi d'accomplir en paix un si grand événement.
Je voulus épargner le sang ; que pas une goutte ne
souillât l'émancipation castillane. Je délivrai donc
les Espagnols de leurs hideuses institutions ; je leur
donnai une Constitution libérale ; je crus nécessaire, trop légèrement peut-être, de changer leur
dynastie. Je plaçai un de mes frères à leur tête ;
mais il fut le seul étranger au milieu d'eux. Je res-
pectai l'intégrité de leur territoire, leur indépendance,
leurs mœurs, le reste de leurs lois. Le nouveau
monarque gagna le capitale, n'ayant d'autres conseillers, d'autres courtisans que ceux de la dernière
cour. Mes troupes allaient se retirer ; j'accomplis-
sais le plus grand bienfait qui ait jamais été répandu
sur un peuple, me disais-je, et je me le dis encore.
Les Espagnols eux-mêmes, m'a-t-on assuré, le pen-
saient au fond, et ne se sont plaints que des formes.
J'attendais leurs bénédictions ; il en fut autrement :
ils dédaignèrent l'intérêt, pour ne s'occuper que de
l'injure ; ils s'indignèrent à l'idée de l'offense, se
révoltèrent à la vue de la force, tous coururent aux
armes. Les Espagnols en masse se conduisirent
comme un homme d'honneur. Je n'ai rien à dire à
cela, sinon qu'ils en ont été cruellement punis ! qu'ils
en sont peut-être à regretter !... Ils méritaient
mieux !... »

¹ L'Empereur, parlant de cette guerre [de Russie],
disait : « Il n'est point de petits événements pour les

1. 28 avril 1816.

nations et les souverains : ce sont eux qui gouvernent leurs destinées. Depuis quelque temps, il s'était élevé de la mésintelligence entre la France et la Russie.

« La France reprochait à la Russie la violation du *système continental.*

« La Russie exigeait une indemnité pour le duc d'Oldembourg, et élevait d'autres prétentions.

« Des rassemblements russes s'approchaient du duché de Varsovie ; une armée française se formait au nord de l'Allemagne. Cependant on était encore loin d'être décidé à la guerre, lorsque tout à coup une nouvelle armée russe se met en marche vers le duché et une note insolente est présentée à Paris comme *ultimatum* par l'ambassadeur russe, qui, au défaut de son acceptation, menace de quitter Paris sous huit jours.

« Je crus alors la guerre déclarée. Depuis long-temps je n'étais plus accoutumé à un pareil ton. Je n'étais pas dans l'habitude de me laisser prévenir ! je pouvais marcher à la Russie à la tête du reste de l'Europe ; l'entreprise était populaire, la cause était européenne ; c'était le dernier effort qui restait à faire à la France ; ses destinées, celles du nouveau système européen étaient au bout de la lutte. La Russie était la dernière ressource de l'Angleterre ; la paix du globe était en Russie, et le succès ne devait point être douteux. Je partis ; toutefois, arrivé à la frontière, moi, à qui la Russie avait déclaré la guerre en retirant son ambassadeur, je crus devoir envoyer le mien (Lauriston) à l'Empereur Alexandre, à Wilna ; il fut refusé, et la guerre commença.

« Cependant, qui le croirait ! Alexandre et moi nous étions tous les deux, continuait l'Empereur, dans l'attitude de deux bravaches, qui, sans avoir envie de se battre, cherchent à s'effrayer mutuellement. Volontiers, je n'eusse pas fait la guerre ; j'étais entouré, encombré de circonstances inopportunes, et tout ce que j'ai appris m'assure qu'Alexandre en avait bien moins envie encore.

« M. de Romanzof, qui avait conservé des relations à Paris, et qui, plus tard, au moment des échecs éprouvés par les Russes, fut fort maltraité par Alexandre pour la résolution qu'il lui avait fait prendre, l'avait assuré que le moment était venu où Napoléon, embarrassé, ferait des sacrifices pour éviter la guerre ; que l'occasion était favorable, qu'il fallait la saisir ; qu'il ne s'agissait que de se montrer et de parler ferme ; qu'on aurait les indemnités du duc d'Oldembourg ; qu'on acquerrait Dantzik, et que la Russie se créerait une immense considération en Europe.

« Telle était la clef du mouvement des troupes russes et de la note insolente du prince Kourakin ; qui, sans doute, n'était pas dans le secret, et qui avait eu tort, par son peu d'esprit, d'exécuter ses instructions trop à la lettre. La même présomption, le même système amena encore le refus de recevoir Lauriston à Wilna ; et voici, disait Napoléon, les vices et le malheur de ma diplomatie nouvelle : elle demeurait isolée, sans affinité, sans contact, au milieu des objets qu'il s'agissait de manier. Si j'avais eu un ministre des relations extérieures de la vieille aristocratie, un homme supérieur, il eût pu, dans la conversation, deviner cette nuance, et nous n'eussions pas eu la guerre. Talleyrand en eût été capable peut-être, mais ce fut au-dessus de la nouvelle école. Pour moi, je ne pouvais pourtant deviner tout seul ; la dignité m'interdisait les éclaircissements personnels, je ne pouvais juger que sur les pièces, et j'avais beau les tourner, les retourner, arrivé à un certain point, elles demeuraient muettes, et ne pouvaient répondre à toutes mes attaques.

« A peine eus-je ouvert la campagne, que le masque tomba ; les vrais sentiments de l'ennemi durent se montrer. Au bout de trois ou quatre jours, frappé

de nos premiers succès, Alexandre me dépêcha quel
qu'un pour me dire que si je voulais évacuer le ter
ritoire envahi, revenir au Niémen, il allait traiter
Mais à mon tour je pris cela pour une ruse; j'étai
enflé du succès, j'avais pris l'armée russe en flagran
délit ; tout était culbuté et en désordre ; j'avais coup(
Bagration ; je devais espérer de le détruire ; j(
crus donc qu'on ne voulait que gagner du temp:
pour le sauver et se rallier. Nul doute que si j'avai:
été convaincu de la bonne foi d'Alexandre, je n'euss(
accédé à sa demande. Je serais revenu au Niémen, i
n'eût pas passé la Dwina ; Wilna eût été neutralisé
nous nous y serions rendus, chacun avec deux ou
trois bataillons de notre garde, nous eussions traité
en personne. Que de combinaissons j'eusse introduites !... Il n'eût eu qu'à choisir !... Nous nous
serions séparés bons amis...

« Et malgré les événements qui ont suivi et le laissent triomphant, est-il bien prouvé que ce parti eût
été moins avantageux pour lui que ce qui est arrivé
depuis ? Il est venu à Paris, il est vrai, mais avec
toute l'Europe. Il a acquis la Pologne ; mais quelles
seront les suites de l'ébranlement donné à tout le
système européen, de l'agitation donnée à tous les
peuples, de l'accroissement de l'influence européenne
sur le reste de la Russie, par l'agglomération des
acquisitions nouvelles, par les courses lointaines des
soldats russes, par l'influence des hommes et des
lumières hétérogènes qui viennent s'y réfugier de
toutes parts ! etc., etc.

« Les souverains russes se contenteront-ils de consolider ce qu'ils ont acquis ? Mais si l'ambition les
saisit au contraire, à quelle entreprise, à quelle
extravagance ne peuvent-ils pas se livrer ! et pourtant ils ont perdu Moscou, ses richesses, ses ressources, celles d'un grand nombre d'autres villes ! Ce
sont autant de plaies qui saigneront plus de cinquante

ans. Et pourtant que n'aurions-nous pas pu fixer à Wilna pour le bien-être de tous, pour celui des peuples aussi bien que pour celui des rois!!!... »

Dans un autre moment, l'Empereur disait : « J'ai pu partager l'empire turc avec la Russie ; il en a été plus d'une fois question entre nous. Constantinople l'a toujours sauvé. Cette capitale était le grand embarras, la vraie pierre d'achoppement. La Russie la voulait ; je ne devais pas l'accorder: c'est une clef précieuse ; elle vaut à elle seule un empire : celui qui la possédera peut gouverner le monde. »

Et comme l'Empereur se résumant en est revenu à dire : « Qu'a donc gagné Alexandre qu'il n'eût obtenu à Wilna à bien meilleur compte ? » Il est échappé à quelqu'un de dire : « Sire, d'avoir vaincu et d'être demeuré triomphant. » — Ce pourra être la pensée du vulgaire, s'est écrié l'Empereur, ce ne saurait être celle du roi. Un roi, s'il gouverne par lui-même, ou ses conseils, s'il en est capable, ne doit point, dans une aussi grande entreprise, avoir pour but la victoire, mais bien ses résultats. Et puis ne s'arrêterait-on même qu'à cette considération vulgaire, je maintiens que le but encore serait manqué, car ici la palme des suffrages doit demeurer au vaincu.

« Qui pourrait mettre en parallèle mes succès d'Allemagne avec ceux des alliés en France ? Les gens éclairés, réfléchis, l'histoire, ne le feront point.

« Les alliés sont venus traînant toute l'Europe contre presque rien du tout. Ils présentaient six cent mille hommes en ligne, ils avaient une réserve égale. S'ils étaient battus, ils ne couraient aucun risque ; ils se repliaient. Moi, au contraire, en Allemagne, à cinq cents lieues au loin, j'étais à peine à force égale ; je demeurais entouré de puissances et de peuples retenus par la crainte ; à chaque instant, au premier échec, ils pouvaient se déclarer. Je triomphais au milieu des périls toujours renaissants; il me fallait sans cesse autant d'adresse que de force. Qu'il me fallut un étrange caractère dans toutes ces entreprises, un étrange coup d'œil ; une étrange confiance dans mes combinaisons, désapprouvées par tous ceux peut-être qui m'environnaient !

« Quels actes les alliés opposeront-ils à de tels actes ? Si je n'eusse vaincu à Austerlitz, j'allais avoir toute la Prusse sur les bras. Si je n'eusse triomphé à Iéna, l'Autriche et l'Espagne se déclaraient sur mes derrières. Si je n'eusse battu à Wagram, qui ne fut pas une victoire décisive, j'avais à craindre que la Russie ne m'abandonnât, que la Prusse ne se soulevât, et les Anglais étaient déjà devant Anvers.

« Toutefois quelles ont été mes conditions après la victoire ?

« A Austerlitz, j'ai laissé la liberté à Alexandre, que je pouvais faire mon prisonnier [1].

« Après Iéna, j'ai laissé le trône à la maison de Prusse, que j'en avais abattue.

« Après Wagram, j'ai négligé de morceler la monarchie autrichienne.

« Attribuera-t-on tout cela à de la simple magnanimité ? Les gens forts et profonds auraient le droit de m'en blâmer. Aussi, sans repousser ce sentiment, qui ne m'est pas étranger, aspirais-je à de plus hautes pensées encore. Je voulais préparer la fusion des grands intérêts européens, ainsi que j'avais opéré celle des partis au milieu de nous. J'ambitionnais d'arbitrer un jour la grande cause des peuples et des rois ; il me fallait donc me créer des titres auprès des rois, me rendre populaire au milieu d'eux. Il est vrai

---

1. « Depuis mon retour en Europe, on m'a assuré qu'il existait deux billets au crayon de l'Empereur Alexandre, sollicitant anxieusement qu'on le laissât passer. Si cela était vrai, quelle vicissitude de fortune ! Le vainqueur magnanime aurait péri dans les fers, au loin de l'Europe, privé de sa famille, et précisément au nom du vaincu qu'il avait si généreusement écouté ! ! ! »

que ce ne pouvait être sans perdre auprès des peuples, je le sentais bien ; mais j'étais tout-puissant et peu timide ; je m'inquiétais peu des murmures passagers des peuples, bien sûr que le résultat devait me les ramener infailliblement.

« Cependant, continuait l'Empereur, je fis une grande faute après Wagram, celle de ne pas abattre l'Autriche davantage. Elle demeurait trop forte pour notre sûreté : c'est elle qui nous a perdus. Le lendemain de la bataille, j'aurai dû faire connaître, par une proclamation, que je ne traiterais avec l'Autriche que sous la séparation préalable des trois couronnes d'Autriche, de Hongrie et de Bohême. Et, le croira-t-on ? un prince de la maison d'Autriche m'a fait insinuer plusieurs fois de lui en faire passer une, ou même de le mettre sur le trône de sa maison, alléguant que ce ne serait qu'alors que cette puissance marcherait de bonne foi avec moi. Il offrait de me donner en espèce d'otage son fils pour aide de camp..., en outre de toutes les garanties imaginables. »

L'Empereur disait s'en être même occupé. Il avait balancé quelque temps avant son mariage avec Marie-Louise ; mais depuis, continuait-il, il en eût été incapable. Il se sentait des sentiments trop bourgeois sur l'article des alliances, disait-il : « L'Autriche était devenue ma famille ; et pourtant ce mariage m'a perdu. Si je ne m'étais pas cru tranquille et même appuyé sur ce point, j'aurais retardé de trois ans la résurrection de la Pologne, j'aurais attendu que l'Espagne fût soumise et pacifiée. J'ai posé le pied sur un abîme recouvert de fleurs, etc... »

[1] L'Empereur est revenu sur l'histoire de Russie. « Pierre le Grand, disait-il, avait-il bien fait de fonder une capitale à Pétersbourg à si grands frais?

1. 24 août 1816.

N'eût-il pas obtenu de bien plus grands résultats, s'il eût dépensé tout son argent à Moscou ? Quel avait été son but ? L'avait-il atteint ? Je répondais : Si Pierre fût resté à Moscou, sa nation fût demeurée Moscovite ; un peuple tout à fait asiatique ; il avait fallu la déplacer pour la réformer et la changer. Alors il s'était transporté sur les frontières mêmes enlevées à l'ennemi, et en y asseyant sa capitale, en y accumulant toutes ses forces, il la rendait plus invulnérable ; il s'affiliait à la société européenne ; il s'établissait dans la mer Baltique, d'où il tournait facilement ses ennemis naturels, les Polonais et les Suédois, pour venir s'allier, au besoin, avec les nations placées derrière eux, etc., etc. »

L'Empereur disait n'être pas tout à fait satisfait de ces raisons. « Quoi qu'il 'en soit, disait-il, Moscou a disparu, et qui peut assigner les richesses qui y ont été dévorées ? Qu'on se figure, ajoutait-il, Paris avec l'accumulation de l'industrie et des travaux des siècles. Son capital, depuis quatorze cents ans qu'existe cette cité, ne se fût-il accrû que d'un million par an, quelles sommes ! Qu'on joigne à cela les magasins, le mobilier, la réunion des sciences, des arts, les correspondances d'affaires et de commerce toutes établies, etc..., et voilà pourtant Moscou, et tout cela a disparu en un instant ! Quelle catastrophe ! la seule idée n'en fait-elle pas frémir !... Je ne pense pas que pour deux milliards on pût le rétablir. »

L'Empereur s'est étendu longuement sur tous ces événements, et a laissé échapper une parole trop caractéristique pour que je ne l'aie pas notée. Le nom de *Rostopchin* ayant été prononcé, j'ai osé observer que la couleur donnée dans le temps à son acte patriotique m'avait fort surpris, car il m'avait ému loin de m'indigner ; bien plus, je l'avais envié !... A quoi l'Empereur a répondu avec une vivacité singulière, et dans une espèce de contradiction qui trahissait le dépit : « Si beaucoup à Paris eussent pu le lire et sentir de la sorte, croyez que je le leur aurais vanté ; mais je n'avais pas le choix. » Et revenant à Moscou, il a dit :

« Jamais, en dépit de la poésie, toutes les fictions de l'incendie de Troie n'égalèrent la réalité de celui de Moscou. La ville était de bois, le vent était violent ; toutes les pompes avaient été enlevées. C'était littéralement un océan de feu. Rien n'en avait été soustrait, tant notre marche avait été rapide et notre entrée soudaine. Nous trouvâmes jusqu'à des diamants sur la toilette des femmes, tant elles avaient fui avec précipitation. Elles nous écrivirent à quelque temps de là qu'elles avaient cherché à échapper aux premiers moments d'une soldatesque dangereuse ; qu'elles recommandaient leurs biens à la loyauté des vainqueurs, et ne manqueraient pas de reparaître sous peu de jours, pour solliciter leurs bienfaits et leur apporter leur reconnaissance.

« La population, ajoutait l'Empereur, était loin d'avoir comploté cet attentat. C'est même elle qui nous livra les trois ou quatre cents malfaiteurs échappés des prisons qui l'avaient exécuté. — Mais, ai-je osé demander, Sire, si Moscou n'eût pas été livré aux flammes, Votre Majesté comptait-elle y prendre ses quartiers ? — Sans doute, a répondu l'Empereur, et j'aurais alors donné le spectacle singulier d'une armée hivernant paisiblement au milieu d'une nation ennemie qui la presse de toutes parts : c'eût été le vaisseau pris par les glaces. Vous vous seriez trouvés en France privés plusieurs mois de mes nouvelles ; mais vous fussiez demeurés tranquilles, vous eussiez été sages ; Cambacérès, comme de coutume, eût mené les affaires en mon nom, et tout eût été son train comme si j'eusse été présent. L'hiver, en Russie, eût pesé sur tout le monde : l'engourdissement eût été général. Le printemps fût revenu aussi pour tout le monde. Chacun se fût réveillé à la fois, et l'on sait que les Français sont aussi lestes qu'aucuns.

« Au premier retour de la belle saison, j'eusse donc marché aux ennemis ; je les eusse battus ; j'eusse été maître de leur empire. Mais Alexandre, croyez-le bien, ne m'eût pas amené jusque-là ; il eût passé avant par toutes les conditions que j'eusse dictées ; et alors la France eût enfin commencé à pouvoir jouir. Et vraiment, cela a tenu à bien peu de chose ! car j'avais été pour combattre des hommes en armes, et non la nature en courroux : j'ai défait des armées, mais je n'ai pu vaincre les flammes, la gelée, l'engourdissement, la mort ! Le destin a dû être plus fort que moi. Et pourtant, quel malheur pour la France, pour l'Europe !

« La paix dans Moscou accomplissait et terminait mes expéditions de guerre. C'était pour la grande cause, la fin des hasards et le commencement de la sécurité. Un nouvel horizon, de nouveaux travaux allaient se dérouler, tout pleins du bien-être et de la prospérité de tous. Le système européen se trouvait fondé ; il n'était plus question que de l'organiser.

« Satisfait sur ces grands points, et tranquille partout, j'aurais eu aussi mon *congrès* et ma *sainte-alliance*. Ce sont des idées qu'on m'a volées. Dans cette réunion de tous les souverains, nous eussions traité de nos intérêts en famille, et compté de clerc à maître avec les peuples.

« La cause du siècle était gagnée, la révolution accomplie ; il ne s'agissait plus que de la raccommoder avec ce qu'elle n'avait pas détruit. Or, cet ouvrage m'appartenait ; je l'avais préparé de longue main, *aux dépens de ma popularité peut-être*. N'importe. Je devenais l'arche de l'ancienne et de la nouvelle alliance, le médiateur naturel entre l'ancien et le nouvel ordre de choses. J'avais les principes et la

confiance de l'un, je m'étais identifié avec l'autre ;
j'appartenais à tous les deux ; j'aurais fait en conscience la part de chacun.

« *Ma gloire eût été dans mon équité.* »

Et après avoir énuméré ce qu'il eût proposé de souverain à souverain, et de souverains à peuples :
« Forts comme nous l'étions, continuait-il, tout ce
que nous eussions concédé eût semblé grand. Il nous
eût mérité la reconnaissance des peuples. Aujour-
d'hui, ce qu'ils arracheront ne leur semblera jamais
assez, et ils ne cesseront de se défier, ni d'être
mécontents. »

Il passait ensuite en revue ce qu'il eût proposé pour
la prospérité, les intérêts, la jouissance et le bien-
être de l'association européenne. Il eût voulu les
mêmes principes, le même système partout ; un code
européen, une cour de cassation européenne, redressant pour tous les erreurs, comme la nôtre redresse
chez nous celle de nos tribunaux. Une même monnaie
sous des coins différents ; les mêmes poids, les mêmes
mesures, les mêmes lois, etc., etc.

« L'Europe, disait-il, n'eût bientôt fait de la sorte
véritablement qu'un même peuple, et chacun, en
voyageant partout, se fût trouvé toujours dans la
patrie commune. »

Il eût demandé toutes les rivières navigables pour
tous ; la communauté des mers ; que les grandes
armées permanentes fussent réduites désormais à la
seule garde des souverains, etc.

Enfin, c'était une foule d'idées, la plupart nouvelles,
les unes des plus simples, d'autres tout à fait subli-
mes, sur les diverses branches politiques, civiles,
législatives ; sur la religion, les arts, le commerce :
elles embrassaient tout.

Il a conclu : « De retour en France, au sein de la
patrie, grande, forte, magnifique, tranquille, glorieuse, j'eusse proclamé ses limites immuables ; toute

guerre future, purement *défensive* ; tout agrandisse-
ment nouveau, *anti-national*. J'eusse associé mon fils
à l'empire ; ma *dictature* eût fini, et son règne constitutionnel eût commencé...

« Paris eût été la capitale du monde, et les Français
l'envie des nations !...

« Mes loisirs ensuite et mes vieux jours eussent été
consacrés, en compagnie de l'Impératrice, et durant
l'apprentissage royal de mon fils, à visiter lentement
et en vrai couple campagnard, avec nos propres
chevaux, tous les recoins de l'empire, recevant les
plaintes, redressant les torts, semant de toutes parts
et partout les monuments et les bienfaits ! ! !... Mon
cher, voilà encore de mes rêves ! ! ! »

Sur la campagne de Saxe, ou de 1813. — Intrigants à épée. —
Maréchaux de Louis XV. — Idées de Napoléon sur ses alliés et
ses ennemis.

—[1] Prenant alors un ouvrage qui traitait de nos
dernières campagnes, il l'a parcouru quelque temps,
puis l'a jeté, disant : « C'est une véritable rapsodie,
un tissu de contresens et d'absurdités. » S'arrêtant
alors sur ce sujet de conversation, il a causé longuement sur la trop fameuse campagne de Saxe. Ses
observations ont été principalement morales, peu ou
point militaires. Voici ce que j'en ai recueilli de
plus saillant. « Cette mémorable campagne, disait-
il, sera le triomphe du courage inné dans la jeunesse
française ; celui de l'intrigue et de l'astuce dans la
diplomatie anglaise ; celui de l'esprit chez les Russes ; celui de l'impudeur dans le cabinet autrichien ;
elle marquera l'époque de la désorganisation des
sociétés politiques, celle de la grande séparation

1. Septembre 1861.

des peuples avec leurs souverains ; enfin la flétris-
sure des premières vertus militaires : la fidélité, la
loyauté, l'honneur. On aura beau écrire, commenter,
mentir, supposer, il faudra toujours en arriver à ce
hideux et triste résultat, et le temps en déroulera la
vérité et les conséquences !

« Mais ce qu'il y a de bien remarquable ici, c'est
que les infamies au fond demeurent étrangères aux
rois, aux soldats et aux peuples. Elles ne sont l'ouvrage que de quelques *intrigants à épée*, de quelques casse-cou politiques, qui, sous le spécieux prétexte de secouer le joug de l'étranger, et de reprendre l'indépendance nationale, n'ont au fait que
vendu et livré sciemment leurs maîtres particuliers
à des cabinets rivaux et convoiteurs. Les vrais résultats ne se sont pas fait longtemps attendre : le roi
de Saxe y a perdu la moitié de ses États, le roi de
Bavière s'est vu forcé à des restitutions bien précieuses. Qu'importait aux traîtres ? Ils tenaient leurs récom-
penses, leurs richesses. Et ce sont les cœurs les plus
droits, les âmes les plus innocentes qui présentent le
spectacle solennel des plus grands châtiments. C'est
un roi de Saxe, le plus honnête homme qui ait jamais
tenu un sceptre, qu'on dépouille de la moitié de ses
provinces ; c'est un roi de Danemark, si fidèle à tous
ses engagements, dont on saisit une couronne ! Voilà
pourtant ce qu'ils ont prétendu le retour à la morale,
son triomphe !... Et voilà la justice distributive
d'ici-bas !

« Du reste, j'aime à le répéter pour l'honneur de
l'humanité, et même des trônes, au milieu de tant
d'infamies, jamais ne se trouvèrent plus de vertus.
Je n'eus pas un instant à me plaindre de la personne
individuelle des princes ; le bon roi de Saxe me demeura fidèle jusqu'à l'extinction ; le roi de Bavière
me fit loyalement prévenir qu'il n'était plus le maître ; la générosité du roi de Wurtemberg se fit

particulièrement remarquer ; le prince de Bade ne céda qu'à la force, et au dernier instant. Tous, je leur dois cette justice, m'avertirent à temps, afin que je pusse me garantir de l'orage. Mais, d'un autre côté, que d'abominations dans les subalternes !... les fastes militaires se désouilleront-ils jamais de l'acte des Saxons, se retournant dans nos rangs pour nous égorger ; il est demeuré proverbe chez les soldats : *Saxonner*, parmi eux, veut dire à présent une troupe qui en assassine une autre. Et, pour comble de douleur, c'est un Français, un homme à qui le sang français a procuré une couronne, un nourrisson de la France, qui nous porte le coup de grâce. Grand Dieu !

« Et ce qu'il y avait de pire dans ma situation, ce qui comblait mon supplice, c'est que je voyais clairement avancer l'heure décisive. L'étoile pâlissait, je sentais les rênes m'échapper, et je n'y pouvais rien. Un coup de tonnerre pouvait seul nous sauver, car traiter, conclure, c'était se livrer en sot à l'ennemi. Je le voyais distinctement ; et la suite a suffisamment prouvé que je ne me trompais point. Il ne restait donc qu'à combattre ; et chaque jour, par une fatalité ou une autre, nos chances diminuaient. Les mauvaises intentions commençaient à se glisser parmi nous ; la fatigue, le découragement gagnaient le grand nombre ; mes lieutenants devenaient mous, gauches, maladroits et conséquemment malheureux ; ce n'était plus là les hommes du début de notre Révolution, ni ceux de mes beaux moments. Plusieurs ont osé répondre à cela, m'assure-t-on, que c'est qu'au commencement on se battait pour la République, pour la patrie, tandis qu'à la fin, on ne se battait plus que pour un seul homme, ses seuls intérêts, son insatiable ambition, etc.

« Indigne subterfuge !... et qu'on demande à cette immensité de jeunes et braves soldats, à cette foule d'officiers intermédiaires, s'il leur vint jamais l'idée d'un semblable calcul, si jamais il virent autre chose devant eux que l'ennemi; en arrière, que l'honneur, la gloire, le triomphe de la France? Aussi ceux-là ne s'étaient-ils jamais mieux battus!... Pourquoi dissimuler? pourquoi ne pas le dire franchement? Le vrai est qu'en général les hauts généraux n'en voulaient plus; c'est que je les avais gorgés de trop de considération, de trop d'honneurs, de trop de richesses. Ils avaient bu à la coupe des jouissances, et désormais ils ne demandaient que du repos : ils l'eussent acheté à tout prix. Le feu sacré s'éteignait : ils eussent voulu être des maréchaux de Louis XV. » Si les paroles ci-dessus avaient besoin de commentaires, si le sens demeurait, ainsi que dans tant d'autres parties de mon journal, en quelque chose incomplet, que l'on ne m'en demande pas davantage : j'ai recueilli ce qui se prononçait, je ne sais pas au delà. J'ai déjà averti maintes fois que, quand l'Empereur causait, je ne me permettais ni de questionner, ni de disserter sur l'objet de ses récits. Toutefois, je puis ajouter touchant cette célèbre campagne de 1813, que par divers fragments de conversations éparses de Napoléon que je n'ai point tracés en leur place, j'ai pu me convaincre en effet qu'il était loin de s'abuser sur la crise qui menaçait la France, qu'il jugeait fort bien toute l'immensité du péril dont il se trouvait entouré quand il ouvrit la campagne. Dès son retour de Moscou, il avait vu le danger, disait-il, et s'était appliqué à le conjurer. Dès cet instant même, il fut constamment décidé aux plus grands sacrifices; mais le moment de les proclamer lui semblait délicat, et c'est ce dernier point qui l'occupait surtout. Si sa puissance matérielle était grande, observait-il, sa puissance d'opinion l'était bien davantage encore; elle allait jusqu'à la magie : or il s'agissait de ne pas la perdre,

et une fausse démarche, une parole gauche prononcée
mal à propos, pouvaient détruire à jamais tout le
prestige. Une grande circonspection, une confiance
extrême apparente dans ses forces lui étaient donc
commandées. Il lui fallait surtout voir venir.

Sa grande faute, son erreur fondamentale a été de
croire toujours à ses adversaires autant de jugement
et de connaissance de leurs vrais intérêts qu'à lui-
même. Il soupçonnait bien l'Autriche dès le principe, disait-il, de chercher à profiter du mauvais pas
où il se trouvait engagé, pour lui arracher de grands
avantages, et il y était au fond tout à fait décidé ;
mais il ne pouvait se persuader qu'il y eût assez
d'aveuglement dans le monarque, assez de trahison
dans ses meneurs pour vouloir l'abattre tout à fait,
lui, Napoléon, et livrer par là leur propre pays à la
merci de la toute-puissance, non contrôlée désormais,
de la Russie. L'Empereur faisait le même raisonnement à l'égard de la confédération du Rhin, qui
pouvait bien, convenait-il, avoir à se plaindre de lui,
peut-être, mais qui devait cependant redouter bien
davantage encore de retomber sous la sujétion de
l'Autriche et de la Prusse. La Prusse elle-même, dans
la pensée de Napoléon, ne se trouvait pas en dehors
de ces raisonnements : elle ne pouvait, selon lui, vouloir détruire tout à fait un contrepoids nécessaire à
son indépendance, à son existence même. Ainsi
Napoléon admettait bien de la haine dans ses ennemis, et de l'humeur, de la malveillance peut-être
chez ses alliés ; mais il ne pouvait supposer aux uns
ni aux autres le désir de le détruire tout à fait, tant
il se sentait nécessaire à tous ; et il marchait en conséquence.

Voilà l'idée dominante de Napoléon dans toute
cette grande circonstance. Elle est la clef constante
de sa conduite jusqu'au dernier moment, à celui
même de sa chute. Il ne faut pas la perdre de vue,

elle explique bien des choses, peut-être tout ; son
attitude hostile, ses paroles fières, ses refus de conclure, sa détermination de combattre, etc., etc...

S'il avait des succès, disait-il, il ferait dès lors
des sacrifices avec honneur, et la paix avec gloire ;
les prestiges de sa supériorité demeuraient intacts.
S'il éprouvait, au contraire de trop grands revers, il
serait toujours alors temps d'effectuer ces sacrifices ;
et l'intérêt vital de l'Autriche, celui des vrais Allemands était là pour le soutenir de leurs armes ou de
leur diplomatie, tant il les supposait imbus, ainsi
qu'il l'était lui-même, que son existence politique
était absolument indispensable à la structure, au repos, à la sûreté de l'Europe. Hélas ! ce dont il pouvait
douter fut ce qui lui réussit : la victoire lui demeura
fidèle ; ses premiers succès sont surprenants, admirables ; mais ce qui lui semblait infaillible fut précisément ce qui lui manqua : ses alliés naturels le
trahirent et le précipitèrent.

Napoléon, en 1814, songe un instant à rappeler les Bourbons. —
Abdication de Fontainebleau. — Le retour de l'île d'Elbe. — Sur
les Bourbons. — L'Empereur vis-à-vis de l'Europe après l'île
d'Elbe.

— [1] Au reste on se tromperait fort si l'on attribuait,
en toute occasion, à Napoléon autant de confiance
intérieure qu'en annonçaient d'ordinaire ses actes et
ses décisions. En quittant les Tuileries, au mois de
janvier 1814, pour son immortelle et malheureuse
campagne des environs de Paris, il partit l'âme con-
tristée par les plus sinistres pressentiments ; et ce
qui prouve toute sa sagacité, c'est que dès lors il était
persuadé, ce que le gros du vulgaire autour de lui
était bien loin de soupçonner, que, s'il périssait, ce
serait par les Bourbons. C'est ce qu'il laissa pénétrer

1. 12 novembre 1816.

à quelques confidents qui cherchaient vainement à le rassurer, lui représentant de bonne foi que tant de temps s'était écoulé qu'on ne s'en souvenait plus, qu'ils n'étaient pas connus de la génération présente. « Vous vous trompez, leur disait-il toujours, c'est pourtant là qu'est le vrai danger. » Aussi, immédiatement après cette belle allocution aux officiers réunis de la garde nationale, qui laissa de si vives impressions à tous ceux qui en furent les témoins, dans laquelle il leur dit entre autres choses : « Vous m'avez élu, je suis votre ouvrage, c'est à vous à me défendre. » Et qu'il termina, leur présentant l'impératrice d'une main, et le roi de Rome de l'autre, disant : « Je pars pour aller combattre nos ennemis ; je laisse à votre garde ce que j'ai de plus cher. » Au moment, dis-je, de quitter les Tuileries, pressentant déjà dans cet instant décisif, des trahisons, des perfidies funestes, il résolut de s'assurer de la personne de celui-là même qui s'est trouvé en effet l'âme du complot qui l'a renversé[1]. Il n'en fut empêché que par les représentations, et l'on pourrait même presque dire l'offre de garantie personnelle de quelques ministres, qui lui démontraient que le personnage suspecté était précisément celui qui devait le plus redouter les Bourbons. L'Empereur leur céda ; mais tout en exprimant fortement qu'il était à craindre qu'eux et lui eussent à s'en repentir !!...

... Voci encore une autre circonstance peu connue, je crois, mais bien précieuse et certaine, qui prouve combien les Bourbons, dans le fort de la crise, occupaient les pensées de Napoléon. Après l'échec de Brienne, l'évacuation de Troyes, la retraite forcée sur la Seine, et les humiliantes conditions envoyées de Châtillon, qu'il repoussa généreusement, l'Empereur, enfermé avec quelqu'un et succombant à la vue

---

1. Fouché, qu'il avait créé duc d'Otrante.

du déluge de maux qui allaient fondre sur la France,
demeurait absorbé dans de tristes méditations, quand
tout à coup il s'élance de son siège, s'écriant avec
chaleur : « Je possède peut-être encore un moyen de
sauver la France... Et si je rappelais moi-même les
Bourbons! Il faudrait bien que les alliés s'arrêtassent
devant eux, sous peine de honte et de duplicité
avouée, sous peine d'attester qu'ils en veulent encore
plus à notre territoire qu'à ma personne. Je sacrifie-
rais tout à la patrie; je deviendrais le médiateur entre
le peuple français et eux; je les contraindrais d'accé-
der aux lois nationales; je leur ferais jurer le pacte
existant : ma gloire et mon nom serviraient de garantie aux Français. Quant à moi, j'ai assez régné, ma
carrière regorge de hauts faits et de lustre, et ce
dernier ne serait pas le moindre : ce serait m'élever
encore que de descendre de la sorte... » Et après
quelques moments d'un silence profond, il reprit
douloureusement : « Mais une dynastie déjà expulsée
pardonne-t-elle jamais?... Au retour, peut-elle rien
oublier?... S'en fierait-on à eux?... Et Fox aurait-il
donc eu raison dans sa fameuse maxime sur les res-
taurations?... » Et abîmé dans ses anxiétés et sa
douleur, il fut se jeter sur un lit où on le réveilla
précisément pour lui apprendre la marche de flanc
de Blücher, qu'il épiait en secret depuis quelque
temps. Il se leva pour pousser ce nouveau jet de ressources, d'énergie et de gloire, qu'ont consacré à
jamais les noms de Champ-Aubert, Montmirail,
Château-Thierry, Vaux-Champ, Nangis, Montereau,
Craonne, etc., succès merveilleux qui consternèrent
assez Alexandre et les Anglais pour leur rendre un
instant le désir de traiter; et ces succès eussent pu,
en effet, changer entièrement la face des affaires, si,
par une foule de fatalités, Napoléon n'eût été traversé
par des contretemps inouïs, en dehors de toutes ses
combinaisons, tels que les ordres essentiels qui

n'arrivèrent pas au vice-roi, la défection de Murat, la
mollesse, l'incurie de certains chefs, enfin jusqu'aux
succès mêmes, qui, séparant l'empereur d'Autriche,
son beau-père, des autres souverains alliés beaucoup
plus malveillants, laissèrent ceux-ci tout à fait libres
d'amener seuls l'abdication de Fontainebleau, abdication à jamais si fameuse dans l'histoire de nos
destinées et de notre moralité.

... [1] Peu de jours après l'établissement de Napoléon
à Longwood, il fut question, devant les officiers qui
lui furent présentés, du retour de l'île d'Elbe, et l'un
de ces officiers se hasarda de dire que cet événement
merveilleux avait offert aux regards de toute l'Europe
attentive, le contraste de ce qu'il y avait de plus faible et de plus sublime. Les Bourbons abandonnant
une monarchie tout entière, pour s'enfuir à l'approche d'un seul homme, qui avait la magnanime audace
d'entreprendre à lui seul la conquête d'un empire.
« Monsieur, lui dit l'Empereur, vous êtes dans
l'erreur; vous avez mal saisi le sens de l'affaire : les
Bourbons n'ont pas manqué de courage, ils ont fait
tout ce qu'ils pouvaient faire. M. le comte d'Artois a
volé à Lyon, Mme la duchesse d'Angoulême s'est
montrée, dans Bordeaux, en amazone, et M. le duc
d'Angoulême a marché en avant autant qu'il a pu.
Si, malgré tout cela, ils n'ont pu venir à bout de rien,
c'est moins leur faute que la force des circonstances;
c'est qu'à eux seuls ils ne pouvaient faire davantage,
et ils en étaient là ; la contagion, l'épidémie avaient
gagné tout le monde, etc. »

«... [2] Et raisonnons un peu sur ces craintes des
rois et des peuples à mon égard. Quelles pouvaient

1. 14 septembre 1816.
2. 10-13 mars 1816.

être les craintes des rois? Redoutaient-ils toujours
mon ambition, mes conquêtes, ma monarchie universelle? Mais ma puissance et mes forces n'étaient
plus les mêmes, et puis je n'avais vaincu et conquis
que dans ma propre défense; c'est une vérité que le
temps développera chaque jour davantage. L'Europe
ne cessa jamais de faire la guerre à la France, à ses
principes, à moi; et il nous fallait abattre, sous peine
d'être abattus. La coalition exista toujours, publique
ou secrète, avouée ou démentie; elle fut toujours en
permanence; c'était aux alliés seuls à nous donner la
paix : pour nous, nous étions fatigués; les Français
s'effrayaient de conquérir de nouveau. Moi-même,
me croit-on insensible aux charmes du repos et de la
sécurité, quand la gloire et l'honneur ne le veulent
pas autrement! Avec nos deux Chambres, on m'eût
refusé désormais de passer le Rhin; et pourquoi
l'eussé-je voulu! Pour ma monarchie universelle?
Mais je n'ai jamais fait preuve entière de démence;
or, ce qui la caractérise surtout, c'est la dispropor-
tion entre les vues et les moyens. Si j'ai été sur le
point d'accomplir cette monarchie universelle, c'est
sans calcul, et parce qu'on m'y a amené pas à pas.
Les derniers efforts pour y parvenir semblaient coûter à peine; était-il si déraisonnable de les tenter?
Mais au retour de l'île d'Elbe, une pareille idée, une
pensée aussi folle, un résultat aussi impossible,
pouvaient-ils entrer dans la tête du moins sage des
hommes? Les souverains n'avaient donc rien à craindre de mes armes.

Redoutaient-ils que je les inondasse de principes
anarchiques? Mais ils connaissent par expérience
mes doctrines sur ce point. Ils m'ont vu tous occuper
leur territoire; combien n'ai-je pas été poussé à révo-
lutionner leur pays, municipaliser leurs villes, soule-
ver leurs sujets. Bien qu'on m'ait salué, en leur nom,
de *moderne Attila, de Robespierre à cheval*, tous

savent mieux dans le fond de leur cœur!!! qu'ils y
descendent! Si je l'avais été, je régnerais encore peut-
être ; mais eux, bien sûrement et depuis longtemps,
ils ne régneraient plus. Dans la grande cause dont je
me voyais le chef et l'arbitre, deux systèmes se présentaient à suivre : de faire entendre raison aux rois
par les peuples, ou de conduire à bon port les peuples
par les rois ; mais on sait s'il est facile d'arrêter les
peuples quand une fois ils sont lancés : il était plus
naturel de compter un peu sur la sagesse et l'intelligence des rois ; j'ai dû leur supposer toujours assez
d'esprit pour de si clairs intérêts ; je me suis trompé :
ils n'ont tenu compte de rien ; et, dans leur aveugle
passion, ils ont déchaîné contre moi ce que j'avais
retenu contre eux. Ils verront!!!

« Enfin, les souverains se trouvaient-ils offusqués
de voir un simple soldat parvenir à une couronne ?
Redoutaient-ils l'exemple ? Mais les solennités, mais
les circonstances qui ont accompagné mon élévation,
mon empressement à m'associer à leurs mœurs, à
m'identifier à leur existence, à m'allier à leur sang et
à leur politique, fermaient assez la porte aux nouveaux concurrents. Bien plus, si l'on eût dû avoir le
spectacle d'une légitimité interrompue, je maintiens
qu'il leur était bien plus avantageux que ce fût par
moi, sorti des rangs, que par un prince membre de
leur famille ; car des milliers de siècles s'écouleront,
avant que les circonstances accumulées sur ma tête
aillent en puiser un autre dans la foule, pour reproduire le même spectacle ; tandis qu'il n'est pas de
souverain qui n'ait, à quelques pas de lui, dans son
palais, des cousins, des neveux, des frères, quelques
parents propres à imiter facilement celui qui une fois
les aurait remplacés.

« D'une autre part, de quoi pouvaient s'effrayer les
peuples? Que je vinsse les ravager, leur imposer des
chaînes? Mais je revenais le messie de la paix et de

leurs droits ; cette doctrine nouvelle faisait ma force ;
la violer c'était me perdre. Cependant les Français
mêmes m'ont redouté ; ils ont eu l'insanité de discuter quand il n'y avait qu'à combattre, de se diviser
quand il fallait à tout prix se réunir. Et ne valait-il
pas mieux encore courir les dangers de m'avoir pour
maître, que de s'exposer à subir le joug de l'étranger ? N'était-il pas plus aisé de se défaire d'un despote,
d'un tyran, que de secouer les chaînes de toutes les
nations réunies ? Et puis d'où leur venait cette
défiance sur ma personne ? Parce qu'ils m'avaient
déjà vu concentrer en moi tous les efforts et les diriger d'une main vigoureuse. Mais n'apprennent-ils
pas aujourd'hui à leurs dépens combien c'était nécessaire ? Et bien ! le péril fut toujours le même, la lutte
terrible et la crise imminente. Dans cet état de choses,
la dictature n'était-elle pas nécessaire, indispensable ? Le salut de la patrie me commandait même
de la déclarer ouvertement au retour de Leipsick.
J'eusse dû le faire encore au retour de l'île d'Elbe. Je
manquai de caractère, ou plutôt de confiance dans
les Français, parce que plusieurs n'en avaient plus
en moi, et c'était me faire grande injure. Si les esprits
étroits et vulgaires ne voyaient dans tous mes efforts
que le soin de ma puissance, les esprits larges
n'auraient-ils pas dû démontrer que, dans les circonstances où nous nous trouvions, ma puissance et
la patrie ne faisaient qu'un ? Fallait-il donc de si
grands malheurs sans remèdes, pour pouvoir me
faire comprendre ? L'histoire me rendra plus de justice ; elle me signalera, au contraire, comme l'homme
des abnégations et du désintéressement. De quelles
séductions ne fus-je pas l'objet à l'armée d'Italie ?
L'Angleterre m'offrit d'être roi de France lors du
traité d'Amiens. Je repoussai la paix de Châtillon ; je
dédaignai toute stipulation personnelle à Waterloo :
pourquoi ? C'est que rien de tout cela n'était la patrie,

et je n'avais d'autre ambition que la sienne, celle de sa gloire, de son ascendant, de sa majesté. Et aussi voilà pourquoi, en dépit de tant de malheurs, je demeure si populaire parmi les Français. C'est une espèce d'instinct, d'arrière-justice de leur part.

« Qui sur la terre eut plus de trésors à sa disposition? J'ai eu plusieurs centaines de millions dans mes caves; plusieurs autres centaines composaient mon domaine de l'extraordinaire : tout cela était mon bien. Que sont-ils devenus! Ils se sont fondus dans les besoins de la patrie. Qu'on me considère ici, je demeure nu sur mon roc! Ma fortune était toute dans celle de la France! Dans la situation extraordinaire où le sort m'avait élevé, mes trésors étaient les siens ; je m'étais identifié sans réserve avec ses destinées. Quel autre calcul eût pu m'atteindre si haut? M'a-t-on jamais vu m'occuper de moi ? Je ne me suis jamais connu d'autres jouissances, d'autres richesses que celles du public ; c'est au point que quand Joséphine, qui avait le goût des arts, venait à bout, à la faveur de mon nom, de s'emparer de quelques chefs-d'œuvre, bien qu'ils fussent dans mon palais, sous mes yeux, dans mon ménage, je m'en trouvais comme blessé, je me croyais volé : *ils n'étaient pas au Muséum.*

« Ah! sans doute le peuple français a beaucoup fait pour moi! plus qu'on ne fit jamais pour un homme! mais aussi qui fit jamais autant pour lui?... qui jamais s'identifia de la sorte avec lui?...

« Mais revenons. Après tout encore, quelles pouvaient être ses craintes? Les chambres et la constitution nouvelle n'étaient-elles pas désormais des garanties suffisantes? Ces actes additionnels, contre lesquels on s'est tant élevé, ne portaient-ils pas en eux-mêmes tous les correctifs, les remèdes absolus? Comment les eussé-je violés? je n'avais pas à moi seul des millions de bras, je n'étais qu'un homme;

l'opinion m'élevait de nouveau, l'opinion pouvait m'abattre de même : et, à côté de ce péril, qu'avais-je à gagner ?

« Mais autour de nous, je reviens à celle-là surtout, à l'Angleterre. Quelles pouvaient être ses craintes, ses motifs, ses jalousies ? On se le demande en vain. Avec notre constitution nouvelle, nos deux chambres, n'avions-nous pas désormais embrassé sa religion ? N'était-ce donc pas là un moyen sûr de nous entendre, de faire désormais cause commune ? Les caprices, les passions des gouvernants une fois enchaînés, les intérêts des peuples marchent sans obstacles dans leur route naturelle. Qu'on regarde les négociants des nations opposées ; ils continuent de s'entendre et de faire leurs affaires, bien que leurs gouvernements guerroient : les deux peuples en étaient arrivés là. Grâce à leurs parlements respectifs, chacun fût devenu la garantie de l'autre ; et saura-t-on jamais jusqu'à quel point pouvait se porter l'union des deux peuples, et celle de leurs intérêts ? les combinaisons nouvelles qu'il était possible de mettre en œuvre ? Ce qu'il y a de certain, c'est qu'avec l'établissement de nos chambres et de notre constitution, les ministres d'Angleterre ont tenu dans leurs mains la gloire et la prospérité de leur patrie, les destinées et le bien-être du monde. Si j'eusse battu l'armée anglaise et gagné ma dernière bataille, j'eusse causé un grand et heureux étonnement ; le lendemain je proposais la paix, et pour le coup c'eût été moi qui aurais prodigué les avantages à pleines mains. Au lieu de cela, peut-être les Anglais seront-ils réduits à pleurer un jour d'avoir vaincu à Waterloo !

« Je le répète, les peuples et les rois ont eu tort ; j'avais retrempé les trônes, j'avais retrempé la noblesse inoffensive, et les trônes et la noblesse peuvent se trouver de nouveau en péril. J'avais consacré, fixé les limites raisonnables des droits des peuples ; et les réclamations vagues, absolues, immodérées peuvent renaître.

« Mon retour et mon maintien sur le trône, mon adoption franche cette fois de la part des souverains, jugeaient définitivement la cause des rois et des peuples ; tous les deux l'avaient gagnée. Aujourd'hui on la remet en question : tous deux peuvent la perdre. On pouvait avoir tout fini, on peut avoir tout à reprendre ; on a pu se garantir un calme long et assuré, commencer à jouir ; et au lieu de cela, il peut suffire d'une étincelle pour ramener une conflagration universelle !... Pauvre et triste humanité !... »

L'Empereur avait peu de confiance dans l'issue de 1815. — Thémistocle. — Partis à prendre après Warterloo.

— [1] L'Empereur revenant sur son apparition de l'île d'Elbe et sa seconde chute à Waterloo, y a mêlé quelques paroles remarquables. « Il est sûr, disait-il, que dans ces circonstances je n'avais plus en moi le sentiment du succès définitif ; ce n'était plus ma confiance première : soit que l'âge qui d'ordinaire favorise la fortune commençât à m'échapper, soit qu'à mes propres yeux, dans ma propre imagination, le merveilleux de ma carrière se trouvât entamé, toujours est-il certain que je sentais en moi qu'il me manquait quelque chose. Ce n'était plus cette fortune attachée à mes pas qui se plaisait à me combler, c'était le destin sévère auquel j'arrachais encore, comme par force, quelques faveurs, mais dont il se vengeait tout aussitôt ; car il est remarquable que je n'ai eu alors un avantage, qu'il n'ait été immédiatement suivi d'un revers.

« J'ai traversé la France, j'ai été porté jusqu'à la capitale par l'élan des citoyens et au milieu des

1. 12 novembre 1816.

acclamations universelles ; mais à peine étais-je à Paris, que, comme par une espèce de magie, et sans aucun motif légitime, on a subitement reculé, on est devenu froid autour de moi.

« J'étais venu à bout de ménager des raisons plausibles, d'obtenir un rapprochement sincère avec l'Autriche ; je lui avais expédié des agents plus ou moins avoués [1]. Mais Murat se trouva là avec sa fatale levée de bouclier ; on ne douta pas à Vienne que ce ne fût par mes ordres ; et me mesurant à leur échelle, ils ne virent dans toute cette complication que finasserie de ma part, et ils ne s'occupèrent plus dès lors qu'à contre-intriguer contre moi.

« Mon entrée en campagne avait été des plus habiles et des plus heureuses, je devais surprendre l'ennemi en détail ; mais voilà qu'un transfuge sort du rang de nos généraux pour l'aller avertir à temps.

« Je gagne brillamment la bataille de Ligni, mais non lieutenant me prive de ses fruits. Enfin je triomphe à Waterloo même, et tombe au même instant dans l'abîme ; et tous ces coups, je dois le dire, ne frappèrent beaucoup plus qu'ils ne me surprirent. J'avais en moi l'instinct d'une issue malheureuse, non que cela ait influé en rien sur mes déterminaisons et mes mesures assurément ; mais toutefois j'en portais le sentiment en dedans de moi. »

1. « Entre autres le baron de Stassard, dont le dévouement connu lui mérita la confiance d'être chargé par Napoléon d'aller négocier, au congrès de Vienne, le maintien de la paix de Paris ; mais il ne put aller au delà de Lintz ; les plus ardents et les plus acharnés dans les cabinets alliés, ayant pris la précaution de faire consacrer en principe que toute communication serait absolument interdite avec Napoléon. Il fut pourtant communiqué indirectement à M. le baron de Stassard, que, si Napoléon voulait abdiquer en faveur de son fils, avant toute hostilité, l'Autriche adopterait ce parti, pourvu toutefois encore que Napoléon se livrât à son beau-père, qui lui garantissait de nouveau la souveraineté de l'île Elbe, ou toute autre souveraineté analogue. »

Voici un trait qui confirme ces dispositions inté-
rieures et secrètes de Napoléon ; il est trop remarquable pour que je ne le consigne pas ici : L'Empereur, sur les bords de la Sambre, de grand matin et le
temps très frais, s'approcha du feu d'un bivouac, en
compagnie de son seul aide de camp de service (le
général C...) : une marmite bouillait ; c'étaient des
pommes de terre. Il s'en fit donner une et se mit à
la manger méditativement. En l'achevant, il prononça,
non sans quelque tristesse apparente, plusieurs mots
entrecoupés. « Après tout, c'est bon, c'est supportable... Avec cela on pouvait vivre en tous lieux et partout... L'instant n'est peut-être pas éloigné... *Thémistocle !...* » et il se remit en route. Le général aide de
camp, de la bouche même duquel je tiens cette circonstance depuis mon retour en Europe, m'ajoutait
que, si l'Empereur eût réussi, ces paroles eussent
traversé sa pensée sans y laisser aucune trace, comme
tant d'autres ; mais qu'après sa catastrophe, et à la
lecture surtout du mot *Thémistocle*, dans la fameuse
lettre au prince régent, il avait été frappé du souvenir du bivouac de la Sambre, et que l'expression,
l'attitude, l'accent de Napoléon, dans cette petite circonstance, l'avaient plus que tourmenté pendant longtemps, et ne pouvaient lui sortir de l'esprit.

« ... [1] Mais est-il bien sûr que le peuple français sera
juste envers moi ; ne m'accuse-t-il pas de l'avoir
abandonné? L'histoire décidera : je suis loin de la
redouter, je l'invoque !

« Et moi-même, me suis-je demandé quelquefois,
ai-je bien fait pour ce peuple malheureux tout ce qu'il
avait droit d'attendre ? Il a tant fait pour moi ! Saura-
t-il jamais, ce peuple, tout ce que m'a coûté la nuit

1. 3 et 4 avril 1816.

qui précéda ma décision ; cette nuit des incertitudes et des angoisses !

« Deux grands partis m'étaient laissés : celui de tenter de sauver la patrie par la violence, ou celui de céder moi-même à l'impulsion générale. J'ai dû prendre celui que j'ai suivi ; amis et ennemis, bien intentionnés et méchants, tous étaient contre moi. Je demeurais seul, j'ai dû céder ; et, une fois fait, cela a été fait : je ne suis pas pour les demi-mesures ; et puis la souveraineté ne se quitte pas, ne se reprend pas de la sorte, comme on le ferait d'un manteau.

« L'autre parti demandait une étrange vigueur. Il se fût trouvé de grands criminels, il eût fallu de grands châtiments : le sang pouvait couler, et alors sait-on où nous étions conduits ? Quelles scènes pouvaient se renouveler ! Moi n'allais-je pas par là me tremper, noyer ma mémoire de mes propres mains, dans ce cloaque de sang, de crimes, d'abominations de toute espèce, que la haine, les pamphlets, les libelles ont accumulés sur moi ? ce jour-là je semblais justifier tout ce qu'il leur a plu d'inventer. Je devenais pour la postérité et l'histoire le Néron, le Tibère de nos temps. Si encore, à ce prix, j'eusse sauvé la patrie !... Je m'en sentais l'énergie !... Mais était-il bien sûr que j'aurais réussi ? Tous nos dangers ne venaient pas du dehors, nos dissentiments au dedans ne leur étaient-ils pas supérieurs ? Ne voyait-on pas une foule d'insensés s'acharner à disputer sur les nuances avant d'avoir assuré le triomphe de la couleur ? A qui d'eux eût-on persuadé que je ne travaillais pas pour moi seul, pour mes avantages personnels ? Qui d'eux eût-on convaincu que j'étais désintéressé ? Que je ne combattais que pour sauver la patrie ? A qui eût-on fait croire tous les dangers, tous les malheurs auxquels je cherchais à la soustraire ? Ils étaient visibles pour moi ; mais, quant au vulgaire, il les ignorera toujours, s'ils n'ont pesé sur lui.

« Qu'eût-on répondu à celui qui se fût écrié : Le voilà de nouveau le despote, le tyran ! Le lendemain même de ses serments, il les viole de nouveau ! Et qui sait si, dans tous ces mouvements, cette complication inextricable, je n'eusse point péri d'une main même française, dans le conflit des citoyens ? Et alors, que devenait la nation aux yeux de tout l'univers et dans l'estime des générations les plus reculées ! Car sa gloire est à m'avouer ! Je ne saurais avoir fait tant de choses pour son honneur et son lustre, sans elle, en dépit d'elle : elle me rendrait trop grand !... Je le répète, l'histoire décidera !... »

Après cette sortie, il est revenu sur les mesures et les détails de la campagne, et s'arrêtait avec complaisance sur son glorieux début, avec angoisse sur le terrible désastre qui l'avait terminée.

« Toutefois, concluait-il, rien ne me semblait encore désespéré, si j'eusse trouvé le concours que je devais attendre. Nos seules ressources étaient dans les Chambres : j'accourus à Paris pour les en convaincre ; mais elles s'insurgèrent aussitôt contre moi, sous je ne sais quel prétexte que je venais les dissoudre. Quelle absurdité ! Dès cet instant tout fut perdu [1].

---

1. Le temps, qui apprend tout, nous a fait connaître les petits ressorts qui ont amené un des plus grands dénouements.

Voici ce que je tiens de la propre bouche des acteurs :

En apprenant l'arrivée de Napoléon à l'Élysée, après Waterloo, Fouché court aux membres inquiets, défiants, ombrageux de la Chambre : « Aux armes ! leur crie-t-il. Il revient furieux et résolu de dissoudre les Chambres et de saisir la dictature ; nous ne devons pas souffrir ce retour de la tyrannie. » Et de là, il court aux meilleurs amis de Napoléon : « Savez-vous, leur dit-il, que la fermentation est extrême contre l'Empereur parmi certains députés, et que nous n'avons d'autre parti pour le sauver que de leur montrer les dents, de leur faire voir toute la force de l'Empereur, et combien il lui serait facile de les dissoudre. »

Les amis de Napoléon, aisément dupés, au fort de cette crise soudaine, ne manquent pas de suivre, ou peut-être même dépassent les suggestions de Fouché, qui recourt ensuite aux premiers,

« Ce n'est pas, ajoutait l'Empereur, qu'il faille peut-être accuser la masse de ces Chambres; mais telle est la marche inévitable de ces corps nombreux, ils périssent par défaut d'unité; il leur faut des chefs aussi bien qu'aux armées : on nomme à celles-ci; mais les grands talents, les génies éminemment supérieurs se saisissent des assemblées et les gouvernent. Or nous manquions de tout cela; aussi, en dépit du bon esprit dont le grand nombre pouvait être animé, tout se trouva, dès l'instant, confusion, vertige, tumulte; la perfidie, la corruption vinrent s'établir aux portes du corps législatif; l'incapacité, le désordre, le travers d'esprit, régnèrent dans son sein, et la France devint la proie de l'étranger.

« Un moment j'eus envie de résister, continuait-il, je fus sur le point de me déclarer en permanence aux Tuileries, au milieu des ministres et du conseil d'état; d'appeler autour de moi les six mille hommes de la garde que j'avais à Paris ; de les grossir de la partie bien intentionnée de la garde nationale, qui était nombreuse, et de tous les fédérés des faubourgs; d'ajourner le corps législatif à Tours ou à Blois; de réorganiser sous Paris les débris de l'armée et de travailler seul ainsi, et par forme de dictature, au salut de la patrie. Mais le corps législatif aurait-il obéi ? J'aurais bien pu l'y contraindre par la force; mais alors quel scandale et quelle nouvelle complication ! Le peuple ferait-il cause commune avec moi ?

leur disant : « Vous voyez bien que ses meilleurs amis en conviennent, le danger est pressant; dans peu d'heures, si on n'y pourvoit, il n'y aura plus de Chambres, et l'on serait bien coupable de laisser échapper le seul instant de s'y opposer. » Alors la permanence des Chambres, l'abdication forcée de Napoléon ; et un grand empire succombe sous les plus petites, les plus subalternes intrigues, à la faveur de rapports, de vrais commérages d'antichambre. Ah ! Fouché !... Fouché !... Que l'Empereur le connaissait bien, quand il disait qu'on était toujours sûr de trouver son vilain pied sali dans les souliers de tout le monde !

L'armée même m'obéirait-elle constamment? Dans les crises toujours renaissantes, ne se séparerait-on pas de moi? N'essaierait-on pas de s'arranger à mes dépens? L'idée que tant d'efforts et de dangers n'avaient que moi pour objet ne sera-t-elle pas un prétexte plausible? Les facilités que chacun avait trouvées l'année précédente auprès des Bourbons ne seraient-elles pas aujourd'hui, pour bien des gens, des inductions décisives?

« Oui, j'ai balancé longtemps, disait l'Empereur, pesé le pour et le contre; et, comme je vais vite et loin, que je pense fortement, j'ai conclu que je ne pouvais résister à la coalition du dehors, aux royalistes du dedans, à la foule de sectes que la violation du corps législatif aurait créées, à cette partie de la multitude qu'il faut faire marcher par la force; enfin à cette condamnation morale qui vous impute, quand vous êtes malheureux, tous les maux qui se présentent. Il ne m'est donc resté absolument que le parti de l'abdication; elle a tout perdu : je l'ai dit; mais je n'ai pas eu d'autre choix.

« Les alliés avaient toujours suivi contre nous le même système; ils l'avaient commencé à Prague, continué à Francfort, à Châtillon, à Paris et à Fontainebleau. Ils se sont conduits avec beaucoup d'esprit! Les Français purent en être la dupe en 1814; mais la postérité concevra difficilement qu'ils le fussent en 1815; elle flétrira à jamais ceux qui s'y laissèrent prendre. Je leur avais dit leur histoire en partant pour l'armée : *Ne ressemblons pas aux Grecs du Bas-Empire, qui s'amusaient à discuter entre eux quand le bélier frappait les murailles de leur ville.* Je la leur ai dite encore quand ils m'ont forcé d'abdiquer : *Les ennemis veulent me séparer de l'armée; quand ils auront réussi, ils sépareront l'armée de vous; vous ne serez plus alors qu'un vil troupeau, la proie des bêtes féroces.* »

Nous avons demandé à l'Empereur si, avec le concours du corps législatif, il eût cru pouvoir sauver la patrie. Il a répondu sans hésitation qu'il s'en serait chargé avec confiance, et eût cru pouvoir en répondre.

« En moins de quinze jours, disait-il, c'est-à-dire avant que les masses de l'ennemi eussent pu se présenter devant Paris, j'en eusse complété les fortifications ; j'eusse réuni sous ses murailles, des débris de l'armée, plus de quatre-vingt mille hommes de bonnes troupes, et trois cents pièces attelées. Au bout de quelques jours de feu, la garde nationale, les fédérés, les habitants de Paris, eussent suffi à la défense des retranchements ; il me serait donc demeuré quatre-vingt mille hommes disponibles, sous la main.

« Et l'on savait, continuait-il, tout le parti que j'étais capable d'en tirer. Les souvenirs de 1814 étaient encore tout frais : *Champeaubert, Montmirail, Craone, Montereau* vivaient encore dans l'imagination de ceux qui avaient à nous combattre. Les mêmes lieux leur eussent rendu présents les prodiges de l'année précédente ; ils m'avaient alors surnommé, dit-on, le *cent mille hommes*. La rapidité, la force de nos coups, leur avaient arraché ce mot ; le fait est que nous nous étions montrés admirables : jamais une poignée de braves n'accomplit plus de merveilles. Si ces hauts faits n'ont jamais bien été connus dans le public, par les circonstances de nos désastres, ils ont été dignement jugés de nos ennemis, qui les ont comptés par nos coups. Nous fûmes vraiment alors les Briarées de la fable !...

« Paris, continuait-il, serait devenu en peu de jours une place inprenable. L'appel à la nation, la magnitude du danger, l'inflammation des esprits, la grandeur du spectacle, eussent dirigé de toutes parts des multitudes sur la capitale. J'aurais aggloméré

indubitablement plus de quatre cent mille hommes,
et je n'estime pas que les alliés dépassassent cinq
cent mille. L'affaire était alors ramenée à un combat
singulier qui eût causé autant d'effroi à l'ennemi qu'à
nous ; il eût hésité, et la confiance du grand nombre
me fût revenue.

« Cependant je me serais entouré d'une consulte
ou junte nationale, tirée par moi des rangs du corps
législatif, toute formée de noms nationaux, dignes
de la confiance de tous ; j'aurais ainsi fortifié ma
dictature militaire de toute la force de l'opinion
civile ; j'aurais eu ma tribune ; elle eût soufflé le
talisman des principes sur toute l'Europe ; les souverains eussent frémi de voir la contagion gagner les
peuples ; ils eussent tremblé, traité ou succombé !...

« Mais, Sire, nous sommes-nous écriés, pourquoi
n'avoir pas entrepris ce qui eût infailliblement
réussi, et pourquoi nous trouvons-nous ici ?

« Eh bien ! vous autres aussi, vous y voilà, repre-
nait-il ; vous blâmez, vous condamnez ! Mais si je
vous faisais passer en revue les chances contraires,
vous changeriez bientôt de langage. Et puis vous
oubliez que nous avons raisonné dans l'hypothèse
que le corps législatif se fût réuni à moi, et vous
savez ce qu'il en a été. J'eusse pu le dissoudre, il est
vrai ; la France, l'Europe me blâment peut-être, et la
postérité me blâmera sans doute d'avoir eu la faiblesse de ne pas m'en défaire après son insurrection ;
je me devais, dira-t-on, aux destinées d'un peuple
qui avait tout fait pour moi. Mais, en le dissolvant,
je pouvais, tout au plus, obtenir de l'ennemi quelque
capitulation, et encore, je le répète, m'aurait-il fallu
du sang et me montrer tyran !... J'en avais néanmoins
arrêté le plan dans la nuit du 20, et le 21 au matin
allait voir des déterminations d'une étrange vigueur,
quand, avant le jour, tout ce qu'il y avait de bon et
de sage vint m'avertir qu'il n'y fallait pas songer ; que

tout m'échappait, et qu'on ne cherchait aveuglément qu'à s'accommoder. Mais ne recommençons pas ; n'en voilà déjà que trop sur un sujet qui fait toujours du mal ! Je le répète de nouveau, l'histoire décidera !... » Et l'Empereur est rentré dans son intérieur en me disant de le suivre.........................

La Corse et le pays natal. — Paoli. — Energie de Madame Mère. — Lucien destiné à la Corse. — La Corse refuge de Napoléon.

[1] La conversation est tombée sur la Corse, et y est demeurée plus d'une heure. « La patrie est toujours chère, disait-il, Sainte-Hélène même pourrait l'être à ce prix. » La Corse avait donc mille charmes ; il en détaillait les grands traits, la coupe hardie de sa structure physique. Il disait que les insulaires ont toujours quelque chose d'original, par leur isolement, qui les préserve des irruptions et du mélange perpétuel qu'éprouve le continent ; que les habitants des montagnes ont une énergie de caractère et une trempe d'âme qui leur est toute particulière. Il s'arrêtait sur les charmes de la terre natale : tout y était meilleur, disait-il, il n'était pas jusqu'à l'odeur du sol même ; elle lui eût suffi pour le deviner les yeux fermés ; il ne l'avait retrouvée nulle part. Il s'y voyait dans ses premières années, à ses premières amours ; il s'y trouvait dans sa jeunesse, au milieu des précipices, franchissant les sommets élevés, les vallées profondes, les gorges étroites ; recevant les honneurs et les plaisirs de l'hospitalité ; parcourant la ligne des parents dont les querelles et les vengeances s'étendaient jusqu'au septième degré. Une fille, disait-il, voyait entrer dans la valeur de sa dot le nombre de ses cousins. Il se rappelait avec orgueil que, n'ayant

1. 29 mai 1816.

que vingt ans, il avait fait partie d'une grande excursion de Paoli à Porte di Nuovo. Son cortège était nombreux ; plus de cinq cents des siens l'accompagnaient à cheval ; Napoléon marchait à ses côtés ; Paoli lui expliquait, chemin faisant, les positions, les lieux de résistance ou de triomphe de la guerre de la liberté. Il lui détaillait cette lutte glorieuse ; et sur les observations de son jeune compagnon, le caractère qu'il lui avait laissé apercevoir, l'opinion qu'il lui avait inspirée, il lui dit : « *O Napoléon ! tu n'as rien de moderne, tu appartiens tout à fait à Plutarque !* »

Quand Paoli voulut livrer son île aux Anglais, la famille Bonaparte demeura chaude à la tête du parti français, et eut le fatal honneur de voir *intimer* contre elle *une marche* des habitants de l'île, c'est-à-dire d'être attaquée par la levée en masse.

« Douze ou quinze mille paysans, disait l'Empereur, fondirent des montagnes sur Ajaccio ; notre maison fut pillée et brûlée, les vignes perdues, les troupeaux détruits. *Madame*, entourée d'un petit nombre de fidèles, fut réduite à errer quelque temps sur la côte, et dut gagner la France. Toutefois Paoli, à qui notre famille avait été si attachée, et qui lui-même avait toujours professé une considération particulière pour Madame, Paoli avait essayé près d'elle la persuasion avant d'employer la force. Renoncez à votre opposition, lui avait-il fait dire ; elle perdra vous, les vôtres, votre fortune ; les maux seront incalculables, rien ne pourra les réparer. » En effet, l'Empereur faisait observer que sans les chances que lui a procurées la révolution, sa famille ne s'en serait jamais relevée. « Madame répondit en héroïne, et comme eût fait Cornélie, disait Napoléon, qu'elle ne connaissait pas deux lois ; qu'elle, ses enfants, sa famille, ne connaissaient que celles du devoir et de l'honneur. Si le vieil archidiacre Lucien eût vécu, ajoutait l'Empereur, son cœur eût saigné à l'idée du péril de ses moutons, de ses chèvres et de ses bœufs, et sa prudence n'eût pas manqué de conjurer l'orage.»

Madame, victime de son patriotisme et de son dévouement à la France, crut être accueilli à Marseille en émigrée de distinction; elle s'y trouva perdue, à peine en sûreté, et fut fort déconcertée de ne trouver le patriotisme que dans les rues, et tout à fait dans la boue.

Napoléon, dans sa jeunesse, avait écrit une histoire de la Corse, qu'il adressa à l'abbé Raynal, ce qui lui valut quelques lettres et des distinctions flatteuses de la part de cet écrivain, alors l'homme à la mode. Cette histoire s'est perdue.

L'Empereur nous disait que, lors de la guerre de Corse, aucun des Français qui étaient venus dans l'île n'en sortait tiède sur le caractère de ses montagnards; les uns en étaient pleins d'enthousiasme, les autres ne voulaient y voir que des brigands.

A Paris, on avait dit au Sénat que la France avait été chercher un maître chez un peuple dont les Romains ne voulaient pas pour esclave. « Ce sénateur a pu vouloir m'injurier, disait l'Empereur, mais il faisait là un grand compliment aux Corses. Il disait vrai; jamais les Romains n'achetaient d'esclaves corses; ils savaient qu'on n'en pouvait rien tirer; il était impossible de les plier à la servitude. »

Lors de la guerre de la liberté en Corse, quelqu'un proposa le singulier plan de couper ou de brûler tous les châtaigniers dont le fruit faisait la nourriture des montagnards : « Vous les forcerez, disait-il, à descendre dans la plaine vous demander la paix et du pain. » Heureusement, disait l'Empereur, que c'était de ces plans inexécutables, qui ne sont quelque chose que sur le papier. Par un sentiment contraire, Napoléon, dans ses premières années, déclamait constamment contre les chèvres, qui sont nombreuses dans l'île, et

causent de grands dégâts aux arbres. Il voulait qu'on
les extirpât entièrement. Il avait, à ce sujet, des prises terribles avec le vieil archidiacre, son oncle, qui
en possédait de nombreux troupeaux, et les défendait
en patriarche. Dans sa fureur il reprochait à son
neveu d'être un *novateur*, et accusait les *idées philo-
sophiques* du péril de ses chèvres.

Paoli mourut fort vieux à Londres; il vit Napoléon
premier consul et empereur, et le chagrin de celui-ci
est de ne pas l'avoir rappelé près de lui. « C'eût été
une grande jouissance pour moi, un vrai trophée,
disait-il; mais, entraîné par les grandes affaires,
j'avais rarement le temps de me livrer à mes sentiments personnels. »

Au retour de l'Empereur, en 1815, Joseph, à l'arrivée de Lucien à Paris, conseilla à l'Empereur de
l'envoyer gouverneur général en Corse : cela avait
même été résolu; l'importance et la précipitation des
événements l'ont empêché. S'il en avait été ainsi,
disait l'Empereur, il y fût demeuré le maître; cela
eût offert de grandes ressources à nos patriotes per-
sécutés. A combien de malheureux la Corse n'eût-elle
pas servi d'asile! Du reste, il répétait qu'il avait
peut-être fait une faute, en abdiquant, de ne pas
s'être réservé la souveraineté de la Corse, avec
quelques millions de la liste civile; de n'avoir pas
emporté ce qu'il avait de précieux, et gagné Toulon,
d'où rien n'eût pu gêner son passage; qu'alors il se
fût trouvé chez lui; la population eût été sa famille;
il eût disposé de tous les bras, de tous les cœurs.
Trente mille, cinquante mille alliés n'auraient pu le
soumettre. Aucun d'eux n'en eût voulu prendre la
charge; mais c'est précisément cette position même
si heureuse qui l'a retenu. Il n'avait pas voulu qu'on
eût pu dire que dans le naufrage du peuple français,
qui lui était visible, lui seul avait l'art de gagner le
port.

VII

SES IDÉES
CONCEPTIONS ET RÉALISATIONS

— [1] « Il faut en convenir, me disait aujourd'hui 'Empereur, les *véritables vérités*, mon cher, sont bien lifficiles à obtenir pour l'histoire. Heureusement que a plupart du temps elles sont bien plutôt un objet le curiosité que de réelle importance. Il est tant de érités !... Celle de Fouché, par exemple, et autres ntrigants de son espèce ; celle même de beaucoup l'honnêtes gens différeront parfois beaucoup de la nienne. Cette vérité historique, tant implorée, à aquelle chacun s'empresse d'en appeler, n'est trop ouvent qu'un mot : elle est impossible au moment nême des événements, dans la chaleur des passions roisées ; et si, plus tard, on demeure d'accord, c'est [ue les intéressés, les contradicteurs ne sont plus. Iais qu'est alors cette vérité historique, la plupart du emps ? Une fable convenue, ainsi qu'on l'a dit fort ngénieusement. Dans toutes ces affaires, il est deux ortions essentielles fort distinctes : les faits matériels t les intentions morales. Les faits matériels semble-aient devoir être incontroversables ; et pourtant, oyez s'il est deux relations qui se ressemblent : il en st qui demeurent des procès éternels. Quant aux

1. 20 novembre 1816.

intentions morales, le moyen de s'y retrouver, er
supposant même de la bonne foi dans les narrateurs
Et que sera-ce s'ils sont mus par la mauvaise foi
l'intérêt et la passion? J'ai donné un ordre; mais qu
a pu lire le fond de ma pensée; ma véritable intention
et pourtant chacun va se saisir de cet ordre, le mesu-
rer à son échelle, le plier à son plan, à son système
individuel. Voyez les diverses couleurs que va lui
donner l'intrigant dont il gêne ou peut au contraire
servir l'intrigue, la torsion qu'il va lui faire subir. Il
en sera de même de l'important à qui les ministres
ou le souverain auront confidentiellement laissé
échapper quelque chose sur le sujet; il en sera de
même des nombreux oisifs du palais, qui, n'ayant
rien de mieux à faire que d'écouter aux portes, inven-
tent faute d'avoir entendu. Et chacun sera si sûr de
ce qu'il racontera! et les rangs inférieurs qui le tien-
dront de ces bouches privilégiées, en seront si sûrs à
leur tour! et alors les mémoires, et les agendas, et
les bons mots, et les anecdotes de salon d'aller leur
train!... Mon cher, voilà pourtant l'histoire! J'ai vu me
disputer, à moi, la pensée de ma bataille, me disputer
l'intention de mes ordres, et prononcer contre moi..
N'est-ce pas le démenti de la créature vis-à-vis de celui
qui a créé? N'importe; mon contradicteur, mon opposant aura ses partisans. Aussi est-ce ce qui m'a détourné
d'écrire mes mémoires particuliers, d'émettre mes sentiments individuels, d'où fussent découlées naturellement les nuances de mon caractère privé. Je ne pouvais
descendre à des confessions à la Jean-Jacques, qui eussent été attaquées par le premier venu. Aussi, j'ai pensé
ne devoir dicter à vous autres ici que sur les actes
publics. Je sais bien encore que ces relations même
peuvent être combattues; car quel est l'homme ici-
bas, quel que soit son bon droit et la force et la puissance de ce bon droit, que la partie adverse n'attaque
et ne démente. Mais aux yeux du sage, de l'impartial,

lu réfléchi, du raisonnable, ma voix, après tout, vau-
lra bien celle d'un autre, et je redoute peu la décision
inale. Il existe dès aujourd'hui tant de lumières, que
[uand les passions auront disparu, que les nuages
eront passés, je m'en fie à l'éclat qui restera. Mais
[ue d'erreurs intermédiaires! On donnera souvent
)eaucoup de profondeur, de subtilité de ma part à
e qui ne fut peut-être que le plus simple du monde;
)n me supposera des projets que je n'eus jamais[1]. On
e demandera si je visais en effet à la monarchie uni-
'erselle ou non. On raisonnera longuement pour
avoir si mon autorité absolue et mes actes arbitraires
lérivaient de mon caractère ou de mes calculs; s'ils
:taient produits par mon inclination ou par la force
les circonstances; si mes guerres constantes vinrent
le mon goût, ou si je n'y fus conduit qu'à mon corps
léfendant; si mon immense ambition, tant reprochée,
ivait pour guide ou l'avidité de la domination, ou la
:oif de la gloire, ou le besoin de l'ordre, ou l'amour
lu bien-être général; car elle mérite d'être considé-
·ée sous diverses faces. On se débattra sur les motifs
[ui me déterminèrent dans la catastrophe du duc
l'Enghien[2], et ainsi d'une foule d'autres événements.
5ouvent on alambiquera, on tordra ce qui fut tout à
'ait naturel et entièrement droit. Il ne m'appartenait
)as à moi de traiter ici spécialement tous ces objets:
ls seraient mes plaidoyers, et je le dédaigne. Si dans

1. « Quelqu'un de beaucoup de lumières et de beaucoup d'esprit,
[ui avait été fort avant dans la confiance de l'Empereur et avait eu
in grand nombre de rapports directs avec lui, me disait, après la
)remière abdication, avec une intime conviction, que le projet de
Napoléon avait été, ses conquêtes achevées, d'abandonner Paris
)our aller faire de Rome la capitale du grand empire. J'avais alors
:i peu de connaissance de l'Empereur, que cela me donna beaucoup
i penser; mais aujourd'hui je me demande où mon historien pou-
·ait avoir pris cela. »

2. « On sait à combien de versions multipliées, à quelle foule de
:onjectures ce triste événement donna lieu. »

ce que j'ai dicté sur les matières générales, la recti
tude et la sagacité des historiens y trouvent de que
se former une opinion juste et vraie sur ce que je n
mentionne pas, tant mieux. Mais à côté de ces faible
étincelles, que de fausses lumières dont ils se trou
veront assaillis!... depuis les fables et les mensonge
des grands intrigants, qui ont eu chacun leurs buts
leurs menées, leurs négociations particulières, les
quelles s'identifiant avec le fil véritable, compliquen
le tout d'une manière inextricable, jusqu'aux révéla
tions, *aux portefeuilles*, aux assertions même de me
ministres, honnêtes gens qui cependant auront i
donner bien moins ce qui était que ce qu'ils auron
cru; car en est-il qui aient eu ma pensée générale
tout entière? Leur portion spéciale n'était, la plupar
du temps, que des éléments du grand ensemble qu'il
ne soupçonnaient pas. Ils n'auront donc vu que l
face du prisme qui leur est relative; et encore, com·
ment l'auront-ils saisie! Leur sera-t-elle arrivée
pleine et entière? n'était-elle pas elle-même morcelée
Et pourtant il n'en est probablement pas un qui,
d'après les éclairs dont il aura été frappé, ne donne
pour mon véritable système le résultat fantastique de
ses propres combinaisons; et de là encore la fable
convenue qu'on appellera l'histoire; et cela ne saurait être autrement: il est vrai que, comme ils sont
plusieurs, il est probable qu'ils seront loin d'être
d'accord. Du reste, dans leurs affirmations positives,
ils se montreraient plus habiles que moi, qui, très souvent, aurais été très embarrassé d'affirmer avec vérité
toute ma pleine et entière pensée. On sait que je ne
me butais pas à plier les circonstances à mes idées;
mais que je me laissais en général conduire par elles:
or, qui peut à l'avance répondre des circonstances
fortuites, des accidents inopinés? Que de fois j'ai
donc dû changer essentiellement! Aussi ai-je vécu de
vues générales, bien plus que de plans arrêtés. La

masse des intérêts communs, ce que je croyais être le
bien du très grand nombre, voilà les ancres auxquelles
je demeurais amarré ; mais autour desquelles je flot-
tais la plupart du temps au hasard, etc. »

« [1] Ce n'est pas la première fois que j'ai entendu
parler d'une lacune d'exactitude dans le *Moniteur*.
Il doit y avoir, vers ce temps-là, dans les transactions
de l'Assemblée, une époque tout à fait infidèle, les
procès-verbaux ayant été arbitrairement rédigés par
l'un des comités.

Ceux qui sont portés à croire que Robespierre,
étant lassé, gorgé, effrayé de la Révolution, avait
résolu de l'arrêter, disent qu'il ne voulut agir
qu'après avoir lu son fameux discours : il le trouvait
si beau, qu'il ne doutait pas de son effet sur l'Assemblée. S'il en est ainsi, son erreur ou sa vanité lui
coûtèrent cher.

Ceux qui pensent différemment objectent que
Danton et Camille Desmoulins avaient précisément
la même pensée, et que pourtant Robespierre les
immola. Les premiers répondent que ce ne serait
pas une raison ; que Robespierre les immola pour
conserver sa popularité, quand il jugea que le moment n'était pas encore venu ; ou bien encore pour
ne pas leur laisser la gloire de l'entreprise.

Quoi qu'il en soit, plus on s'est rapproché des instruments et des acteurs de cette catastrophe, et plus
on y a trouvé d'obscurité et de mystère : cela ne fera
que s'accroître encore avec le temps ; aussi la vérité
de l'histoire, sur ce point comme sur tant d'autres,
ne sera probablement pas ce qui a eu lieu, mais
seulement ce qui sera raconté. »

---

1. 18 novembre 1815. — A propos d'un discours de Robespierre
non inséré au *Moniteur*.

[1] « L'opinion publique, disait-il dans un autre moment et sur un autre sujet, est une puissance invisible, mystérieuse, à laquelle rien ne résiste ; rien n'est plus mobile, plus vague et plus fort ; et toute capricieuse qu'elle est, elle est cependant vraie, raisonnable, juste, beaucoup plus souvent qu'on ne pense.

« Etant consul provisoire, un des premiers actes de mon administration fut la déportation d'une cinquantaine d'anarchistes. L'opinion publique, à laquelle ils étaient en horreur, tourna subitement pour eux, disait l'Empereur, et me força de reculer. Mais quelque temps après, ces mêmes anarchistes ayant voulu comploter, ils furent terrassés de nouveau par cette même opinion qui me revint aussitôt. C'était ainsi qu'à la Restauration, en s'y prenant mal, on était venu à bout de rendre les régicides populaires, eux que la masse de la nation proscrivait un instant auparavant.

« Il n'appartenait qu'à moi, disait-il, de pouvoir relever en France la mémoire de Louis XVI, et laver la nation des crimes dont l'avaient souillée quelques forcenés et des fatalités malheureuses. Les Bourbons, étant de la famille et venant du dehors, ne faisaient que venger leur cause particulière et accroître l'opprobre national. Moi, au contraire, partie du peuple, je soignais sa gloire, en faisant, en son nom, sortir des rangs ceux qui l'avaient souillée, et c'était bien mon intention ; mais j'y procédais avec sagesse : les trois autels expiatoires à Saint-Denis n'avaient été qu'un prélude ; le temple de la Gloire sur les fondements de la Madeleine devait y être consacré avec un bien plus grand éclat : c'était là, près de leur tombeau, sur leurs ossements même, que les monuments des

1. 18 novembre 1815.

hommes et les cérémonies de la religion eussent relevé, au nom du peuple français, la mémoire des victimes politiques de notre Révolution. C'était un secret qui n'a pas été connu de plus de dix personnes; mais encore avait-il fallu en laisser percer quelque chose à ceux qui dirigeaient l'ordonnance de cet édifice. Du reste, je ne l'aurais pas fait avant dix ans, et encore eût-il fallu voir les précautions que j'y aurais employées, comme tout y eût été arrondi, les aspérités soigneusement écartées. Tous eussent pu y applaudir, aucun n'en eût souffert.

— [1] L'empereur lisait quelque chose où on le faisait parler avec trop de bonté; il s'est récrié sur l'erreur de l'écrivain : « Comment a-t-on pu me faire dire cela ? C'est trop tendre, trop doucereux pour moi; on sait bien que je ne le suis pas. — Sire, disais-je, on a eu une bonne intention; la chose est innocente en elle-même, et a pu produire un bon résultat au dehors. Cette réputation de bonté, que vous semblez vouloir dédaigner, eût pu avoir un poids immense sur l'opinion; elle eût prévenu du moins les couleurs dont un système en Europe a faussement peint Votre Majesté aux yeux des peuples. Votre cœur, que je connais à présent, est certainement aussi bon que celui de Henri IV, que je n'ai pas connu; eh bien! sa bonté est encore proverbiale; il est demeuré une idole, et je soupçonne que Henri IV était un tant soit peu charlatan; pourquoi Votre Majesté a-t-elle dédaigné de l'être ? Elle montre trop d'horreur pour cette espèce de moyen. Après tout, c'est le charlatanisme qui gouverne le monde; heureux toutefois quand il n'est qu'innocent! »

L'Empereur s'est mis à rire de ce qu'il appelait

1. 24 décembre 1815.

mon verbiage. « Mon cher, qu'est-ce que la popularité, la débonnaireté ? disait-il. Qui fut plus populaire, plus débonnaire que le malheureux Louis XVI ? Pourtant quelle a été sa destinée ? Il a péri ! C'est qu'il faut servir dignement le peuple, et ne pas s'occuper de lui plaire : la belle manière de le gagner, c'est de lui faire du bien ; rien n'est plus dangereux que de le flatter : s'il n'a pas ensuite tout ce qu'il veut, il s'irrite et pense qu'on lui a manqué de parole ; et si alors on lui résiste, il hait d'autant plus, qu'il se dit trompé. Le premier devoir du prince, sans doute, est de faire ce que veut le peuple ; mais ce que veut le peuple n'est presque jamais ce qu'il dit : sa volonté, ses besoins, doivent se trouver moins dans sa bouche que dans le cœur du prince.

« Tout système peut sans doute se soutenir ; celui de la débonnaireté comme celui de la sévérité ; chacun a ses avantages et ses inconvénients : tout se balance dans ce bas monde. Que si vous me demandez à quoi ont pu me servir mes expressions et mes formes sévères, je répondrai : « A m'épargner de faire ce dont je menaçais. » Quel mal après tout ai-je fait ? Quel sang ai-je versé ? Qui peut se vanter, dans les circonstances où je me suis trouvé, qu'il eût fait mieux ? Quelle époque de l'histoire, semblable à mes difficultés, offre mes innocents résultats ? Car, que me reproche-t-on ? On a saisi les archives de mon administration, on est demeuré maître de mes papiers qu'a-t-on eu à mettre au grand jour ? Tous les souverains, dans ma position, au milieu des factions, des troubles, des conspirations, ne sont-ils pas entourés de meurtres et d'exécutions ? Voyez pourtant quel a été avec moi le calme subit de la France ? Cette marche vous étonne, continua-t-il en riant, vous qui parfois montrez la douceur et la *naïveté* d'un enfant ? »

Les deux révolutions de France et d'Angleterre. — Charles Ier et Louis XVI. — Parallèle des deux révolutions.— Si l'Empereur eût gagné l'Amérique. — Les jeunes idées triompheront.

— [1] Il avait été question, dans le jour, du rapprochement des deux grandes révolutions d'Angleterre et de France. « Elles ont beaucoup de similitude et de différence, faisait observer l'Empereur : elles sont inépuisables pour la méditation. » Et il a dit des choses fort remarquables et fort curieuses. Je vais réunir ici ce qui a été dit en cet instant, ou bien encore à d'autres moments.

« Dans les deux pays, la tempête se forme sous les deux règnes indolents et faibles de Jacques Ier et de Louis XV ; elle éclate sous les deux infortunés Charles Ier et Louis XVI.

« Tous deux tombent victimes ; tous deux périssent sur l'échafaud, et leurs deux familles sont proscrites et bannies.

« Les deux monarchies deviennent deux républiques et, durant cette période, les deux nations se plongent dans tous les excès qui peuvent dégrader l'esprit et le cœur. Elles se déshonorent par des scènes de fureur, de sang et de folie ; elles brisent tous les liens et renversent tous les principes.

« Alors, dans les deux pays, deux hommes, d'une main vigoureuse, arrêtent le torrent et règnent avec lustre. Après eux, les deux familles héréditaires sont rappelées ; mais toutes deux prennent une mauvaise direction. Elles font des fautes ; une nouvelle tempête éclate inopinément dans les deux endroits, et rejette en dehors du territoire les deux dynasties rétablies, sans qu'elles aient pu venir à bout de faire opposer la moindre résistance aux deux adversaires qui les renversent.

1. 5 mai 1816.

« Dans ce parallèle singulier, *Napoléon* se trouve avoir été en France tout à la fois le *Cromwell* et le *Guillaume III* de l'Angleterre. Mais comme tout rapprochement avec Cromwell a quelque chose d'odieux, je me hâte d'ajouter que si ces deux hommes célèbres coïncident dans une seule circonstance, il est difficile de différer davantage sur toutes les autres.

« Cromwell paraît sur la scène dans un âge mûr. Il n'arrive au premier rang qu'à force de duplicité, d'adresse et d'hypocrisie.

« Napoléon s'élance à peine au sortir de l'enfance et ses premiers pas brillent d'une gloire pure.

« C'est en opposition et en haine de tous les partis, en imprimant une souillure éternelle à la révolution anglaise, que Cromwell arrive au pouvoir suprême.

« C'est au contraire en effaçant les taches de la révolution française, et par le concours de tous les partis qui s'efforcent tour à tour de l'avoir pour chef, que Napoléon monte sur le trône.

« Toute la gloire militaire de Cromwell fut acquise par le sang anglais ; tous ses triomphes durent être autant de deuils nationaux. Ceux de Napoléon ne frappèrent jamais que l'étranger et remplirent d'ivresse la nation française.

« Enfin, la mort de Cromwell fut la joie de toute l'Angleterre ; elle devint une délivrance publique. On ne saurait en dire précisément autant de Napoléon.

« En Angleterre, la révolution fut le soulèvement de toute la nation contre le roi. Il avait violé les lois, usurpé le pouvoir absolu ; elle voulut rentrer dans ses droits.

« En France, la révolution fut le soulèvement d'une partie de la nation contre une autre partie, celui du tiers-état contre la noblesse ; la réaction des Gaulois contre les Francs. Le roi fut moins attaqué comme souverain que comme chef de la féodalité : on ne lui

·eprocha point d'avoir violé les lois, mais on préten-
lit s'affranchir et se reconstituer à neuf.

« En Angleterre, si Charles Ier avait cédé de bonne
'oi, s'il avait eu le caractère modéré, incertain de
.ouis XVI, il eût survécu.

« En France, au contraire, si Louis XVI avait résisté
ranchement, s'il avait eu le courage, l'activité, l'ardeur
le Charles Ier, il eût triomphé.

« Durant tout le conflit, Charles Ier, isolé dans son
le, n'eut autour de lui que des partisans, des amis ;
amais aucune branche constitutionnelle.

« Louis XVI avait une armée régulière ; les secours
.e l'étranger, deux portions constitutionnelles de la
.ation, la noblesse et le clergé. Il se présentait en
utre à Louis XVI un second parti décisif que n'eut
as Charles Ier, celui de renoncer à être le chef de la
éodalité, pour le devenir de la *nation :* malheureu-
ement il ne sut prendre ni l'un ni l'autre.

« Charles Ier périt donc pour avoir résisté, et
.ouis XVI pour n'avoir pas résisté. L'un était intime-
1ent convaincu des droits de sa prérogative ; il est
outeux, assure-t-on, que l'autre en fût bien per-
uadé, non plus que de sa nécessité.

« En Angleterre, la mort de Charles Ier fut l'ou-
rage de l'ambition astucieuse, atroce d'un seul
omme.

« En France, ce fut l'ouvrage de la multitude
veuglée, celui d'une assemblée populaire et désor-
onnée.

« En Angleterre, les représentants du peuple, par
ne teinte de pudeur, s'abstinrent d'être juges et
arties dans le meurtre qu'ils commandaient ; ils
ommèrent un tribunal pour juger le roi.

« En France, ils ont osé être tout à la fois accusa-
·urs et juges.

C'est qu'en Angleterre, l'affaire était conduite par
ne main invisible ; elle avait plus de réflexion et de

calme. En France, elle le fut par la multitude, dont la fougue est sans bornes.

« En Angleterre, la mort du roi donna naissance à la république. En France, au contraire, ce fut la naissance de la république qui causa la mort du roi.

« En Angleterre, l'explosion politique s'opéra par les efforts du fanatisme religieux le plus ardent. En France, elle se fit aux acclamations d'une cynique impiété : chacun selon son siècle et ses mœurs.

« En Angleterre, c'étaient les excès de la sombre école de Calvin. En France, c'étaient des doctrines trop relâchées de l'école moderne.

« En Angleterre, la révolution se trouva mêlée avec une guerre civile. En France, elle le fut avec des guerres étrangères ; et c'est à ces efforts, à cette contradiction des étrangers, que les Français attribuent, avec raison, la faute de leurs excès. Les Anglais n'ont aucune excuse de ce genre.

« C'est l'armée, en Angleterre, qui fut coupable de toutes les fureurs, de toutes les extravagances ; elle fut le fléau des citoyens.

« En France, au contraire, c'est à l'armée qu'on dut tout. Ce furent ses triomphes au dehors qui affaiblirent ou firent oublier les horreurs du dedans ; c'est elle qui donna à la patrie l'indépendance, la gloire, les trophées.

« En Angleterre, la restauration fut l'ouvrage des Anglais mêmes ; elle fut reçue avec la plus vive exaltation : la nation échappait à l'esclavage, et crut retrouver la liberté... En France, il n'en fut pas précisément de même.

« Enfin, en Angleterre, un gendre renverse son beau-père du trône : il est appuyé de toute l'Europe, et l'ouvrage demeure impérissable et révéré.

« En France, au contraire, l'élu d'un peuple qu'il a déjà gouverné quinze ans avec l'assentiment du dedans et du dehors, ressaisit une couronne qu'il prétend lui appartenir. L'Europe entière se lève en masse ; elle le met hors la loi. Onze cent mille hommes marchent contre sa seule personne ; il succombe ; on le jette dans les fers, et l'on prétend flétrir sa mémoire !!! »

— ' Au récit du déluge de maux et des événements sanglants qui affligeaient tous les départements, l'Empereur s'est élancé de son canapé, et frappant du pied avec chaleur, il s'est écrié : « Ah ! quel malheur que je n'aie pu gagner l'Amérique '! De l'autre hémisphère même j'eusse protégé la France contre les réacteurs ! La crainte de mon apparition eût tenu en bride leur violence et leur déraison ; il eût suffi de mon nom pour enchaîner les excès et frapper d'épouvante ! »

Puis, continuant sur le même sujet, il a conclu avec une chaleur qui tenait de l'inspiration : « La contre-révolution, même en la laissant aller, doit inévitablement se noyer d'elle-même dans la révolution. Il suffit à présent de l'atmosphère des jeunes idées pour étouffer les vieux féodalistes ; car rien ne saurait désormais détruire ou effacer les grands principes de notre révolution ; ces grandes et belles vérités doivent demeurer à jamais, tant nous les avons entre-

1. 9 et 10 avril 1816.
2. Si l'Empereur eût gagné l'Amérique, il comptait, disait-il, appeler à lui tous ses proches : il supposait qu'ils eussent pu réaliser au moins quarante millions. Ce point serait devenu le noyau d'un rassemblement national, d'une patrie nouvelle. Avant un an, les événements de la France, ceux de l'Europe auraient groupé autour de lui cent millions et soixante mille individus, la plupart de ceux-ci ayant propriétés, talents et instruction. L'Empereur disait qu'il aurait aimé à réaliser ce rêve ; c'eût été une gloire toute nouvelle.
« L'Amérique, continuait-il, était notre véritable asile sous tous les rapports. C'est un immense continent, d'une liberté toute particulière. » *Mémorial*, 26 mai 1816.

lacées de lustre, de monuments, de prodiges ; nous en avons noyé les premières souillures dans des flots de gloire ; elles sont désormais immortelles ! Sorties de la tribune française, cimentées du sang des batailles, décorées des lauriers de la victoire, saluées des acclamations des peuples, sanctionnées par les traités, les alliances des souverains, devenues familières aux oreilles comme à la bouche des rois, elles ne sauraient plus rétrograder !!!

« Elles vivent dans la Grande-Bretagne, elles éclairent l'Amérique, elles sont nationalisées en France : voilà le trépied d'où jaillira la lumière du monde.

« Elles le régiront ; elles seront la foi, la religion, la morale de tous les peuples : et cette ère mémorable se rattachera, quoi qu'on ait voulu dire, à ma personne ; parce qu'après tout, j'ai fait briller le flambeau, consacré les principes, et qu'aujourd'hui la persécution achève de m'en rendre le Messie. Amis et ennemis, tous m'en diront le premier soldat, le grand représentant. Aussi, même quand je ne serai plus, je demeurerai encore pour les peuples l'étoile de leurs droits, mon nom sera le cri de guerre de leurs efforts, la devise de leurs espérances. »

Politique générale européenne. — La politique des nationalités. — Fatalité de l'échec en Russie. — Directives politiques sur la Pologne. — La Russie puissance dangereuse.

Et après avoir traité beaucoup d'autres sujets encore, l'Empereur, plus loin, disait : « Une de mes plus grandes pensées avait été l'agglomération, la concentration des mêmes peuples géographiques qu'ont dissous, morcelés les révolutions et la politique. Ainsi, l'on compte en Europe, bien qu'épars, plus de trente millions de Français, quinze millions d'Espagnols, quinze millions d'Italiens, trente millions d'Allemands : j'eusse voulu faire de chacun de

ces peuples un seul et même corps de nation. C'est
avec un tel cortège qu'il eût été beau de s'avancer dans
la postérité et la bénédiction des siècles. Je me sentais
digne de cette gloire !

« Après cette simplification sommaire, observait-il,
il eût été plus possible de se livrer à la chimère du
beau idéal de la civilisation : c'est dans cet état de
choses qu'on eût trouvé plus de chances d'amener
partout l'unité des codes, celle des principes, des opinions, des sentiments, des vues et des intérêts. Alors
peut-être à la faveur des lumières universellement
répandues, devenait-il permis de rêver, pour la grande
famille européenne, l'application du congrès américain, ou celle des Amphictions de la Grèce ; et quelle
perspective alors de force, de grandeur, de jouissance,
de prospérité ! Quel grand et magnifique spectacle !...

« L'agglomération des trente ou quarante millions
de Français était faite et parfaite ; celle des quinze
millions d'Espagnols l'était à peu près aussi ; car rien
n'est plus commun que de convertir l'accident en principe ; comme je n'ai point soumis les Espagnols, on
raisonnera désormais comme s'ils eussent été insou-
mettables. Mais le fait est qu'ils ont été soumis, et
qu'au moment même où ils m'ont échappé, les Cortès
de Cadix traitaient secrètement avec nous. Aussi, ce
n'est pas leur résistance, ni les efforts des Anglais qui
les ont délivrés, mais bien mes fautes et mes revers
lointains ; celle surtout de m'être transporté avec
toutes mes forces à mille lieues d'eux, et d'y avoir
péri ; car personne ne saurait nier que si, lors de mon
entrée dans ce pays, l'Autriche, en ne me déclarant
pas la guerre, m'eût laissé quatre mois de séjour de
plus en Espagne [1], tout y eût été terminé : le gouver-

---

1. « La présence du général est indispensable : c'est la tête, c'est
tout d'une armée : ce n'est pas l'armée romaine qui a soumis la
Gaule, mais César : ce n'est pas l'armée carthaginoise qui faisait

nement espagnol allait se consolider, les esprits se fussent calmés, les divers partis se seraient ralliés ; trois ou quatre ans eussent présenté chez eux une paix profonde, une prospérité brillante, une nation compacte, et j'aurais mérité d'eux ! je leur eusse épargné l'affreuse tyrannie qui les foule, les terribles agitations qui les attendent.

« Quant aux quinze millions d'Italiens, l'agglomération était déjà fort avancée : il ne fallait plus que vieillir, et chaque jour mûrissait chez eux l'unité de principes et de législation, celle de penser et de sentir, ce ciment assuré, infaillible des agglomérations humaines. La réunion du Piémont à la France, celle de Parme, de la Toscane, de Rome, n'avaient été que temporaires dans ma pensée, et n'avaient d'autre but que de surveiller, garantir et avancer l'éducation des Italiens [1].

trembler l'armée républicaine aux portes de Rome, mais Annibal ; ce n'est pas l'armée macédonienne qui a été sur l'Indus, mais Alexandre ; ce n'est pas l'armée française qui a porté la guerre sur le Wéser et sur l'Inn, mais Turenne ; ce n'est pas l'armée prussienne qui a défendu sept ans la Prusse contre les trois plus grandes puissances de l'Europe, mais Frédéric le Grand. »

(Mémoires de Napoléon, tome II, page 90.)

1. On lit cette dictée de Napoléon au général Montholon, dans les *Mémoires pour servir à l'Histoire de France*, vol. I, p. 137 :

« Napoléon voulait recréer la patrie italienne, réunir les Vénitiens, les Milanais, les Piémontais, les Génois, les Toscans, les Parmesans, les Modenais, les Romains, les Napolitains, les Siciliens, les Sardes dans une seule nation indépendante, bornée par les Alpes, les mers Adriatique, d'Ionie et Méditerranée : c'était le trophée immortel qu'il élevait à sa gloire. Ce grand et puissant royaume aurait contenu la maison d'Autriche, sur terre : et sur mer, ses flottes, réunies à celle de Toulon, auraient dominé la Méditerranée et protégé l'ancienne route du commerce des Indes par la mer Rouge et Suez. Rome, capitale de cet Etat, était la ville éternelle, couverte par les trois barrières des Alpes, du Pô, des Apennins, plus à portée que toute autre de trois grandes îles. Mais Napoléon avait bien des obstacles à vaincre. Il avait dit à

Et voyez si je jugeais bien ; et quel est l'empire des
lois communes ! Les parties qui nous avaient été réunies, bien que cette réunion pût paraître de notre
part l'injure de l'envahissement, et en dépit de tout
leur patriotisme italien, ces mêmes parties ont été
précisément celles qui, de beaucoup, nous sont
demeurées les plus attachées. Aujourd'hui qu'elles
sont rendues à elles-mêmes, elles se croient envahies,
déshéritées et elles le sont !...

la consulte de Lyon : *Il me faut vingt ans pour rétablir la nation
italienne.*

« Trois choses s'opposaient à ce grand dessein : 1º les possessions qu'avaient les puissances étrangères ; 2° l'esprit des localités ; 3ª le séjour des papes à Rome.

« Dix ans s'étaient à peine écoulés depuis la consulte de Lyon,
que le premier obstacle était entièrement levé : aucune puissance
étrangère ne possédait plus rien en Italie : elle était tout entière
sous l'influence immédiate de l'Empereur. La destruction de la
république de Venise, du roi de Sardaigne, du grand-duc de Toscane, la réunion à l'empire du patrimoine de Saint-Pierre, avaient
fait disparaître le second obstacle. Comme ces fondeurs qui, ayant
transformé plusieurs pièces de petit calibre en une seule de qua-
rante-huit, les jettent d'abord dans le haut fourneau pour les
décomposer, les réduire en fusion ; de même les petits États
avaient été réunis à l'Autriche ou à la France, pour être réduits
en éléments, perdre leurs souvenirs, leurs prétentions, et se trouver préparés au moment de la fonte. Les Vénitiens, réunis pendant plusieurs années à la monarchie autrichienne, avaient senti
toute l'amertume d'être soumis aux Allemands. Lorsque ces peuples rentrèrent sous la domination italienne, ils ne s'inquiétèrent
pas si leur ville serait la capitale, si leur gouvernement serait
plus ou moins aristocratique. La même révolution s'opéra en Piémont, à Gênes, à Rome, brisés par le grand mouvement de l'empire français.

« Il n'y avait plus de Vénitiens, de Piémontais, de Toscans ;
tous les habitants de la péninsule n'étaient plus qu'Italiens : tout
était prêt pour créer la grande patrie italienne. Le grand-duché
de Berg était vacant pour la dynastie qui occupait momentanément le trône de Naples. L'Empereur attendait avec impatience la
naissance de son second fils pour le mener à Rome, le couronner
roi d'Italie, et proclamer l'indépendance de la belle péninsule sous
la régence du prince Eugène... »

« Tout le midi de l'Europe eût donc bientôt été compacte de localités, de vues, d'opinions, de sentiments et d'intérêts. Dans cet état de choses, que nous eût fait le poids de toutes les nations du Nord ? Quels efforts humains ne fussent pas venus se briser contre une telle barrière ?...

« L'agglomération des Allemands demandait plus de lenteur, aussi n'avais-je fait que simplifier leur monstrueuse complication ; non qu'ils ne fussent préparés pour la concentralisation : ils l'étaient trop au contraire, ils eussent pu réagir aveuglément sur nous avant de nous comprendre. Comment est-il arrivé qu'aucun prince allemand n'ait jugé les dispositions de sa nation, ou n'ait pas su en profiter ? Assurément si le ciel m'eût fait naître prince allemand, au travers des nombreuses crises de nos jours, j'eusse gouverné infailliblement les trente millions d'Allemands réunis ; et pour ce que je crois connaître d'eux, je pense encore que, si une fois ils m'eussent élu et proclamé, ils ne m'auraient jamais abandonné, et je ne serais pas ici... » Alors ont suivi des détails et des applications douloureuses. Puis il a repris : « Quoi qu'il en soit, cette agglomération arrivera tôt ou tard par la force des choses : l'impulsion est donnée, et je ne pense pas qu'après ma chute et la disparition de mon système, il y ait en Europe d'autre grand équilibre possible que l'agglomération et la confédération des grands peuples. Le premier souverain qui, au milieu de la première grande mêlée, embrassera de bonne foi la cause des peuples se trouvera à la tête de toute l'Europe, et pourra tenter tout ce qu'il voudra.

« Que si on me demande à présent pourquoi je ne laissais pas transpirer alors de pareilles idées ? pourquoi je ne les livrais pas à la discussion publique ? Elles eussent été si populaires, me dira-t-on, et l'opinion m'eût été d'un renfort si immense ! Je réponds

que la malveillance est toujours beaucoup plus active
que le bien ; qu'il existe aujourd'hui tant d'esprit
parmi nous, qu'il domine aisément le bons sens, et
peut obscurcir à son gré les points les plus lumineux ;
que livrer de si hauts objets à la discussion publique, c'était les livrer à l'esprit de coterie, aux passions, à l'intrigue, au commérage, et n'obtenir pour
résultat infaillible que discrédit et opposition. Je
calculais donc trouver un bien plus grand secours
dans le secret ; alors demeurait comme en auréole
autour de moi, ce vague qui enchaîne la multitude et
lui plaît ; ces spéculations mystérieuses qui occupent,
remplissent tous les esprits ; enfin ces dénoûments
subits et brillants reçus avec tant d'applaudissements, et qui créent tant d'empire. C'est ce même
principe qui m'a fait courir malheureusement si vite
Moscou : avec plus de lenteur j'eusse paré à tout ;
mais je m'étais mis dans l'obligation de ne pas laisser le temps de commenter. Avec ma carrière déjà
parcourue, avec mes idées pour l'avenir, il fallait que
ma marche et mes succès eussent quelque chose de
surnaturel. » Et alors l'Empereur est passé à l'expédition de Russie, répétant une grande partie des choses que j'ai dites ailleurs. Je ne reproduis ici que ce
qui m'a paru neuf.

« Et voici encore, disait-il, une autre circonstance
où on a pris l'accident pour le principe. J'ai échoué
contre les Russes ; de là ils sont inattaquables chez
eux, invincibles ; mais pourtant à quoi cela a-t-il
tenu ? Qu'on le demande à leurs fortes têtes, à leurs
hommes sages et réfléchis ; qu'on consulte Alexandre
lui-même et ses sentiments d'alors. Sont-ce les
forts des Russes qui m'ont anéanti ? Non, la chose
n'est due qu'à de purs accidents, qu'à de véritables
fatalités : c'est une capitale incendiée en dépit de ses
habitants, et par des intrigues étrangères ; c'est un
hiver, une congélation dont l'apparition subite et

l'excès furent une espèce de phénomène ; ce sont de
faux rapports, de sottes intrigues, de la trahison,
la bêtise, bien des choses enfin qu'on saura peut-
un jour, et qui pourront atténuer ou justifier les
fautes grossières en diplomatie et en guerre, que
le droit de m'adresser : celle de m'être livré à une
entreprise, en laissant sur mes ailes, devenues
tôt mes derrières, deux cabinets dont je n'étais
le maître, et deux armées alliées que le moi
échec devait rendre ennemies. Mais pour tout
clure enfin sur ce point, et même annuler tout c
précède d'un seul mot, c'est que cette fam
guerre, cette audacieuse entreprise, je ne les
pas voulues ; je n'avais pas eu l'envie de me ba
Alexandre ne l'avait pas davantage, mais une fo
présence, les circonstances nous poussèrent l'u
l'autre : la fatalité fit le reste. »

*Instructions données à M***, pour lui servir de
tion dans la mission qu'il aura à remplir en
gne (18 avril 1812). — Mémorial, 25 octobre 188*

« Monsieur, l'Empereur compte assez sur
dévouement et sur votre habileté, pour vous a
dans sa confiance jusqu'à vous charger d'une m
du plus grand intérêt politique. Cette m
demande *activité, prudence et discrétion.*

« Vous vous rendrez à Dresde ; l'objet appare
votre voyage sera de présenter à Sa Majesté le r
Saxe une lettre que l'Empereur vous remettra
après son lever.

« ... L'intention de l'Empereur est que l'on a
envers ce souverain avec tous les égards qu
mérite l'estime toute particulière que Sa Majesté
fesse pour sa personne.

« ... De la part de la Saxe, il n'y aura point *de*
fice sans compensation.

Saxe tient peu à la souveraineté du duché de tel qu'il existe aujourd'hui : c'est une possession précaire et onéreuse. La possession de ce présent de la Pologne la place dans une fausse position à l'égard de la Prusse, de l'Autriche et de la Russie. Vous développerez ces idées, et vous traiterez cette question dans le sens de la discussion qui a eu lieu le 17, dans le cabinet de Sa Majesté, en votre présence. Vous trouverez le cabinet de Dresde peu disposé à vous combattre : sa diplomatie nous a présenté à plusieurs reprises les mêmes observations. Ce n'est donc point d'un démembrement des États du Saxe qu'il s'agit.

Après un court séjour à Dresde, vous annoncerez votre départ *pour Varsovie, où vous devez attendre de nouveaux ordres de l'Empereur.*

Sa Majesté impériale prie le roi de Saxe de vous faciliter auprès de ses ministres polonais.

Vous concerterez à Varsovie vos démarches avec le prince ***, chambellan de l'Empereur, avec le ** [sal ***. Ces deux personnages descendent des plus illustres familles de la Pologne ; ils ont promis de faire servir l'influence dont ils jouissent parmi leurs concitoyens, pour les porter à travailler au bonheur et à l'indépendance de leur patrie. Vous devez donner au gouvernement du grand-duché une impulsion propre à préparer les grands changements que l'Empereur se propose d'opérer en faveur de la nation polonaise.

Il faut que les Polonais secondent les desseins de l'Empereur, et qu'ils coopèrent eux-mêmes à leur délivération. *Ils ne doivent considérer les Français que comme de puissants auxiliaires.*

L'Empereur ne se dissimule point les difficultés qu'il aura à éprouver au rétablissement de la Pologne. Ce grand œuvre de politique doit contrarier *les intérêts apparents et actuels de ses alliés.*

« Le rétablissement de la Pologne par les armes de l'empire français est une entreprise hasardeuse, périlleuse même, où la France devra lutter également contre ses amis et contre ses ennemis. Entrons dans quelques détails.

« L'objet que se propose l'Empereur est l'organisation de la Pologne *avec tout ou portion de son ancien territoire*, en évitant la guerre, si cela est possible. Pour y parvenir, Sa Majesté a donné des pouvoirs très étendus à son ambassadeur à Pétersbourg; elle a envoyé à Vienne un négociateur qui est autorisé à traiter avec les principales puissances, à offrir de grands sacrifices en territoire, de la part de l'empire français, *comme indemnité des cessions à faire pour le rétablissement du royaume de Pologne*.

« L'Europe se partage en trois grandes divisions : l'empire français à l'ouest, les états d'Allemagne au centre, l'empire russe à l'est; l'Angleterre ne peut avoir sur le continent que l'influence que les puissances voudront bien lui conserver.

« Il faut empêcher, par une forte organisation du centre, que la Russie ou la France puisse un jour, en voulant s'étendre davantage, envahir la suzeraineté de l'Europe. L'empire français jouit actuellement de toute l'énergie de son existence : s'il ne termine en cet instant la constitution politique de l'Europe, demain il peut perdre les avantages de sa position et succomber dans ses entreprises.

« L'établissement d'un état militaire en Prusse, le règne et les conquêtes du grand Frédéric, les idées du siècle et celles de la Révolution française mises en circulation, ont anéanti l'ancienne Confédération germanique. La Confédération du Rhin ne tient qu'à un système provisoire. Les princes qui ont acquis voudraient peut-être la consolidation de ce système; mais les princes qui ont perdu, les peuples qui ont souffert les malheurs de la guerre, les États qui

edoutent la trop grande puissance de la France s'op-
poseront au maintien de la Confédération du Rhin,
chaque fois que l'occasion s'en présentera. Les princes mêmes agrandis par le nouveau système tendront
à s'en éloigner à mesure que le temps les consolidera
dans les possessions qu'ils ont obtenues. La France
finirait par voir arracher de ses mains un protectorat
que sûrement elle aurait acheté par trop de sacrifices.

« L'Empereur pense qu'à une époque finale, qui
ne peut tarder à se reproduire, il conviendra de rendre la confédération des puissances de l'Europe à
toute leur indépendance.

« La maison d'Autriche, qui possède trois vastes
royaumes, doit être l'âme de cette indépendance, à
cause de la situation topographique de ses États;
mais elle n'en doit pas être la dominatrice; en cas
de rupture entre les deux empires de France et de
Russie, si la confédération des puissances intermédiaires était mue par une même impulsion, elle entraî-
nerait nécessairement la ruine de l'une des parties
contendantes. L'empire français serait plus exposé
que l'empire russe.

« Le centre de l'Europe doit se composer d'États
inégaux en puissance, qui auront chacun une politique qui leur sera propre ; qui, par leur situation et
leurs rapports politiques, chercheront un appui dans
le protectorat des puissances prépondérantes. Ces
États sont intéressés au maintien de la paix, parce
qu'ils seront toujours les victimes de la guerre. Dans
ces vues, après avoir élevé de nouveaux États, après
en avoir agrandi d'anciens, afin de fortifier pour
venir notre système d'alliance, il est un intérêt
majeur pour l'Empereur et en même temps pour l'Europe, c'est d'établir la Pologne : sans la réédification
de ce royaume, l'Europe reste sans frontières de ce
côté ; l'Autriche et l'Allemagne se trouvent face à face
avec le plus puissant empire de l'univers.

« L'Empereur prévoit que la Pologne, comme la Prusse, sera par la suite l'alliée de la Russie ; mais, si la Pologne lui doit sa restauration, l'époque de l'union de ses États sera assez éloignée pour laisser l'ordre établi se consolider. L'Europe étant ainsi organisée, il n'y a plus de raison pour que la France et la Russie soient en rivalité ; ces deux empires auront les mêmes intérêts commerciaux, ils agiront d'après les mêmes principes.

« Avant le refroidissement avec la Prusse, une première pensée de l'Empereur avait été de faire une alliance solide avec le roi de Prusse, et de poser sur sa tête la couronne de Pologne. Il y avait moins d'obstacles à vaincre, puisque déjà la Prusse possédait le tiers de ce royaume. On aurait laissé à la Russie ce qu'elle aurait voulu absolument garder ; on aurait donné des indemnités à l'Autriche. La marche des événements a fait changer les projets de l'Empereur.

« Lors des négociations de Tilsitt, il a fallu créer des États précisément dans les contrées qui redoutaient le plus la puissance de la France. Le moment était propice au rétablissement de la Pologne, quoiqu'il eût été l'ouvrage de la violence et de la force. Il aurait fallu prolonger la guerre ; l'armée française souffrait du froid et de la disette ; la Russie avait des armées sur pied. L'Empereur a été touché des sentiments généreux que lui témoignait l'empereur Alexandre. Il éprouvait des obstacles de la part de l'Autriche. Il a laissé dominer sa politique par un égal désir de signer une paix qu'il espérait rendre durable, si, par l'influence de la Russie et de l'Autriche, l'Angleterre avait voulu consentir à une pacification générale.

« Après ses revers, la Prusse avait trop de haine contre nous pour ne pas chercher à modérer sa puissance ; c'est dans cette vue qu'a été organisé le grand-duché de Varsovie. On lui a donné pour souverain le roi de Saxe, prince dont la vie entière a été employée à faire le bonheur de ses sujets. On a cherché à satisfaire les Polonais par des institutions qui leur plaisaient et qui convenaient à leurs mœurs et à leur caractère. On a mal agi en tous sens.

« La Saxe, séparée de ses nouvelles possessions par la Prusse, ne pouvait, avec la Pologne, constituer un corps assez organisé pour devenir fort et puissant. L'ouverture d'une route militaire sur le territoire prussien, pour communiquer de la Saxe avec la Pologne, a grandement humilié la nation prussienne ; et les Polonais ont gémi d'être trompés dans leurs espérances.

« L'Empereur stipulait l'occupation des forteresses de la Prusse, pour être certain que cette puissance ne chercherait point à rallumer la guerre. La campagne de 1809 a fait voir combien sa politique avait été prévoyante ; elle lui avait fait prendre la ferme résolution de travailler sans relâche à terminer cette organisation de l'Europe, qui doit mettre fin à des guerres désastreuses.

« L'Empereur a pensé qu'il devait se montrer formidable par le nombre de troupes qu'il pousse vers la Vistule, par l'occupation des forteresses de la Prusse, afin de commander la fidélité à ses alliés, et d'obtenir, par les négociations, ce que peut-être il ne faudrait attendre que de la guerre.

« Dans ces circonstances, les dangers sont imminents. Ce n'est pas sans péril que l'on porte des armées à cinq cents lieues de leur territoire ; et la Pologne doit attendre autant de ses propres forces que de l'appui de l'Empereur. Si la guerre s'engage, les Polonais, je le répète, ne doivent la considérer que comme un moyen ajouté à leurs propres ressources. Ils doivent se rappeler les temps où, par leur patriotisme et par leur courage, ils résistèrent

aux nombreuses armées qui attaquaient leur indépendance.

« Les peuples du grand-duché veulent le rétablissement de la Pologne, c'est à eux qu'il appartient de
préparer les voies par lesquelles les provinces usur-
pées pourront arriver à prononcer leur volonté. Le
gouvernement du grand-duché doit, aussitôt que les
événements le permettront, faire confédérer, sous les
bannières de l'indépendance, les démembrements de
leur malheureuse patrie. S'il est des Polonais sous la
domination de la Russie ou sous celle de l'Autriche
qui se refusent à retourner à la mère patrie, il faut
renoncer à les y contraindre. La Pologne doit tirer sa
force de son esprit public, de son patriotisme, autant
que des institutions qui constitueront le nouvel état
social. L'objet de votre mission est donc d'éclairer,
d'encourager, de diriger dans leurs opérations les
patriotes polonais. Vous rendrez compte de vos négociations au ministre des relations extérieures ; il ins-
truira l'Empereur de vos succès. Vous m'enverrez des
extraits de vos rapports.

« Les malheurs et la faiblesse de la république de
Pologne ont été causés par une aristocratie qui n'avait
ni règle, ni mesure. A cette époque, comme aujour-
d'hui, la noblesse était puissante, la bougeoisie soumise, et le peuple n'était rien. Mais au milieu de ces
désordres, il y avait dans cette nation un amour pour
la liberté et pour l'indépendance, qui soutint longtemps sa débile existence. Ces sentiments doivent
avoir crû par le temps et par l'oppression. Le patriotisme est un sentiment naturel aux Polonais, même
aux individus des grandes maisons. L'Empereur
tiendra sans restriction la promesse qu'il a faite par
l'article 25 du traité du 9 juillet 1807, de faire régir le
grand-duché par des constitutions qui assurent sa
liberté et les privilèges des peuples, se conciliant
avec la tranquillité des États voisins. Il y aura pour la

Pologne *indépendance et liberté*. Quant aux choix du souverain, il résultera du traité que Sa Majesté signera avec les puissances. Sa Majesté ne prétend au trône de la Pologne ni pour elle, ni pour sa famille. Dans le grand œuvre de la restauration de la Pologne, elle n'a en vue que le bonheur des Polonais et le tranquillité de l'Europe. Sa Majesté vous autorise à faire cette déclaration, à la faire formellement lorsque vous le jugerez utile aux intérêts de la France et de la Pologne... »

[1] Le soir, même amour encore de géographie. L'Empereur s'est arrêté spécialement sur l'Asie ; la situation politique de la Russie, la facilité avec laquelle elle pourrait faire une entreprise sur l'Inde et même sur la Chine ; les inquiétudes qu'en devraient concevoir les Anglais ; le nombre de troupes que la Russie devrait employer, leur point de départ, la route qu'elles auraient à suivre, les richesses métalliques qu'elles en rapporteraient, etc. ; et il a donné, sur la plupart de ces points des détails bien précieux. J'ai le regret de n'en trouver ici que l'indication, et je n'oserais me fier à mes souvenirs pour les reproduire.

L'Empereur a passé de là à ce qu'il appelait la situation admirable de la Russie contre le reste de l'Europe, à l'immensité de sa masse d'invasion. Il peignait cette puissance assise sous le pôle, adossée à des glaces éternelles qui au besoin la rendaient inabordable ; elle n'était attaquable, disait-il, que trois ou quatre mois ou un quart de l'année, tandis qu'elle avait toute l'année entière, ou les douze mois contre nous ; elle n'offrait aux assaillants que les rigueurs, les souffrances, les privations d'un sol désert, d'une nature morte ou engourdie, tandis que

1. Mercredi 6 novembre 1816.

ses peuples ne se lançaient qu'avec attrait vers les délices de notre midi.

Outre ces circonstances physiques, ajoutait l'Empereur, à sa nombreuse population sédentaire, brave, endurcie, dévouée, passive, se joignaient d'immenses peuplades, dont le dénuement et le vagabondage sont l'état naturel. « On ne peut s'empêcher de frémir, à l'idée d'une telle masse, qu'on ne saurait attaquer ni par les côtés, ni sur les derrières ; qui déborde impunément sur vous, inondant tout si elle triomphe, ou se retirant au milieu des glaces, au sein de la désolation, de la mort, devenues ses réserves si elle est défaite ; le tout avec la facilité de reparaître aussitôt si le cas le requiert. N'est-ce pas là la tête de l'hydre, l'Antée de la fable, dont on ne saurait venir à bout qu'en le saisissant au corps et l'étouffant dans ses bras ; mais où trouver l'Hercule ? Il n'appartenait qu'à nous d'oser y prétendre, et nous l'avons tenté gauchement, il faut en convenir. »

L'Empereur disait que, dans la nouvelle combinaison politique de l'Europe, le sort de cette partie du monde ne tenait plus qu'à la capacité, aux dispositions d'un seul homme. « Qu'il se trouve, disait-il, un empereur de Russie vaillant, impétueux, capable, en un mot un czar qui ait de la barbe au menton (ce qu'il exprimait, du reste, beaucoup plus énergiquement), et l'Europe est à lui. Il peut commencer ses opérations sur le sol allemand même, à cent lieues des deux capitales. Berlin et Vienne, dont les souverains sont les seuls obstacles. Il enlève l'alliance de l'un par la force, et avec son concours abat l'autre d'un revers ; et dès cet instant il est au cœur de l'Allemagne, au milieu des princes du second ordre, dont la plupart sont ses parents ou attendent tout de lui. Au besoin, si le cas le requiert, il jette en passant, par-dessus les Alpes, quelques tisons enflammés sur le sol italien, tout prêt pour l'explosion, et marche triomphant vers la France, dont il se proclame de nouveau le libérateur. Assurément, moi, dans une telle situation, j'arriverais à Calais à temps fixe et par journées d'étape, et je m'y trouverais le maître et l'arbitre de l'Europe... » Et après quelques instants de silence, il a ajouté : « Peut-être, mon cher, êtes-vous tenté de me dire, comme le ministre de Pyrrhus à son maître : *Et après tout, à quoi bon ?* Je réponds : A fonder une nouvelle société, et à éviter de grands malheurs, l'Europe attend, sollicite ce bienfait ; le vieux système est à bout, et le nouveau n'est point assis, et ne le sera pas sans de longues et furieuses convulsions encore. »

VIII

LÉGISLATION ET ADMINISTRATION

Le Conseil d'Etat. — Son rôle. — Préparation des lois. — Simplicité de Napoléon. — Les idées de Napoléon à l'Institut et au Conseil d'Etat. — Suppression du Tribunat. — Sur le Sénat. — L'Institut. — Le Code civil.

Au Conseil d'État se préparaient les lois que l'Empereur présentait au Corps législatif, ce qui le rendait tout à fait un des éléments de la puissance législative ; là se rédigeaient les décrets de l'Empereur, ses règlements d'administration publique ; là s'examinaient, se discutaient et se corrigeaient les projets de ses ministres, etc.

Le Conseil d'État recevait l'appel, et prononçait en dernier ressort sur tous les jugements administratifs ; accidentellement, sur tous les autres tribunaux, même sur la Cour de cassation. Là s'examinaient aussi les plaintes contre les ministres ; les appels même de l'Empereur à l'Empereur mieux informé. Ainsi le Conseil d'Etat, constamment présidé par l'Empereur, et souvent en opposition directe avec les ministres, ou en réformation de leurs actes et de leurs écarts, se trouvait donc naturellement le refuge des intérêts, ou des personnes lésées par quelque autorité que ce fût ; et quiconque y a assisté, sait avec quelle chaleur la cause des citoyens s'y trouvait défendue. Une Commission de ce Conseil recevait toutes les pétitions de l'empire et mettait sous les yeux du souverain celles qui méritaient son attention.

Il est étonnant combien, à l'exception des gens de

lois et des employés de l'administration, le reste, parmi nous, et surtout ce qu'on appelle la société, était dans l'ignorance de notre propre législation politique; on n'avait point du tout d'idées justes du Conseil d'État, du Corps législatif, du Sénat. C'était un adage reçu, par exemple, que le Corps législatif, réunion de muets, adoptait passivement, sans opposition, toutes les lois qu'on lui présentait : on attribuait à la complaisance et à la servilité ce qui ne tenait qu'à la nature et à la bonté de l'institution.

Les lois préparées dans le Conseil d'Etat étaient présentées par des commissaires tirés de son sein à une commission du Corps législatif chargée de les revoir : ils les discutaient ensemble à l'amiable, ce qui les faisait souvent reporter sans bruit au Conseil d'État pour être modifiées. Quand les deux députations ne pouvaient pas s'entendre, elles allaient tenir des conférences régulières sous la présidence de l'archi-chancelier ou de l'archi-trésorier; de sorte que, quand ces lois arrivaient au Corps législatif, elles avaient déjà l'assentiment des deux partis opposés. S'il existait encore quelque différence, elle était discutée contradictoirement par les deux commissions, en présence de la totalité du Corps législatif, faisant les fonctions de jury; lequel, quand il se trouvait suffisamment éclairé, prononçait au scrutin secret, ayant ainsi la facilité d'émettre en toute liberté son opinion, puisque personne ne pouvait voir si l'on mettait une boule noire ou une boule blanche. « Aucun mode, assurément, disait l'Empereur, ne pouvait être plus convenable contre notre effervescence nationale et notre jeunesse en matière de liberté politique. »

·L'Empereur me demandait si la discussion était bien libre au Conseil d'État, si sa présence n'en gênait pas les délibérations. Je lui citai une séance fort longue où il était demeuré constamment seul de son avis, et avait en conséquence succombé. Je fus assez heureux pour lui en rappeler, tant bien que mal, le sujet. Il y fut aussitôt. « Oui, dit-il, ce doit être une femme d'Amsterdam, sous la peine de mort, trois fois acquittée par les cours impériales, et dont la cour de cassation réclamait encore la mise en jugement. »

L'Empereur voulait que cet heureux concours de la loi eût épuisé sa sévérité à l'égard de l'accusée ; que cette heureuse fatalité des circonstances tournât à son profit. On lui répondait qu'il possédait la bienfaisante ressource de faire grâce ; mais que la loi était inflexible, et qu'il fallait qu'elle eût son cours. La discussion fut fort longue. *M. Muraire* parla beaucoup et très bien ; il entraîna tout le monde. L'Empereur, qui était constamment demeuré seul, se rendit en prononçant ces paroles remarquables : « Messieurs, on prononce ici par la majorité, je demeure seul, je dois céder ; mais je déclare que, dans ma conscience, je ne cède qu'aux formes. Vous m'avez réduit au silence ; mais nullement convaincu. »

Dans le monde, où l'on ne se doutait même pas de ce qu'était le Conseil d'État, on était persuadé que personne n'osait y prononcer une parole en sens différent de l'Empereur ; et je surprenais fort dans nos salons, lorsque je racontais qu'un jour, dans une discussion assez animée, interrompu trois fois dans son opinion, l'Empereur, s'adressant à celui qui venait de lui couper assez impoliment la parole, lui dit avec vivacité : « Monsieur, je n'ai point encore fini, je vous prie de me laisser continuer. Après tout, il me semble qu'ici chacun a bien le droit de dire son opinion. » Sortie, qui, malgré le lieu et le respect, fit rire tout le monde et l'Empereur lui-même.

« Toutefois, lui disais-je, on pouvait s'apercevoir que les orateurs cherchaient à deviner quelle serait l'opinion de Votre Majesté ; on se voyait heureux d'avoir rencontré juste, embarrassé de se trouver dans un sens opposé ; on vous accusait de nous tendre des pièges, pour mieux connaître notre pensée. » Néanmoins la question une fois lancée, l'amour-propre et la chaleur faisaient qu'on soutenait généralement sa véritable opinion, d'autant plus que l'Empereur excitait à la grande liberté. « Je ne me fâche point qu'on me contredise, disait-il, je cherche qu'on m'éclaire. Parlez hardiment, répétait-il souvent, quand on se rendait obscur ou que l'objet était délicat ; dites toute votre pensée : nous sommes ici entre nous, nous sommes en famille. »

On m'a raconté que, sous le Consulat ou au commencement de l'Empire, l'Empereur eut à combattre, dans un des membres, une différence d'opinion qui devint, par la chaleur et l'obstination de celui-ci, une véritable affaire personnelle et des plus vives. Napoléon se contint et se réduisit au silence ; mais à quelques jours de là, à une de ses audiences publiques, arrivé à son antagoniste : « Vous êtes bien entêté, lui dit-il à demi sérieusement, et si je l'étais autant que vous !... Toutefois vous avez tort de mettre la puissance à l'épreuve ! Vous ne devriez pas méconnaître les infirmités humaines ! ».....

L'Empereur, contre l'opinion commune, était si peu absolu et tellement facile avec son Conseil d'État, qu'il lui est arrivé plus d'une fois de remettre en discussion ou même d'annuler une décision prise, parce qu'un des membres lui avait donné depuis, en particulier, des raisons nouvelles, ou s'était appuyé sur ce que son opinion personnelle, à lui Empereur, avait influé sur la majorité. Qu'on demande aux chefs de sections surtout.

De même que l'Empereur avait coutume de livrer à des membres de l'Institut toute idée scientifique qui lui venait en tête, de même il livrait toutes ses idées politiques à des conseillers d'États; souvent même ce n'était pas sans des vues particulières et quelquefois secrètes. C'était un moyen sûr, disait-il, de faire creuser une question, de connaître la force d'un homme, ses penchants politiques, d'essayer sa discrétion, etc. J'ai la certitude qu'en l'an XII, il a été confié à trois conseillers d'État l'examen d'une question bien extraordinaire : celle de la suppression du Corps législatif. La majorité fut pour l'approbation, un seul s'éleva contre avec force, et parla longtemps et fort bien. L'Empereur, qui avait présidé avec beaucoup d'attention et de gravité, sans laisser échapper aucune parole ni indice d'opinion, termina la séance en disant : « Une question aussi grave mérite bien qu'on y pense; nous y reviendrons. » Mais elle n'a jamais reparu.

Il eût été heureux qu'on eût agi de même lors de la suppression du tribunat; car elle a été, dans le temps, et est demeurée un grand sujet de déclamation et de reproche. Pour l'Empereur, il n'y vit que la suppression d'un abus coûteux, une économie importante.

« Il est certain, prononçait-il, que le tribunat était absolument inutile et coûtait près d'un demi-million; je le supprimai. Je savais bien qu'on crierait à la violation de la loi; mais j'étais fort, j'avais la confiance entière du peuple, je me considérais comme réformateur. Ce qu'il y a de sûr, c'est que je le fis pour le bien. J'eusse dû le créer au contraire, si j'eusse été hypocrite ou mal intentionné; car, qui doute qu'il n'eût adopté, sanctionné, au besoin, mes vues et mes intentions; mais c'est ce que je n'ai jamais recherché dans tout le cours de mon administration; jamais on ne m'a vu acheter aucune voix, ni aucun parti par des promesses, de l'argent ou des places; non, jamais ! et si j'en ai donné à des ministres, à des conseillers d'État, à des législateurs, c'est que ces choses étaient à donner, et qu'il était tout naturel et même juste qu'elles fussent distribuées à ceux qui travaillaient près de moi.

« De mon temps, tous les corps constitués ont été purs, irréprochables, je le prononce ; ils agissaient par conviction : la malveillance et la sottise pouvaient dire le contraire ; elles avaient tort. Et si on les a condamnés, c'est parce qu'on n'a pas su ou qu'on n'a pas voulu savoir ; et puis aussi à cause du mécontentement et de l'opposition du temps, et par-dessus tout encore à cause de cet esprit d'envie, de détraction et de moquerie qui nous est si particulièrement naturel.

« On a beaucoup accusé le Sénat ; on a beaucoup crié au *servilisme,* à la bassesse ; mais des déclamations ne sont pas des preuves. Qu'eût-on donc voulu du Sénat ? Qu'il eût refusé des conscrits ? Que les commissions de la liberté individuelle et de la presse eussent fait esclandre contre le gouvernement ? Qu'il eût fait ce que plus tard, en 1813, a fait une commission du Corps législatif ? Mais voyez où celle-ci nous a menés. Je doute qu'aujourd'hui les Français lui portent une grande reconnaissance. Le vrai est que toutes nos circonstances étaient forcées ; les gens sages le sentaient et savaient s'y plier. Ce qu'on ignore, c'est que, dans presque toutes les grandes mesures, des sénateurs venaient, avant de voter, me produire à l'écart, et quelquefois très chaudement, leur objection ou même leur refus, et qu'ils s'en retournaient convaincus ou par mes raisonnements ou par la force et l'imminence des choses.

« Si je ne faisais pas bruit de tout cela, c'est que je gouvernais en conscience, et que je dédaignais la charlatanerie ou tout ce qui pouvait être pris pour elle.

« Les votes du Sénat étaient à peu près constamment unanimes, parce que la conviction y était universelle. On a essayé de rehausser beaucoup, dans le temps, une imperceptible minorité, que les louanges hypocrites de la malveillance, leur pure vanité ou tout autre travers de caractère, poussaient à une opposition sans danger. Mais ceux qui la composaient ont-ils tous montré, dans nos dernières crises, une tête bien saine ou un cœur bien droit? Je le répète, la carrière du Sénat a été irréprochable : l'instant seul de sa chute a été honteux et coupable. Sans titre, sans pouvoir, et en violation de tous les principes, il a livré la patrie et consommé sa ruine. Il a été le jouet de hauts intrigants qui avaient besoin de discréditer, d'avilir, de perdre une des grandes bases du système moderne. Et il est vrai de dire qu'ils ont complètement réussi ; car je ne sache pas de corps qui doive s'inscrire dans l'histoire avec plus d'ignominie que le Sénat. Toutefois il est juste encore d'observer que cette tache n'est pas celle de la majorité, et que parmi les délinquants se sont trouvés une foule d'étrangers, au moins indifférents désormais à notre honneur et à nos intérêts. »

— [1] L'Empereur se promenant au jardin et causant sur divers objets, s'est arrêté sur l'Institut, sa composition, son esprit. Lorsqu'il y parut à son retour de l'armée d'Italie, dans sa classe, composée d'environ cinquante membres, il pouvait s'y considérer, disait-il, comme le dixième. Lagrange, Laplace, Monge, en étaient la tête. C'était un spectacle assez remarquable, ajoutait-il, et qui occupait fort les cercles, que de voir le jeune général de l'armée d'Italie dans les rangs de l'Institut, discutant en public, avec ses collègues, des objets très profonds

1. 12 mai 1816.

et fort métaphysiques. On l'appela alors le *Géomètre* des batailles, le *Mécanicien* de la victoire, etc.

Napoléon, devenu premier consul, ne causa pas moins de sensation au Conseil d'État. Il présida constamment les séances de la confection du Code civil. « Tronchet en était l'âme, disait-il, Napoléon, le démonstrateur. Tronchet avait un esprit éminemment profond et juste ; mais il sautait par-dessus les développements, parlait fort mal, et ne savait pas se défendre. » Tout le Conseil, disait l'Empereur, était d'abord contre ses énoncés ; mais lui, Napoléon, dans son esprit vif et sa grande facilité de saisir et de créer des rapports lumineux et nouveaux, prenait la parole ; et, sans autre connaissance de la matière que les bases justes fournies par Tronchet, développait ses idées, écartait les objections et ramenait tout le monde.

En effet, les procès-verbaux du Conseil d'État nous ont transmis les improvisations du premier consul sur la plupart des articles du Code civil. On est frappé, à chaque ligne, de la justesse de ses observations, de la profondeur de ses vues et surtout de la libéralité de ses sentiments.

C'est ainsi qu'en dépit de diverses oppositions, on lui doit cet article du Code : *Tout individu né en France est Français.* « En effet, disait-il, je demande quel inconvénient il y aurait à le reconnaître pour Français ? Il ne peut y avoir que de l'avantage à étendre les lois civiles françaises ; ainsi, au lieu d'établir que l'individu né en France d'un père étranger n'obtiendra les droits civils que lorsqu'il aura déclaré vouloir en jouir, on pourrait décider qu'il n'en est privé que lorsqu'il y renonce formellement.

« Si les individus nés en France d'un père étranger n'étaient pas considérés comme étant de plein droit Français, alors on ne pourrait soumettre à la

conscription et aux autres charges publiques les fils
de ces étrangers qui se sont mariés en France par
suite des événements de la guerre.

« Je pense qu'on ne doit envisager la question que
sous le rapport de l'intérêt de la France. Si les individus nés en France n'ont pas de bien, ils ont du
moins l'esprit français, les habitudes françaises ; ils
ont l'attachement que chacun a naturellement pour
le pays qui l'a vu naître ; enfin, ils supportent les
charges publiques. »

Le premier consul n'est pas moins dans *la conservation du droit de Français aux enfants nés de Français
établis en pays étranger*, qu'il fit étendre de beaucoup, en dépit de fortes oppositions. « La nation
française, disait-il, nation grande et industrieuse,
est répandue partout ; elle se répandra encore
davantage par la suite ; mais les Français ne vont
chez l'étranger que pour y faire leur fortune. Les
actes par lesquels ils paraissent se rattacher momentanément à un autre gouvernement ne sont faits que
pour obtenir une protection nécessaire à leurs projets.
S'il est dans leur intention de rentrer en France
quand leur fortune sera achevée, faudra-t-il les
repousser ? Se fussent-ils même affiliés à des ordres
de chevalerie, il serait injuste de les confondre avec
les émigrés qui ont été prendre les armes contre
leur patrie.

« Et s'il arrivait un jour qu'une contrée envahie
par l'ennemi lui fût cédée par un traité, pourrait-on
avec justice dire à ceux de ses habitants qui vien-
draient s'établir sur le territoire de la république,
qu'ils ont perdu leur qualité de Français pour n'avoir
pas abandonné leur ancien pays au moment même
où il a été cédé, parce qu'ils auraient prêté momentanément serment à un nouveau souverain, pour se
donner le temps de dénaturer leur fortune et de la
transporter en France ? »

Dans une autre séance, sur les décès des militaires, quelques difficultés s'élevant sur ceux mourant en terre étrangère, le premier consul reprit vivement : « Le militaire n'est jamais chez l'étranger, lorsqu'il est sous le drapeau ; où est le drapeau, là est la France ! »

Organisation impériale. — Préfets. — Méthode de gouvernement. — Administration. — Organisation de l'armée. — Retraites des fonctionnaires. — Unification en Europe.

— [1] Napoléon, parlant de son organisation impériale, disait qu'il en avait fait le gouvernement le plus compact, de la circulation le plus rapide et des efforts les plus nerveux qui eût jamais existé : « Et il ne fallait rien moins que tout cela, remarquait-il, pour pouvoir triompher des immenses difficultés dont nous étions entourés, et produire toutes les merveilles que nous avons accomplies. L'organisation des préfectures, leur action, les résultats étaient admirables et prodigieux. La même impulsion se trouvait donnée au même instant à plus de quarante millions d'hommes ; et, à l'aide de ces centres d'activité locale, le mouvement était aussi rapide à toutes les extrémités qu'au cœur même.

« Les étrangers qui nous visitaient, et qui savaient voir et juger, en étaient émerveillés. Et c'est à cette uniformité d'action, sur un aussi grand terrain, qu'ils attribuaient surtout ces prodigieux efforts, ces immenses résultats, qu'ils avouaient n'avoir pas pu comprendre jusque-là.

« Les préfets, avec toute l'autorité et les ressources locales dont ils se trouvaient investis, ajoutait l'Empereur, étaient eux-mêmes *des Empereurs au petit pied* ; et comme ils n'avaient de force que par

1. Jeudi 7 novembre 1816.

l'impulsion première, dont ils n'étaient que les organes, que toute leur influence ne dérivait que de leur emploi du moment, qu'ils n'en avaient point de personnelle, qu'ils ne tenaient nullement au sol qu'ils régissaient, ils avaient tous les avantages des anciens grands agents absolus, sans aucun de leurs inconvénients. Il avait bien fallu leur créer toute cette puissance, disait l'Empereur ; je me trouvais dictateur, la force des circonstances le voulait ainsi, il fallait donc que tous les filaments issus de moi se trouvassent en harmonie avec la cause première, sous peine de manquer le résultat. Le réseau gouvernant dont je couvris le sol requérait une furieuse tension, une prodigieuse force d'élasticité, si l'on voulait pouvoir faire rebondir au loin les terribles coups dont on nous ajustait sans cesse. Aussi la plupart de ces ressorts n'étaient-ils, dans ma pensée, que des institutions de dictatures, des armes de guerre. Quand le temps fût venu pour moi de relâcher les rênes, tous mes filaments aussi se seraient sympathiquement détendus, et nous aurions alors procédé à notre établissement de paix, à nos institutions locales. Si nous n'en avions encore aucune, c'est que la crise ne les admettait pas. Nous eussions infailliblement succombé tout d'abord si nous en eussions été pourvus dès le principe. Et puis, il faut le dire, nous n'étions pas mûrs pour en faire un bon usage. Il ne faut pas croire que la nation fût déjà prête pour manier dignement sa liberté. La masse avait encore, dans l'éducation et le caractère, trop de préjugés du temps passé. Cela serait venu, nous nous formions chaque jour ; mais nous avions encore beaucoup à gagner. Lors de l'explosion de la révolution, les patriotes en général se trouvèrent tels par nature, par instinct ; ce sentiment se trouva dans leur sang, ce fut chez eux une passion, une frénésie ; et de là l'effervescence, les excès, l'exagération de l'époque. Mais ce n'est pas à coups de massue et par soubresauts, qu'on peut naturaliser le système moderne, en jouir; il faut l'implanter dans l'éducation, et que ses racines s'embranchent avec la raison, la conviction même, ce qui doit infailliblement avoir lieu avec le temps, parce qu'il repose sur des vérités naturelles. Mais ceux qui composaient les générations de nos jours, ajoutait-il, demeuraient si naturellement dominateurs, si avides du pouvoir, l'exerçaient avec tant d'importance, pour ne pas dire plus, et pourtant en même temps étaient si prêts, d'un autre côté, à courir au-devant de la servitude!..... Nous étions toujours entre ces deux vices. Dans tous mes voyages, disait-il, j'étais constamment obligé de dire à mes premiers officiers, placés à mes côtés : Mais laissez donc parler Monsieur le préfet. Allais-je quelque subdivision du département, c'était alors au préfet que j'étais obligé de dire: Mais laissez donc répondre Monsieur le sous-préfet ou Monsieur le maire; tant chacun s'empressait d'éclipser le voisin et comprenait peu le bien qui pouvait dériver d'une communication directe avec moi! Envoyais-je mes grands-officiers, mes ministres, présider les collèges électoraux, et leur recommandais-je de ne pas se faire nommer candidats au sénat, que cette place leur était assurée par une autre route, et qu'il fallait laisser cette satisfaction aux notables des provinces, ils n'en revenaient pas moins toujours désignés. »

— [1] De là l'Empereur est passé à diverses branches de l'administration ; il a défendu l'institution des inspecteurs aux revues. « Par eux seuls, disait-il, on pouvait s'assurer du nombre des hommes présents; avec eux seuls, on avait pu obtenir cet avantage, et il

1. 1ᵉʳ septembre 1816.

était immense pour l'actif et le personnel de la guerre. Quant à la partie de l'administration de la guerre, ces inspecteurs n'étaient pas moins avantageux encore, quelque petits abus qui fourmillassent dans les détails ; c'était en grand qu'il fallait considérer ; et, pour bien juger l'institution, il fallait se demander quels autres abus n'auraient pas lieu si elle n'existait pas. Pour moi, disait Napoléon, je dois dire que, faisant la contre-épreuve des dépenses, c'est-à-dire regardant la somme qu'aurait dû coûter la totalité des hommes à leurs taux arrêtés, le payement au Trésor était toujours au-dessous de l'estimation. L'armée coûtait donc moins qu'elle n'eût dû coûter. Quel autre plus heureux pouvait-on demander ? »

L'Empereur citait l'administration de la marine pour avoir été la plus régulière, la plus pure ; elle était devenue un chef-d'œuvre. Là, avait été le grand mérite de *Decrès*, disait-il.

L'Empereur trouvait que la France était trop grande pour un ministre de l'administration de la guerre. « C'était au-dessus des forces d'un homme, disait-il ; on avait centralisé à Paris les décisions, les marchés, les fournitures, les confections, et subdivisé la correspondance du ministre en autant de personnes qu'il y avait de régiments et de corps. Il fallait, au contraire, centraliser les correspondances, et subdiviser les ressources, en les transportant dans les localités mêmes. Aussi j'avais longtemps médité le projet de former en France vingt ou vingt-cinq arrondissements militaires, qui eussent composé autant d'armées. Il n'y eût plus eu que ce nombre de dépôts de comptabilités, etc. C'eût été vingt sous-ministres ; il eût fallu trouver vingt honnêtes gens. Le ministre n'eût plus eu que vingt correspondances. Il eût centralisé le tout, et fait mouvoir la machine avec rapidité, etc. »

Ce sujet l'a conduit à traiter les bases de l'armée

d'une grande nation telle que la nôtre. Il a développé
ce qu'il se proposait d'exécuter à la paix générale,
s'il eût pu l'obtenir. Ces objets, extrêmement curieux,
étaient si confusément exprimés dans mon manuscrit,
que je les ai passés tout d'abord, dans la crainte de
ne pas les rendre avec exactitude ; mais je les retrouve
dictés plus tard par lui-même, tome Ier, page 226,
publication de M. de Montholon, et je ne puis me
refuser aujourd'hui à reproduire quelques-unes de ses
principales idées, telles que cette publication récente
m'a mis à même de les redresser dans mon manuscrit ; elles seront agréables au gens du métier.

« Napoléon voulait composer son armée de
1.200.000 hommes ; savoir : 600.000 pour l'armée de
ligne, 200.000 pour l'armée de l'intérieur, et 400.000
pour l'armée de réserve ; et tout cela ne devait soustraire constamment à l'agriculture que 288.000 hommes.

« Il devait être de principe, disait-il, que l'infanterie d'une armée étant représentée par 1, la cavalerie serait un quart, qui pourrait se réduire à un cin-
quième, à cause des pays de montagne ; l'artillerie un
huitième, les troupes du génie un quarantième, les
équipages militaires un trentième.

« D'après ces bases, il arrêtait les 600.000 hommes
de ligne de la manière suivante :

« 1º Quarante régiments d'infanterie de 12 bataillons, chacun de 910 hommes, ayant un escadron
d'éclaireurs de 360 chevaux, une batterie de
3 canons, servie par 280 hommes, une compagnie de
sapeurs de 150 hommes, un bataillon d'équipages
militaires de 22 voitures et de 210 hommes, nombre
rond par régiment 12.000 hommes.

Total.............. 480.000

« 2° Vingt régiments de cavalerie de 3.600 hommes, savoir : 8 de cavalerie légère, 6 de dragons, 6 de cuirassiers ; chaque régiment de 10 escadrons de 360 hommes, partagés en trois compagnies.

Total............... 72.000

« 3° Dix régiments d'artillerie formant 8 bataillons de 500 hommes.

Total............... 40.000

« 4° Un régiment de génie de 8 bataillons de 500 hommes.

Total............... 4.000

« 5° Un régiment d'équipages militaires de 4.000 hommes.

Total............... 4.000

Somme égale...... 600.000

« L'empire, observait-il, contenait plus de 40 millions de population ; il eût été divisé en quarante arrondissements, chacun d'un million, lesquels eussent été assignés à chacun des quarante régiments d'infanterie pour leur recrutement ; si l'on eût craint comme obstacles l'esprit de fédéralisme, on y eût remédié en n'introduisant dans les régiments que des officiers et partie des sous-officiers étrangers à l'arrondissement.

L'armée de l'intérieur de 200.000 hommes eût été composée de 200 bataillons d'infanterie et de 400 compagnies de canonniers, destinés, en temps de guerre, à défendre les places fortes et les côtes. Cette armée n'eût eu que les officiers d'existants ; les sous-officiers et les soldats n'eussent été réunis que le dimanche au chef-lieu de leur commune.

« Les 400.000 hommes de l'armée de réserve

n'eussent existé que sur le papier ; ils eussent seulement été soumis à une revue tous les trois mois, pour certifier leur existence et rectifier leur signalement.

« Ces 1.200.000 hommes n'eussent cependant soustrait à l'agriculture que 280.000 hommes ; car sur les 600.000 hommes de l'armée de ligne on n'en eût tenu que 240.000 sous les armes pendant douze mois, 160.000 pendant trois mois, et 200.000 pendant quinze jours, ce qui n'eût fait en réalité que 288.000 hommes seulement de soustraits à l'agriculture ; les 600.000 de l'armée de l'intérieur et de réserve n'étant en rien distraits de leurs travaux ni éloignés de leurs foyers. »

— [1] Il me revient aussi en ce moment l'avoir encore entendu exprimer la proposition que tous les fonctionnaires et employés publics, même les militaires, formassent d'eux-mêmes le fonds de leurs pensions à venir, par une légère retenue de leur salaire annuel : il y attachait beaucoup de prix. « De la sorte, disait-il, l'avenir de chacun ne sera plus un objet de sollicitation, une faveur, ce sera un droit, une vraie propriété ; ce qui lui aura été retenu sera versé à la caisse d'amortissement chargée de le faire valoir : ce sera son propre bien qu'il suivra des yeux, et qu'il retirera, sans contestation, lors de sa retraite. » On lui objectait qu'il était des traitements, ceux des militaires surtout, qui ne pourraient admettre la retenue. « Eh bien, j'y suppléerai, répliquait l'Empereur, je les accroîtrai de toute la retenue. — Mais à quoi bon alors ? objectait-on encore, si l'on doit faire la même dépense, il n'y aurait point d'économie ; où seraient donc les avantages ? — Les avantages, répliquait l'Empereur, seraient dans la différence entre le certain et l'incertain, entre le repos du Trésor, qui

1. 14 novembre 1816.

n'aurait plus à se mêler de ces accidents, et la tranquillité des citoyens,qui posséderaient leur garantie, etc., etc. »

L'Empereur défendit cette idée avec beaucoup de chaleur. Il y revint plus d'une fois ; elle demeura néanmoins sans résultat. J'ai déjà dit l'avoir vu improviser souvent de la sorte, ou faire discuter, après impression, une foule d'autres projets qui ont éprouvé le même sort. Voici ce qui peut en fort peu de mots donner une idée des travaux et de l'activité de son administration. « On a calculé que le gouvernement de Napoléon, dans un espace de quatorze ans et cinq mois, présente soixante-un mille cent trente-neuf délibérations du Conseil d'État, sur des objets différents ! » (*Histoire critique et raisonnée, etc., de Montvéran.*)

Enfin, j'ai entendu maintes fois Napoléon, et en diverses circonstances, répéter qu'il eût voulut un institut européen, des prix européens pour animer, diriger et coordonner toutes les associations savantes en Europe.

Il eût voulut pour toute l'Europe, l'uniformité des monnaies, des poids, des mesures; l'uniformité de législation. « Pourquoi, disait-il, mon Code Napoléon n'eût-il pas servi de base à un Code européen, et mon Université impériale à une université européenne ? De la sorte nous n'eussions réellement, en Europe, composé qu'une seule et même famille... »

IX

TRAVAUX PUBLICS, AGRICULTURE COMMERCE, INDUSTRIE

Tableau de l'Empire en 1812. — Les Canaux. — Projets de Napoléon.

… Voici le préambule de l'exposé de la situation de l'Empire, présenté au Corps législatif, dans la séance du 25 février 1813, par le comte de Montalivet, ministre de l'intérieur. C'est dans ce magnifique exposé, fondé dans tous ses points sur des documents authentiques à l'appui, qu'on pourrait prendre une idée juste de l'ensemble des merveilles de l'administration de l'empereur Napoléon. Nous avons cru nous rendre agréable en terminant par le détail officiel des dépenses en travaux publics sous cette époque à jamais mémorable.

« Messieurs, dit le ministre, Sa Majesté m'a ordonné de vous faire connaître la situation de l'intérieur de l'Empire dans les années 1811 et 1812.

« Vous verrez avec satisfaction que, malgré les grandes armées que l'état de la guerre maritime et continentale oblige de tenir sur pied, la population a continué de s'accroître, que notre industrie a fait de nouveaux progrès, que jamais les terres n'ont mieux été cultivées, les manufactures plus florissantes; qu'à aucune époque de notre histoire la richesse n'a été plus répandue dans les diverses classes de la société.

« Le simple cultivateur aujourd'hui connaît les jouissances qui lui furent jusqu'à présent étrangères; il achète au plus haut prix les terres qui sont à sa convenance; ses vêtements sont meilleurs, sa nourriture est plus abondante et plus substantielle; il reconstruit ses maisons plus commodes et plus solides.

« Les nouveaux procédés dans l'agriculture, dans l'industrie, dans les arts utiles, ne sont plus repoussés, par cela même qu'ils sont nouveaux. Partout on tente des essais, et ce que l'expérience démontre préférable est utilement substitué aux anciennes routines. Les prairies artificielles se sont multipliées; le système des jachères s'abandonne; des assolements mieux entendus, de nouvelles cultures augmentent le produit de nos terres. Les bestiaux se multiplient, les races s'améliorent ; de simples laboureurs ont acquis les moyens de se procurer, à de hauts prix, les béliers de race espagnole, les étalons de nos meilleures espèces de chevaux ; éclairés sur leurs vrais intérêts, ils n'hésitent pas à faire ces utiles achats. Ainsi les besoins de nos manufactures, de notre agriculture et de nos armées sont chaque jour mieux assurés.

« Ce degré de prospérité est dû aux lois libérales qui régissent ce grand empire, à la suppression de la féodalité, des dîmes, des mainmortes, des ordres monastiques; suppression qui a constitué ou affranchi ce grand nombre de propriétés particulières, aujourd'hui le patrimoine libre d'une multitude de familles jadis prolétaires; il est dû à l'égalité des partages, à la clarté et à la simplification des lois sur la propriété et sur les hypothèques, à la promptitude avec laquelle sont jugés les procès dont le nombre décroît chaque jour. C'est à ces même causes, et à l'influence de la vaccine, que l'on doit attribuer l'accroissement de la population. Et pourquoi ne dirions-nous pas que la conscription elle-même, qui, chaque année, fait passer sous nos drapeaux l'élite de notre jeunesse, a contribué à cet accroissement en multipliant le nombre des mariages, en les favorisant, parce qu'ils fixent pour toujours le sort du jeune Français qui, pour une première fois, a obéi à la loi ? »

Détails officiels des dépenses en travaux publics depuis l'avènement de Napoléon au trône impérial présenté au Corps législatif par M. le ministre de l'intérieur, avec les pièces à l'appui.

Palais impériaux et bâtiments de la couronne.	62.000.000
Fortifications.	144.000.000
Ports maritimes.	117.000.000
Grandes routes, chaussées.	277.000.000
Ponts à Paris et départements.	31.000.000
Canaux, navigation et desséchement.	123.000.000
Travaux de Paris.	103.000.000
Edifices publics des départements et grandes villes.	149.000.000
TOTAL.	1.005.000.000

L'Empereur faisait observer encore à ce sujet qu'on n'avait jamais été plus fort en géographie qu'aujourd'hui, et qu'on en devait quelque chose à ses expéditions. Il a parlé ensuite des canaux qu'il avait fait faire en France. Il citait surtout celui de Strasbourg à Lyon, qu'il espérait avoir assez avancé pour qu'on fût obligé de le finir. Il pensait que sur trente millions, il devait y en avoir déjà vingt-quatre d'employés.

« Aujourd'hui on communiquait, par l'intérieur, de Bordeaux à Lyon et à Paris. J'avais construit un grand nombre de canaux; j'en avais projeté bien davantage. » L'un de nous ayant dit qu'on en avait proposé à l'Empereur un très avantageux, mais qu'on l'avait trompé pour l'empêcher d'accepter les offres faites à ce sujet. « Sans doute que le plan n'aura été avantageux que sur le papier, disait l'Empereur; mais qu'en dernière analyse, il m'aurait fallu donner de l'argent; ce qu'on m'arrachait difficilement. — Non, Sire, répondait-on, le refus n'a été que l'effet d'une intrigue. On a trompé Votre Majesté. — Cela n'était pas possible sur ce point. Vous parlez légèrement. — Mais j'en suis sûr; j'ai connu le plan, les offres, les souscripteurs; mes parents y étaient pour des sommes considérables. Il s'agissait d'unir la Meuse à la Marne. Le canal aurait eu moins de sept lieues. — Mais vous ne dites pas tout; peut-être avec cela exigeait-on que je concédasse d'immenses forêts nationales dans les environs? ce que je n'aurais pas voulu. — Non, Sire, c'était seulement une intrigue de vos ponts et chaussées. — Mais encore faudrait-il qu'ils eussent opposé quelques raisons, quelque apparence d'intérêt public. Que disaient-ils ? — Sire, que les bénéfices auraient été trop grands. — Mais alors il me l'eussent proposé eux-mêmes, disait l'Empereur, et je l'eusse exécuté. Je vous répète que vous ne sauriez avoir raison; vous parlez ici à l'homme de la chose même, qui s'en occupait sans cesse. Les ponts et chaussées, de leur côté, n'étaient jamais plus heureux de faire. Jamais un particulier ne m'a proposé un pont, qu'il n'ait été pris au mot. S'il me demandait un péage de vingt-cinq ans, j'étais disposé à le lui accorder pour trente. Il m'importait peu qu'il fût utile, s'il ne devait me rien coûter. C'était toujours un capital dont j'enrichissais le sol. Au lieu de refuser les canaux, je courais après. Mais, mon cher, rien ne se ressemble moins qu'une conversation de salon et un conseil d'administration. L'homme à projets, dans un salon, a toujours raison ; ses résultats seraient magnifiques, infaillibles, si on l'écoutait; et pour peu qu'il puisse lier le refus qu'il éprouve à quelques pots-de-vin, à quelque intrigue de femme ou de maîtresse, le roman est complet : or, voilà ce

que vous aurez entendu. Mais il n'en est pas ainsi
dans un conseil d'administration, parce qu'on n'y
décide que sur des faits et le compas à la main. Quel
est votre canal, avez-vous dit ? il ne saurait m'être
étranger. — Sire, de la Meuse à la Marne, et de sept
lieues seulement. — Eh bien, mon cher, c'est de la
Meuse à l'Aisne que vous voulez dire, et il eût
été de moins de sept lieues. Cela va me revenir; mais
il n'y a qu'une petite difficulté, c'est qu'en cet instant
même il est encore douteux qu'il soit praticable.
Là, comme ailleurs, Hyppocrate dit *oui*, et Gallien
dit *non*. Tarbé l'assurait impossible; niant qu'il y
eût assez d'eau au point du partage. Je vous répète,
continuait l'Empereur, que vous parlez à celui du
monde qui s'est le plus occupé de ces objets, surtout
aux environs de Paris. Il entrait dans mes rêves perpétuels de faire de celle-ci la véritale capitale de l'Europe; parfois je voulais qu'elle devînt une ville de
deux, trois ou quatre millions d'habitants, par exemple, en un mot quelque chose de fabuleux, de colos-
sal, d'inconnu jusqu'à nos jours, et dont les établissements publics eussent répondu à la population. »
Quelqu'un ayant observé alors, que si le ciel eût
donné à l'Empereur un règne de soixante ans comme
à Louis XIV, il aurait laissé de bien grandes choses.
« Si le ciel m'eût donné seulement vingt ans et un
peu de loisir, a repris vivement l'Empereur, on aurait,
cherché vainement l'ancien Paris ; il n'en fût pas
resté de vestige ; et j'aurais changé la face de la
France. Archimède promettait tout, si on lui laissait poser le bout de son levier; j'en eusse fait autant
partout où l'on m'eût laissé poser mon énergie, ma
persévérance et mes budgets. Avec les budgets on
créerait le monde... J'aurais montré la différence
d'un Empereur constitutionnel à un roi de France.
Les rois de France n'ont jamais rien eu d'admi-
nistratif ni de municipal... Ils ne se sont jamais

montrés que de grands seigneurs que ruinaient leurs gens d'affaires.

« La nation elle-même n'a dans son caractère et ses goûts que du provisoire et du gaspillage. Tout pour le moment et le caprice, rien pour la durée... Voilà notre devise et nos mœurs en France. Chacun passe sa vie à faire et à défaire ; il ne reste jamais rien... N'est-il pas indécent que Paris n'ait seulement pas un Théâtre-Français, un Opéra, rien digne de ces destinations !

« J'ai souvent combattu des fêtes que la ville de Paris voulait me donner : c'étaient des dîners, des bals, des feux d'artifice de quatre, de six, de huit cent mille francs, dont les préparatifs obstruaient plusieurs jours la voie publique, et qui coûtaient autant à défaire qu'ils avaient coûté à construire. Je prouvais qu'avec ces faux frais ils auraient fait des monuments durables, magnifiques...

« Il faut avoir fait autant que moi pour connaître toute la difficulté de faire le bien. Il fallait parfois toute ma puissance pour pouvoir réussir. S'agissait-il de cheminées, de cloisons, d'ameublements dans les palais impériaux pour quelques particuliers, on courait à pleines voiles ; mais s'agissait il de prolonger le jardin des Tuileries, d'assainir quelques quartiers, de désobstruer quelques égouts, d'accomplir un bien public qui n'intéressât pas directement quelques particuliers, il fallait tout mon caractère, écrire six, dix lettres par jour et se fâcher tout rouge. C'est ainsi que j'ai employé jusqu'à trente millions en égouts, dont personne ne me tiendra jamais compte. J'ai abattu pour dix-sept millions de maisons en face des Tuileries pour former le Carrousel et découvrir le Louvre. Ce que j'ai fait est immense, ce que j'avais arrêté, ce que je projetais encore l'était bien davantage. »

Alors quelqu'un faisait la remarque que les travaux

le l'Empereur ne s'étaient bornés ni à Paris ni
. la France ; presque toutes les villes d'Italie pré-
entaient des traces de sa création. Partout où l'on
oyageait, au pied comme à la cime des Alpes, dans
es sables de la Hollande, sur les rives du Rhin,
'on retrouvait Napoléon, toujours Napoléon.

A cela il a observé qu'il avait décidé de dessécher
es marais Pontins. « César, a-t-il dit, allait s'en occu-
er quand il périt. » Et revenant à la France : « Les
ois, disait-il, avaient trop de maisons de campagne et
'objets inutiles. Un historien impartial aura le droit
e blâmer Louis XIV dans ses effroyables et inutiles
épenses de Versailles, surtout avec ses guerres, ses
npositions, ses malheurs : il s'est épuisé pour ne
réer après tout qu'une ville bâtarde. » L'Empereur a
.ors analysé les avantages d'une ville administrative
est-à-dire, faite pour la réunion des administra-
ons, et ils lui semblaient vraiment problématiques.
Je regrette bien ici de n'avoir pas consigné, dans
. temps, la suite de ces raisons ; elles étaient si
ultipliées, si ingénieuses ! Aujourd'hui mon exacti-
ide ne me permet pas de prétendre les reproduire ;
ı reste, ce sont en moi des regrets qui malheureu-
:ment n'ont que trop souvent l'occasion de se renou-
:ler. Si on aperçoit de nombreuses lacunes dans les
.isonnements de l'Empereur et surtout dans la suite
: ses développements, c'est qu'à Sainte-Hélène je
insignais en hâte, me fiant sur ma mémoire pour
:velopper en temps opportun, ou bien je me con-
ntais encore d'abréviations, de signes hiéroglyphi-
ıes ; je savais que j'étais à la source ; mais aujour-
hui il arrive que j'ai oublié, ou que je ne me
trouve plus dans mes propres signes. Ce doit être
on excuse pour bien des choses.

L'Empereur ne se dissimulait pas que la demeure
. la capitale n'était parfois pas tenable pour les sou-
rains ; mais d'un autre côté Versailles ne l'était pas

pour les grands, les ministres ni les courtisans. C'était donc une faute de Louis XIV, s'il n'avait entrepris Versailles que pour le séjour des rois, lorsque Saint-Germain était tout trouvé sous sa main : la nature semblait l'avoir fait exprès pour la véritable demeure des rois de France. Lui-même, Napoléon, avait fait des fautes à cet égard ; car il ne fallait pas, disait-il, se louer dans tout ce qu'on aurait fait. Il aurait dû retrancher Compiègne, par exemple, et il regrettait d'y avoir fait son mariage ; il eût voulu l'avoir fait à Fontainebleau. « Et voilà, disait-il encore, en s'arrêtant sur Fontainebleau, la vraie demeure des rois, la maison des siècles ; peut-être n'était-ce pas rigoureusement un palais d'architecte mais bien assurément un lieu d'habitation bien calculé et parfaitement convenable. C'était ce qu'il y avait sans doute de plus commode, de plus heureusement situé en Europe pour le souverain, etc. »

Il passait alors en revue les capitales qu'il avait visitées, les maisons des rois qu'il avait parcourues, et nous donnait de beaucoup la supériorité. Fontainebleau, ajoutait-il encore, était aussi en même temps la situation politique et militaire la plus convenable. L'Empereur se reprochait des dépenses qu'il avait faites à Versailles; mais fallait-il bien encore, disait-il, l'empêcher de tomber en ruines. Il avait été question, dans la révolution, de détruire en grande partie ce palais ; d'en enlever le milieu, et de séparer par là les deux côtés. « On m'eût rendu un grand service, disait-il ; car rien n'est dispendieux, ni véritablement inutile comme cette multitude de palais; et si pourtant on m'a **vu** entreprendre celui du roi de Rome, c'est que j'avais des vues à moi ; et puis encore c'est qu'au vrai je n'ai jamais songé qu'à préparer le terrain : je m'en fusse tenu là[1].

1. « Tout le monde sait, ou devrait avoir su (si, par une fatalité toute particulière à Napoléon, la plupart de ses actes les plus

« Mes erreurs en dépenses de ce genre, ajoutait-il, ne pouvaient, après tout, être grandes. Grâce à mes budgets, ces erreurs s'apercevaient et se corrigeaient de force chaque année ; elles ne pouvaient jamais aller au delà d'une petite quotité de la faute principale. »

L'Empereur avait eu toutes les peines du monde, assurait-il, à faire comprendre et adopter son système de budgets en bâtisses et autres grandes entreprises pareilles. « Me proposait-on un plan de trente millions, qui me convînt ? Accordé, disais-je ; mais à faire en vingt ans, c'est-à-dire à quinze cent mille francs par an. Cela allait très bien jusque-là. Mais que me donnerez-vous, ajoutais-je, pour ma première année ? car si je veux que ma dépense soit morcelée, je veux néanmoins que le résultat, le travail m'arrive entier et fini. Ainsi je veux d'abord un abri, une chambre, un appartement, n'importe quoi ; mais quelque chose de complet pour mes quinze cent mille francs. Les architectes ne voulaient plus y entendre ; cela gênait leur grandiose, leur effet. Ils auraient voulu d'abord produire toute une façade longtemps inutile, et vous engrainer ainsi dans des dépenses immenses, qui, si elles étaient interrompues, ne vous laissaient rien.

« C'est avec cette manière à moi, et en dépit de tant de circonstances politiques et militaires, que j'ai

recommandables n'eussent été, dans le temps, étouffés sous le poids de la malveillance et des libelles) l'histoire de cette misérable cahute enclavée dans l'enceinte du palais du roi de Rome, dont le propriétaire demanda successivement dix, vingt, cinquante, cent fois la valeur réelle. Arrivé à ce taux ridicule, l'Empereur, de qui on prenait les ordres à cet égard, ordonna tout à coup, de se refuser désormais à tout marché quelconque, s'écriant que cette misérable échoppe, au milieu de toutes les magnificences du palais du roi de Rome, serait, après tout, *la vigne de Naboth*, le plus grand témoignage de sa justice, le plus beau trophée de son règne. »

fait néanmoins tant de choses. J'avais réuni quarante millions de meubles à la couronne, quatre millions au moins d'argenterie. Que de palais j'ai restaurés! Peut-être trop : j'y reviens. Grâce à ma manière de faire, j'ai pu habiter Fontainebleau dès la première année de travail; il ne m'en coûta pas plus de cinq à six cent mille francs. Si j'y ai dépensé depuis six millions, cela n'a été qu'en six ans ; j'en aurais dépensé bien davantage avec le temps ! Mon but principal avait pour objet que la dépense fût insensible, et le résultat éternel.

« A mes voyages de Fontainebleau, disait l'Empereur, douze à quinze cents personnes étaient invitées logées et meublées ; plus de trois mille pouvaient y trouver à dîner, et ceci n'avait rien de coûteux pour le souverain, ou très peu, grâce à l'ordre établi ; Duroc l'avait rendu admirable. Plus de vingt ou vingt-cinq princes, dignitaires ou ministres étaient contraints d'y tenir maison.

« Je condamnais Versailles dans sa création, reprenait l'empereur ; mais, dans mes idées gigantesques sur Paris, je rêvais d'en tirer parti, et de n'en faire, avec le temps, qu'une espèce de faubourg, un site voisin, un point de vue de la grande capitale ; et pour l'approprier davantage à cet objet, j'avais conçu une singulière idée, dont je m'étais même fait présenter le programme.

« De ces beaux bosquets, je chassais toutes ces nymphes de mauvais goût, ces ornements à la *Turcaret*, et je les remplaçais par des panoramas, en maçonnerie, de toutes les capitales où nous étions entrés victorieux, de toutes les célèbres batailles qui avait illustré nos armes. C'eût été autant de monuments éternels de nos triomphes et de notre gloire nationale, posés à la porte de la capitale de l'Europe, laquelle ne pouvait manquer d'être visitée par force du reste de l'univers. » Et laissant tout à coup cela, il s'est mis à nous lire le *Distrait,* dont le volume était depuis longtemps sous sa main ; mais il l'a presque aussitôt interrompu, soit qu'il ait été remué de ses propres pensées, soit qu'il s'y vît contraint par une toux nerveuse qui, depuis peu, lui revenait souvent après son dîner. Il est certain qu'il change beaucoup, et que sa santé se perd tout à fait.

L'Agriculture. — L'Industrie. — Le Commerce. — Les idées de Napoléon. — Son œuvre.

La conversation est tombée sur l'état de l'industrie en France. L'Empereur l'avait portée, disait-il, à un degré inconnu jusqu'à lui ; on ne le croyait pas en Europe, même en France. Les étrangers ont été grandement surpris à leur arrivée. L'abbé de Montesquiou, disait-il, ne revenait pas d'en avoir les preuves en main lors de son ministère de l'intérieur.

L'Empereur était le premier en France qui eût dit : D'abord l'agriculture, puis l'industrie, c'est-à-dire les manufactures ; enfin le commerce, qui ne doit être que la surabondance des deux premiers. C'était encore lui qui avait défini et mis en pratique d'une manière claire et suivie les intérêts si divergents des manufacturiers et des négociants. C'était lui à qui on devait la conquête du sucre, de l'indigo et du coton. Il avait proposé un million pour celui qui parviendrait à filer, par mécanique, le lin comme le coton, et il ne doutait pas que ce résultat n'eût été obtenu, et que la fatalité des circonstances eût seule empêché de consacrer cette magnifique découverte[1].

Les ennemis de notre propre bien, la vieille aristocratie, disait-il, s'était perdue en mauvaises plaisanteries, en frivoles caricatures sur tous ces objets ;

---

1. Effectivement, elle avait été obtenue en Belgique.

mais les Anglais, qui sentaient le coup, n'en riaient point, et en demeurent encore affectés aujourd'hui.

[1] Il est passé de là au commerce, à ses principes, aux systèmes qu'il a enfantés. L'Empereur a combattu les économistes, dont les principes pouvaient être vrais dans leur énoncé, mais devenaient vicieux dans leur application. La combinaison politique des divers États, continuait-il, rendait ces principes fautifs; les localités particulières demandaient à chaque instant des déviations de leur grande uniformité. Les douanes que les économistes blâmaient ne devaient point être un objet de fisc, il est vrai; mais elles devaient être la garantie et les soutiens d'un peuple; elles devaient suivre la nature et l'objet du commerce. La Hollande, sans productions, sans manufactures, n'ayant qu'un commerce d'entrepôt et de commission, ne devait connaître ni entraves ni barrière. La France, au contraire, riche en productions, en industrie de toute sorte devait sans cesse être en garde contre les importations d'une rivale qui lui demeurait encore supérieure; elle devait l'être contre l'avidité, l'égoïsme, l'indifférence des purs commissionnaires.

« Je n'ai garde, disait l'Empereur, de tomber dans la faute des hommes à systèmes modernes; de me croire, par moi seul et par mes idées, la sagesse des nations. La vraie sagesse des nations, c'est l'expérience. Et voyez comme raisonnent les économistes : ils nous vantent sans cesse la prospérité de l'Angleterre, et nous la montrent constamment pour modèle. Mais c'est elle dont le système des douanes est le plus lourd, le plus absolu, et ils déclament sans cesse contre les douanes; ils voudraient nous les interdire. Ils proscrivent aussi les prohibitions; et l'Angleterre est

1. 23 mars 1816.

le pays qui donne l'exemple des prohibitions ; et elles
sont, en effet, nécessaires pour certains objets ; elles
ne sauraient être suppléées par la force des droits :
la contrebande et la fantaisie feraient manquer le but
du législateur. Nous demeurons encore en France
bien arriérés sur ces matières délicates : elles sont
encore étrangères ou confuses pour la masse de
la société. Cependant quel pas n'avions-nous pas
fait, quelle rectitude d'idées n'avait pas répandue la
seule classification graduelle que j'avais consacrée
de l'agriculture, de l'industrie et du commerce !
·objets si distincts et d'une graduation si réelle et si
grande !

« 1º *L'agriculture;* l'âme, la base première de
l'empire.

« 2º *L'industrie;* l'aisance, le bonheur de la population.

« 3º *Le commerce extérieur;* la surabondance, le
bon emploi des deux autres.

« L'agriculture n'a cessé de gagner durant tout le
cours de la révolution. Les étrangers la croyaient
perdue chez nous. En 1814, les Anglais ont été pourtant contraints de confesser qu'ils avaient peu ou
point à nous montrer.

« L'industrie ou les manufactures et le commerce
intérieur ont fait sous moi des progrès immenses.
L'application de la chimie aux manufactures les a
fait avancer à pas de géant. J'ai imprimé un élan qui
sera partagé de toute l'Europe.

« Le commerce extérieur, infiniment au-dessous
dans ses résultats aux deux autres, leur a été aussi
constamment subordonné dans ma pensée. Celui-ci
est fait pour les deux autres; les deux autres ne sont
pas faits pour lui. Les intérêts de ces trois bases
essentielles sont divergents, souvent opposés. Je les
ai constamment servis dans leur rang naturel, mais
n'ai jamais pu ni dû les satisfaire à la fois. Le temps

fera connaître ce qu'ils me doivent tous, les ressources nationales que je leur ai créées, l'affranchissement des Anglais que j'avais ménagé. Nous avons à présent le secret du traité de commerce de 1783. La France crie encore contre son auteur ; mais les Anglais l'avaient exigé sous peine de recommencer la guerre. Ils voulurent m'en faire autant après le traité d'Amiens ; mais j'étais puissant et haut de cent coudées. Je répondis qu'ils seraient maîtres des hauteurs de Montmartre, que je m'y refuserais encore ; et ces paroles remplirent l'Europe.

« Ils en imposeront aujourd'hui, à moins que la clameur publique, toute la masse de la nation ne les forcent à reculer ; et ce servage, en effet, serait une infamie de plus aux yeux de cette même nation, qui commence à posséder aujourd'hui de vraies lumières sur ses intérêts.

« Quand je pris le gouvernement, les Américains, qui venaient chez nous à l'aide de leur neutralité, nous apportaient les matières brutes, et avaient l'impertinence de repartir à vide pour aller se remplir à Londres des manufactures anglaises. Ils avaient la seconde impertinence de nous faire leurs payements, s'ils en avaient à faire, sur Londres ; de là les grands profits des manufacturiers et des commissionnaires anglais, entièrement à notre détriment. J'exigeai qu'aucun Américain ne pût importer aucune valeur, sans exporter aussitôt son exact équivalent ; on jeta les hauts cris parmi nous, j'avais tout perdu, disait-on. Qu'arriva-t-il néanmoins ? C'est que mes ports fermés, en dépit même des Anglais qui donnaient la loi sur les mers, les Américains revinrent se soumettre à mes ordonnances. Que n'eussé-je donc pas obtenu dans une meilleure situation !

« C'est ainsi que j'avais naturalisé au milieu de nous les manufactures de coton, qui comportent :

« 1° *Du coton filé.* Nous ne le filions pas ; les

Anglais le fournissaient même comme une espèce de faveur.

« 2º Le *tissu*. Nous ne le faisions point encore ; il nous venait de l'étranger.

« 1º Enfin *l'impression*. C'était notre seul travail. Je voulus acquérir les deux premières branches ; je proposai au Conseil d'Etat d'en prohiber l'importation ; on y pâlit. Je fis venir Oberkampf ; je causai longtemps avec lui ; j'en obtins que cela occasionnerait une secousse sans doute, mais qu'au bout d'un an ou deux de constance, ce serait une conquête dont nous recueillerions d'immenses avantages. Alors je lançai mon décret en dépit de tous ; ce fut un vrai coup d'Etat.

« Je me contentai d'abord de prohiber le tissu ; j'arrivai enfin au coton filé, et nous possédons aujourd'hui les trois branches, à l'avantage immense de notre population, au détriment et à la douleur insigne des Anglais : ce qui prouve qu'en administration comme à la guerre, pour réussir il faut souvent mettre du caractère. Si j'avais pu réussir à faire filer le lin comme le coton, et j'avais offert un million pour prix de l'invention [1], que j'aurais obtenue indubitablement sans nos malheureuses circonstances, j'en serais venu à prohiber le coton, si je n'eusse pu le naturaliser sur le continent.

« Je ne m'occupais pas moins d'encourager les soies. Comme empereur et roi d'Italie, je comptais cent vingt millions de rente en récolte de soie.

« Le système des licences était vicieux sans doute ! Dieu me garde de l'avoir posé comme principe. Il était de l'invention des Anglais ; pour moi, ce n'était qu'une ressource du moment. Le système continental lui-même dans son étendue et sa rigueur n'était, dans mes opinions, qu'une mesure de guerre et de circonstance.

1. Aujourd'hui réalisée,

« La souffrance et l'anéantissement du commerce extérieur, sous mon règne, étaient dans la force des choses, dans les accidents du temps. Un moment de paix l'eût ramené aussitôt à son niveau naturel. »

« [1] Vous voulez connaître les trésors de Napoléon ? ils sont immenses, il est vrai ; mais ils sont exposés au grand jour. Les voici : le beau bassin d'Anvers, celui de Flessingue, capables de contenir les plus nombreuses escadres, et de les préserver des glaces de la mer ; les ouvrages hydrauliques de Dunkerque, du Havre, de Nice ; le gigantesque bassin de Cherbourg ; les ouvrages maritimes de Venise ; les belles routes d'Anvers à Amsterdam, de Mayence à Metz, de Bordeaux à Bayonne ; les passages du Simplon, du mont Cenis, du mont Genèvre, de la Corniche, qui ouvrent les Alpes dans quatre directions ; dans cela seul vous trouveriez plus de huit cents millions. Ces passages surpassent en hardiesse, en grandeur et en efforts de l'art, tous les travaux des Romains. Les routes des Pyrénées aux Alpes, de Parme à la Spezzia, de Savone au Piémont ; les ponts d'Iéna, d'Austerlitz, des Arts, de Sèvres, de Tours, de Roanne, de Lyon, de Turin, de l'Isère, de la Durance, de Bordeaux, de Rouen, etc. ; le canal qui joint le Rhin au Rhône par le Doubs, unissant les mers de Hollande avec la Méditerranée ; celui qui unit l'Escaut à la Somme, joignant Amsterdam à Paris ; celui qui joint la Rance à la Vilaine ; le canal d'Arles, celui de Pavie, celui du Rhin ; le desséchement des marais de Bourgoin, du Cotentin, de Rochefort ; le rétablissement de la plupart des églises démolies pendant la révolution, l'élévation de nouvelles, la construction d'un grand nombre d'établissements d'industrie pour l'extirpa-

1. 29 septembre 1816.

tion de la mendicité ; la construction du Louvre, des greniers publics, de la Banque, du canal de l'Ourcq ; la distribution des eaux dans la ville de Paris ; les nombreux égouts, les quais, les embellissements et les monuments de cette grande capitale ; ses travaux pour l'embellissement de Rome ; le rétablissement des manufactures de Lyon ; la création de plusieurs centaines de manufactures de coton, de filature et de tissage qui emploient plusieurs millions d'ouvriers ; des fonds accumulés pour créer plus de quatre cents manufactures de sucre de betteraves, pour la consommation d'une partie de la France, qui auraient fourni le sucre au même prix que celui des Indes, si elles eussent continué d'être encouragées seulement encore quatre ans ; la substitution du pastel à l'indigo, qu'on fût venu à bout de se procurer en France à la même perfection et à aussi bon marché que cette production des colonies ; le nombre des manufactures pour toute espèce d'objets d'art, etc. ; cinquante millions employés à réparer et à embellir les palais de la couronne ; soixante millions d'ameublements placés dans les palais de la couronne en France, en Hollande, à Turin, à Rome ; soixante millions de diamants de la couronne, tous achetés avec l'argent de Napoléon ; le *Régent* même, le seul qui restât des anciens diamants de la couronne de France, ayant été retiré par lui des mains des Juifs de Berlin, auxquels il avait été engagé pour trois millions ; le Musée Napoléon, estimé plus de quatre cents millions, et ne contenant que des objets légitimement acquis, ou par de l'argent, ou par des conditions de traités de paix connus de tout le monde, en vertu desquels ces chefs-d'œuvre furent donnés en commutation de cession de territoire ou de contribution ; plusieurs millions amassés pour l'encouragement de l'agriculture, qui est l'intérêt premier de la France ; l'institution des courses de chevaux ; l'introduction des mérinos, etc.

« Voilà qui forme un trésor de plusieurs milliards qui durera des siècles !

« Voilà les monuments qui confondront la calomnie!!!... L'histoire dira que tout cela fut accompli au milieu de guerres continuelles, sans aucun emprunt, et même lorsque la dette publique diminuait tous les jours, et qu'on avait allégé les taxes de cinquante millions. Des sommes très considérables demeuraient encore dans son trésor particulier ; elles lui étaient conservées par le traité de Fontainebleau, comme résultant des épargnes de sa liste civile et de ses autres revenus privés. Elles furent partagées, et n'allèrent pas entièrement dans le trésor public, ni entièrement dans celui de la France!!! »

X

ARMÉE

[1] Dans divers objets de la conversation du jour, je note ce que l'Empereur disait sur les armées des anciens. Il se demandait si l'on devait croire aux grandes armées dont il est question dans l'histoire. Il pensait que la plus grande partie des citations était fausse et ridicule. Ainsi, il ne croyait pas aux innombrables armées des Carthaginois en Sicile.

— Tant de troupes, observait-il, eussent été inutiles dans une aussi petite entreprise ; et si Carthage eût pu en réunir autant, on en eût vu davantage dans l'expédition d'Annibal, qui était d'une bien autre importance, et qui pourtant n'avait pas au delà de quarante à cinquante mille hommes.

Ainsi il ne croyait point aux millions d'hommes de Darius et de Xerxès, qui eussent couvert toute la Grèce, et se seraient sans doute subdivisés en une multitude d'armées partielles. Il doutait même de toute cette partie brillante de l'histoire de la Grèce ; il ne voyait dans le résultat de cette fameuse guerre persique que de ces actions indécises où chacun s'attribue la victoire : Xerxès s'en retourna triomphant d'avoir pris, brûlé, détruit Athènes ; et les Grecs exaltèrent leur victoire de n'avoir pas succombé à Salamine.

1. 6 novembre 1815.

— Quant au détails pompeux des victoires des Grecs et des défaites de leurs innombrables ennemis, qu'on n'oublie pas, observait l'Empereur, que ce sont les Grecs qui le disent, qu'ils étaient vains, hyperboliques, et qu'aucune chronique de Perse n'a jamais été produite pour assurer notre jugement par un débat contradictoire.

Mais l'Empereur croyait à l'histoire romaine, sinon dans tous ses détails, du moins dans ses résultats, parce qu'ils étaient des faits aussi patents que le soleil. Il croyait encore aux armées de Gengiskan et de Tamerlan, quelque nombreuses qu'on les ait prétendues, parce qu'ils traînaient à leur suite des peuples nomades entiers qui se grossissaient encore d'autres peuples dans leur route ; et il ne serait pas impossible, disait l'Empereur, que l'Europe finît un jour de cette manière. La révolution opérée par les Huns, et dont on ignore la cause, parce que la trace s'en perd dans le désert, peut se renouveler.

La Russie est admirablement bien située pour amener une telle catastrophe : elle peut aller puiser à son gré d'innombrables auxiliaires et les déverser sur nous ; elle trouvera tous ces peuples errants d'autant mieux disposés, d'autant plus impatients, que le récit et les succès de ceux des leurs qui dernièrement ont exécuté chez nous des courses si heureuses et si productives, auront frappé leur imagination et excité leur avidité.

De là, la conversation a conduit aux conquêtes et aux conquérants ; et l'Empereur concluait que pour être conquérant avec succès il fallait nécessairement être féroce, et que, s'il eût voulu être féroce, il eût conquis le monde. J'ai osé me permettre de combattre ces dernières paroles échappées sans doute à l'humeur du moment ; j'ai osé représenter que lui, Napoléon, était précisément la preuve du contraire ; qu'il n'avait point été féroce, et pourtant avait conquis le monde; qu'avec de la férocité et nos mœurs modernes, il n'eût certainement jamais été jusque-là. En effet, la terreur n'est plus aujourd'hui ce qui peut nous soumettre à un homme; mais seulement de bonnes lois et la persuasion du grand caractère, la connaissance d'une énergie à toute épreuve dans celui chargé de les faire exécuter. Or, tels avaient été précisément, disais-je, la cause des succès de Napoléon, celle de la soumission et de l'obéissance des peuples.

La convention fut féroce et inspira la terreur : on plia; mais on ne put la supporter. Si elle eût été un seul homme, on s'en fût bientôt défait; mais c'était une hydre; et encore que de tentatives ne hasardat-on pas? que de dangers auxquels elle n'échappa que par miracle! Elle fut obligée de s'ensevelir elle-même au milieu de ses triomphes.

Pour qu'un conquérant pût être féroce avec succès, il faudrait qu'il commandàt à des soldats féroces eux-mêmes, et qu'il régnât sur des peuples sans lumières : or, sous ce rapport, la Russie encore possède un avantage immense sur le reste de l'Europe; elle a le rare avantage d'avoir un gouvernement civilisé et des peuples barbares : chez eux les lumières dirigent et commandent; l'ignorance exécute et dévaste. Un sultan turc ne saurait aujourd'hui gouverner longtemps aucune des nations éclairées de l'Europe; l'empire des lumières serait plus fort que sa puissance.

¹ Il revenait sur la grande différence de la guerre des anciens avec celle des modernes. « L'invention des armes à feu a tout changé, observait-il; cette grande découverte était, du reste, tout à l'avantage des assaillants, bien que jusqu'ici la plupart des modernes aient soutenu le contraire. La force corporelle des

1. 14 novembre 1816.

anciens, observait-il encore, était en harmonie avec leurs armes offensives et défensives; les nôtres, au contraire, celles de nos jours sont tout à fait hors de notre sphère. »

Si l'Empereur laisse après lui des idées sur ces objets, son opinion sera bien précieuse. Il l'a donnée ce soir sur la plupart des circonstances militaires ; il s'est élevé aux plus hautes idées, il est descendu dans les plus petits détails.

Il disait que la guerre ne se composait que d'accidents, et que bien que tenu de se plier à des principes généraux, un chef ne devait jamais perdre de vue tout ce qui pouvait le mettre à même de profiter de ces accidents. Le vulgaire appellerait cela bonheur, et ce ne serait pourtant que la propriété du génie...

Il voulait que, dans l'état actuel, on donnât plus de consistance au troisième rang de l'infanterie, ou bien qu'on le supprimât, et il en développait le motif...

Il voulait que l'infanterie chargée par la cavalerie tirât de fort loin sur elle, au lieu de l'attendre à bout portant, comme on le fait aujourd'hui ; et il en démontrait l'avantage.

Il disait que l'infanterie et la cavalerie laissées à elles-mêmes sans artillerie, ne devaient point amener de résultat décisif ; mais qu'avec de l'artillerie, et toutes choses d'ailleurs égales, la cavalerie devait détruire l'infanterie ; et il développait très lumineusement toutes ces choses, et une foule d'autres encore.

Il ajoutait que l'artillerie faisait aujourd'hui la véritable destinée des armées et des peuples ; qu'on se battait à coups de canon comme à coups de poing, et qu'en bataille comme à un siège, l'art consistait à présent à faire converger un grand nombre de feux sur un même point ; que la mêlée une fois établie, celui qui avait l'adresse de faire arriver subitement et à l'insu de l'ennemi, sur un de ses points, une masse inopinée d'artillerie, était sûr de l'emporter.

Voilà quel avait été, disait-il, son grand secret et sa grande tactique.

Du reste, concluait-il, il ne pouvait pas y avoir ce que dans sa pensée il concevait être une véritable armée, sans une révolution dans les mœurs et l'éducation du soldat, peut-être même de l'officier. Il ne pouvait pas y en avoir avec nos fours, nos magasins, nos administrations, nos voitures. Il n'y aurait d'armée que quand, à l'imitation des Romains, le soldat recevrait son blé, aurait des moulins à bras, cuirait son pain sur sa petite platine, etc. Il n'y aurait d'armée que quand on aurait mis en fuite toute notre effroyable administration paperassière, etc.

« J'avais médité, disait-il, tous ces changements; mais pour oser les mettre en pratique, il m'eût fallu une profonde paix : une armée de guerre ne le permettait pas; elle se fût révoltée, elle m'eût envoyé promener, etc. »

Puisque j'en suis à ce sujet, je vais réunir ici quelques notes éparses, recueillies à différents instants sur les innovations projetées par l'Empereur, non seulement sur l'armée, mais encore sur beaucoup d'autres objets essentiels à l'organisation sociale.

L'Empereur avait le projet, à la paix générale, nous a-t-il dit plus d'une fois, d'amener chaque puissance à une immense réduction des armées permanentes.

Il eût voulu que chaque souverain se bornât à sa seule garde, comme cadre du reste de l'armée à composer au besoin. Il eût voulu, s'il avait été contraint de conserver une forte armée en temps de paix, l'employer aux travaux publics, lui donner une organisation, une tenue et une manière de se nourrir tout à fait spéciale. On trouvera sans doute une partie de ces choses dans ses *mémoires ;* je sais qu'il les a dictées en différents moments à plusieurs de ces messieurs.

Il avait éprouvé, disait-il, que la plus grande gêne

dans ses plans de campagne et ses grandes expéditions, venait de la nourriture moderne des soldats,
du blé qu'il fallait trouver, de la farine qu'il fallait
obtenir en le faisant moudre, enfin du pain qu'il fallait parvenir à faire cuire. Or, la méthode romaine,
qu'il approuvait fort, et qu'il eût adoptée en tout ou
en partie, eût remédié à tous ces inconvénients. « Avec
elle, disait l'Empereur, on allait au bout du monde :
mais encore fallait-il du temps pour amener la transi-
tion d'un tel régime : il ne pouvait s'opérer par un
simple ordre du jour. J'en avais eu la pensée depuis
longtemps ; mais qu'elle qu'eût été ma puissance, je
me fusse bien donné de garde de le commander. Il
n'est point de subordination ni de crainte pour les
estomacs vides. Ce n'était qu'en temps de paix et à
loisir qu'on eût pu y arriver insensiblement :
je l'aurais obtenu en créant des mœurs militaires
nouvelles. »

L'Empereur eût constamment tenu à faire passer
toute la nation par l'épreuve de la conscription. « Je
suis intraitable sur les exemptions, disait-il un jour au
Conseil d'Etat : elles seraient des crimes. Comment
charger sa conscience d'avoir fait tuer l'un au détriment de l'autre ? Je ne sais même pas si j'exempterai
mon fils. » Et dans une autre occasion il disait encore
que la conscription est la racine éternelle d'une
nation, l'épuration de son moral, la véritable institution de toutes ses habitudes ; et puis la nation,
ajoutait-il, se trouvait de la sorte toute classée dans
ses véritables intérêts pour sa défense au dehors et
son repos au dedans. « Organisé, maçonné de la sorte,
disait-il, le peuple français eût pu défier l'univers ; il
eût pu, et avec plus de justesse, renouveler ce mot
des fiers Gaulois : *Si le ciel venait à tomber, nous le*
soutiendrions de nos lances.

Dans son système et ses intentions, la conscription,
loin de nuire à l'éducation, en fût devenue l'instru-

ment. L'Empereur en serait arrivé, disait-il, à avoir dans chaque régiment une école pour le commencement ou la continuation de l'enseignement dans tous les genres, soit pour la ligne scientifique, pour les arts libéraux ou pour les simples mécaniques. « Et rien de plus aisé que d'obtenir tout cela, remarquait-il; le principe une fois adopté, vous eussiez vu chaque régiment tirer tout ce qui eût été nécessaire de ses rangs mêmes : et quel bienfait le déversement de tous ces jeunes gens avec leurs connaissances acquises, n'eussent-elles été qu'élémentaires, avec les mœurs qui en dérivent nécessairement, n'aurait-il pas été produire dans la masse de la société! etc. »

— ¹ L'Empereur, longtemps avant son expédition de Russie, un ou deux ans peut-être, avait voulu établir dès lors un classement militaire de la nation. Il fut lu au Conseil d'État jusqu'à quinze ou vingt rédactions de l'organisation des trois bans de la garde nationale en France. Le premier, celui des jeunes gens, était d'aller jusqu'à la frontière; le second, celui de l'âge mitoyen et des hommes mariés, ne sortait pas du département; enfin le dernier, celui des hommes âgés, demeurait uniquement à la défense de la ville. L'Empereur qui y tenait beaucoup, y revint souvent, et dit de très belles choses extrêmement patriotiques ; mais il y eut constamment dans tout le conseil une défaveur marquée, une opposition sourde et inerte. Les affaires marchaient et l'Empereur, attiré par d'autres objets, vit échapper ce plan que sa prévoyance calculait sans doute pour notre salut, et qui l'eût été en effet! Par ce plan, plus de deux millions d'individus se seraient trouvés classés, armés lors des désastres : qui alors eût osé nous aborder?

1. 17 juin 1816.

[1] La conversation a été sur l'ancienne École militaire de Paris, le luxe qu'on y employait à notre égard, la sévérité au contraire que l'Empereur avait établie dans les siennes.

A l'École militaire de Paris, nous étions nourris, servis magnifiquement, traités en toutes choses comme des officiers jouissant d'une grande aisance, plus grande certainement que celle de la plupart de nos familles, et fort au-dessus de celle dont beaucoup de nous devions jouir un jour. L'Empereur, dans ses écoles militaires, avait voulu, disait-il, éviter ce travers ; il avait voulu surtout que ses jeunes officiers, qui devaient commander un jour des soldats, eussent commencé par être eux-mêmes de vrais soldats, eussent pratiqué eux-mêmes tous les détails techniques, ce qui est d'un avantage immense, disait-il, dans le reste de la vie, pour pouvoir les suivre et les faire observer dans ceux que l'on doit faire obéir. Ainsi, à Saint-Germain, les jeunes gens pansaient eux-mêmes leurs chevaux, apprenaient à les ferrer ; etc., etc. A Saint-Cyr, on pratiquait de même tous les détails correspondants de l'infanterie : on y était vraiment à la chambrée, on y mangeait à la gamelle, etc. ; le tout, sans que le reste des instructions analogues à la condition future des jeunes gens en souffrît aucunement ; en un mot, ils ne sortaient qu'ayant réellement gagné leur grade d'officier, et capables de commander et de faire aller des soldats. « Aussi, disait l'Empereur, si les jeunes gens qui se présentèrent dans les corps à l'origine de cette institution y furent reçus d'abord avec une grande jalousie, du moins fut-on obligé de rendre pleine justice à leur tenue et à leur capacité. »

On voit le même esprit présider aux institutions d'Ecouen, de Saint-Denis, et autres établissements

1. 5 juin 1816.

que la bienfaisante sollicitude de Napoléon créa pour les filles des membres de la Légion d'Honneur. Des règlements dressés par lui-même ordonnaient de n'y employer que ce qui aurait été confectionné dans la maison et par les mains mêmes des élèves. Ces règlements bannissaient toute espèce de luxe, la coquetterie, le théâtre, et devaient n'avoir d'autre but, disait l'Empereur, que d'en faire de bonnes ménagères et d'honnêtes femmes.

Napoléon, auquel la voix publique donnait au temps de sa puissance un caractère si dur et un cœur si froid, est pourtant bien certainement le souverain qui a mis le plus de véritables sentiments en action ; c'est que, par une tournure d'esprit qui lui était particulière, il évitait toutes démonstrations de sensibilité avec autant de soin que d'autres en mettent à les prodiguer.

Il avait adopté tous les enfants de militaires tués à Austerlitz, et pour lui un tel acte ne se bornait pas à une pure formalité ; il les eût dotés.

Je tiens de la bouche d'un jeune homme, qui me l'a raconté depuis mon retour en Europe, et encore avec les larmes de la reconnaissance, qu'ayant été assez heureux, sortant à peine de l'enfance, pour donner une preuve de dévouement qui avait été remarquée, l'Empereur lui demanda quelle carrière il voulait suivre ; et, sans attendre sa réponse, en désigna une lui-même. A quoi le jeune homme ayant fait observer que la fortune de son père ne le lui permettrait pas : « Que vous importe, reprit vivement Napoléon, *ne suis-je pas aussi votre père ?* » Ceux qui l'ont connu dans son intérieur, ou ont vécu près de sa personne, peuvent citer mille traits de la sorte.

Il avait beaucoup fait pour les militaires et les vétérans et il se proposait encore bien davantage : c'était chaque jour quelques pensées nouvelles.

Il nous fut présenté au Conseil d'Etat un projet de

décret pour qu'à l'avenir les places dans les douanes, les perceptions, les droits réunis, etc., etc., etc., fussent données à des militaires blessés ou à des vétérans susceptibles de les exercer, à partir du simple soldat jusqu'aux rangs supérieurs. Et comme ce projet était reçu avec froideur, l'Empereur, adressant son adage ordinaire à l'un des opposants, le somma d'aborder franchement la question, et de dire toute sa pensée. — « Eh bien ! Sire, dit M. Malouet, c'est que je crains que les citoyens ne se trouvent heurtés de se voir préférer des militaires. — Monsieur, repartit vivement l'Empereur, vous séparez là ce qui ne l'est pas ; les citoyens et les soldats aujourd'hui ne font qu'un. Dans la crise où nous nous trouvons, la conscription atteint tout le monde ; la carrière militaire n'est plus une affaire de force. La plupart de ceux qui s'y trouvent ont perdu leur état contre leur gré : il est donc juste de leur en tenir compte. — Mais, répétait encore l'opposant, c'est qu'on pourrait croire, par la rédaction du projet, que Votre Majesté ne veut désormais donner la plus grande partie de ces places qu'aux militaires. — Mais c'est bien aussi mon intention, Monsieur, dit l'Empereur ; il ne s'agit que de savoir si j'en ai le droit, et si je blesse la justice. Or, la Constitution me donne la nomination à tous ces emplois, et il me semble qu'il est de toute justice que ce soit ceux qui ont le plus souffert qui aient le plus de droit aux indemnités. » Puis, haussant la voix : « Messieurs, la guerre n'est point un métier de roses ; vous ne la connaissez ici, sur vos bancs, que d'après la lecture des bulletins ou le récit de nos triomphes. Vous ne connaissez pas nos bivouacs, nos marches forcées, nos privations de tous genres, nos souffrances de toutes espèces. Moi je les connais, parce que je les vois et que parfois je les partage. »

Quoi qu'il en soit, ce projet de décret, après

plusieurs rédactions, finit par disparaître comme beaucoup d'autres, et les intentions de l'Empereur ne furent même pas connues du public, que je sache, bien qu'il eût semblé mettre un vif intérêt à le voir adopté, et qu'il en eût poursuivi la défense dans les plus petits détails.

« Mais, Sire, lui avait-on objecté dans le principe, Votre Majesté donnerait-elle de ces places à un militaire qui ne saurait point lire ? — Pourquoi pas ? — Mais comment pourrait-il remplir sa place, tenir ses registres ? — Eh bien! Monsieur, il appellerait son voisin, il ferait venir de ses parents, et le bienfait intentionné pour un, se répandrait sur plusieurs. D'ailleurs, je ne tiens pas à votre objection, nous n'avons qu'à prescrire la condition qu'il sera capable de la remplir, etc. »

Les pertes dans les batailles. — Véracité des bulletins. — L'avancement des soldats. — Les gardes de l'aigle. — Les grandes batailles de Napoléon. — Les meilleures troupes, etc. — Napoléon devant les peuples de l'Europe.

[1] L'Empereur, pendant le dîner, parlait sur les chances de danger des bâtiments de la Chine, dont un périssait sur trente, d'après les renseignements qu'il avait obtenus des capitaines ; ce qui l'a conduit aux chances de péril dans les batailles, qu'il a dit être moindres que cela. *Wagram* lui a été citée comme une bataille sanglante ; il n'évaluait pas les tués à plus de trois mille, ce qui n'était qu'un cinquantième ; nous étions cent soixante mille. *Essling* avait été peut-être à quatre mille, nous étions quarante mille : c'était un dixième, il est vrai ; mais aussi était-elle une des plus funestes. Toutes les autres demeuraient incomparablement au-dessous. Cela a porté la conversation sur les bulletins.

1. 28 mars 1816.

L'Empereur les a dits très véridiques, a assuré qu'à
l'exception de ce que le voisinage de l'ennemi forçait
de déguiser, pour qu'il n'en tirât pas des lumières
nuisibles lorsqu'ils arrivaient dans ses mains, tout
le reste était très exact. A Vienne et dans toute l'Allemagne, on leur rendait plus de justice que chez
nous. Si on leur avait fait une mauvaise réputation
dans nos armées, si on disait communément *menteur
comme un bulletin*, c'étaient les rivalités personnelles,
l'esprit de parti, qui l'avaient établi ainsi ; c'était
l'amour-propre blessé de ceux qu'on avait oublié d'y
nommer, et qui y avaient ou croyaient y avoir des
droits ; et par-dessus tout encore, notre ridicule
défaut national de ne pas avoir de plus grands ennemis de nos succès et de notre gloire que nous-mêmes.

L'Empereur après dîner a fait quelques parties
d'échecs. La journée avait été très pluvieuse ; il
n'était pas bien, il s'est retiré de bonne heure.

—[1] Parlant de son avènement au consulat, et de
l'effroyable désordre qu'il avait rencontré dans toutes les branches quelconques du service public, il
disait qu'il avait été tenu à de nombreuses épurations
immédiates qui avaient beaucoup fait crier, mais qui
pourtant n'avaient pas peu contribué à resserrer
tous les liens sociaux. Cette épuration s'était étendue
jusqu'à l'armée, parmi les officiers, les généraux
même, dont plusieurs l'étaient devenus Dieu sait par
qui, disait-il, et Dieu sait comment. A ce sujet, je
me suis permis de lui citer une anecdote de ce temps
qui avait fort amusé le cercle où je passais ma vie.
Un de nous, et malveillant ainsi que je l'étais alors
moi-même, s'était trouvé dans une de ces petites voitures de Versailles avec un soldat de la garde, et

1. 11 septembre 1816.

l'avait malicieusement excité à parler. Ce soldat était mécontent, et disait que tout se gâtait, qu'on exigeait à présent qu'on sût lire et écrire pour pouvoir avancer. « *Et voilà déjà le tic revenu* », disait-il : il appelait cela le *tic*. Le mot nous plut, et resta dans notre société. — « Eh bien! disait l'Empereur, qu'aura dit votre soldat, lorsque j'ai créé les gardes de l'aigle? ils m'auront sans doute réhabilité dans son esprit. J'avais établi, a-t-il ajouté, deux sous-officiers gardes spéciaux de l'aigle dans les régiments, placés à droite et à gauche du drapeau ; et, pour éviter que l'ardeur dans la mêlée ne les détournât de leur unique objet, le sabre et l'épée leur étaient interdits ; ils n'avaient d'autre arme que plusieurs paires de pistolets, d'autre emploi que de veiller froidement à brûler la cervelle de celui qui avancerait la main pour saisir l'aigle. Or, pour obtenir ce poste, ils étaient obligés de faire preuve qu'ils ne savaient ni lire, ni écrire, et vous devinez pourquoi? — Non, Sire. — Nigaud! Tout soldat qui sait lire et écrire et a de l'instruction, avance toujours ; mais celui qui n'a pas ces avantages ne parvient bien certainement qu'à force d'actes de courage, et par des circonstances extraordinaires, etc. [1] »

1. « Au moment d'envoyer à l'impression, le hasard m'ayant fait mentionner cette circonstance à deux ou trois militaires, ils m'ont dit ne pas avoir eu connaissance de cette institution, sans me garantir toutefois qu'elle n'existait pas. Ne feraient-ils que l'ignorer, ou me serais-je trompé moi-même en prenant pour fait, dans les paroles de l'Empereur, ce qui n'eût été qu'intentionnel? Une telle erreur, après tout, ne serait que trop possible, et je suis loin de pouvoir répondre que je n'en ai pas commis plusieurs fois de la sorte ou autrement. J'ai fait connaître soigneusement la nature de mes matériaux, la manière dont ils avaient été recueillis, afin que ceux qui me liront pussent répondre d'eux-mêmes à ces sortes d'incorrections ; et c'est le même motif qui m'a porté à y revenir si souvent.

N. B. J'avais cru un devoir de consigner ici la défiance que j'avais de moi-même en cette occasion, et mes scrupules n'ont pas.

Comme j'étais en train de raconter, je lui ai cité, sur le sujet, une autre anecdote qui avait fait encore l'amusement de nos salons. On disait que, dans je ne sais quelle circonstance, un régiment ayant perdu son aigle, lui, Napoléon, le haranguait à ce sujet avec beaucoup d'indignation sur ce qu'il avait eu le déshonneur de laisser enlever son aigle par l'ennemi. Un soldat gascon s'était écrié : « Mais ils se sont

tardé à recevoir leur récompense ; car ce sont eux précisément qui m'ont procuré la certitude dont je manquais. A peine le *Mémorial* avait-il paru, qu'il m'a été adressé à la fois, bien que de deux points fort éloignés, l'assurance positive que je ne m'étais point trompé, et que je devais reprendre pleine et entière confiance dans l'exactitude de mon récit ; et chacun des bienveillants informateurs a eu le soin de joindre à son témoignage des détails authentiques que je vais transcrire ici :

« L'institution que vous mentionnez, me mandait le premier, officier au 9ᵉ de ligne, existait réellement : ces sous-officiers étaient choisis et armés ainsi que vous le dites, etc. ; je les ai constamment vus au régiment dont je faisais partie jusqu'en 1814, etc. »

Le second, ancien sous-inspecteur aux revues, allait plus loin encore ; il me transmettait le texte même des décrets relatifs à cette institution :

Premier décret du 18 février 1808

« Deux braves pris parmi les anciens soldats non lettrés, qui par cette raison n'auront pu obtenir d'avancement, seront toujours placés à côté de l'aigle ; ils sont nommés par nous et ne peuvent être destitués que par nous. »

(BERRIAT, *Législation militaire*, 2ᵉ vol., pag. 17.)

Deuxième décret du 25 décembre 1811

« Le deuxième et le troisième porte-aigles auront un casque et des épaulettes *défensives* ; il seront armés d'un épieu avec flamme, ou esponton de parade et de *défense*, avec une paire de pistolets. »

(BERIAT, *Législation militaire*, 1ᵉʳ vol., pag. 433.)

Ainsi, et je me plais à le redire parce que je ne saurais trop le répéter, toutes les fois que les circonstances m'ont conduit à vérifier jusqu'aux moindres parties d'une conversation journalière, bien qu'elle fût parfois abondante et souvent des plus négligées, j'ai eu lieu de me convaincre que le tout en était de la plus stricte vérité. »

attrapés, ils n'ont eu que le bâton, car voilà le *coucou*[1], je l'avais mis dans ma poche », montrant effectivement l'aigle. L'Empereur n'a pu s'empêcher d'en rire, et a dit : « Eh bien, je ne garantirais vraiment pas qu'il ne soit en effet arrivé quelque chose de la sorte ou approchant. Mes soldats étaient fort à leur aise, très libres avec moi. J'en ai vu souvent me tutoyer. » Je racontais qu'on nous avait dit qu'à Iéna, je crois, ou ailleurs, la veille d'une bataille, parcourant certains postes, fort peu accompagné, un soldat lui avait interdit le passage, et s'était fâché de le voir insister, jurant que, quand ce serait le petit caporal lui-même, il ne passerait pas. Et, quand il avait vu qu'effectivement c'était le petit caporal, il n'en avait été nullement déconcerté. « C'est qu'il avait la conviction d'avoir fait son devoir, a dit l'Empereur, et puis le fait est que je passais pour un homme terrible dans vos salons, parmi les officiers, et peut-être même les généraux, mais nullement parmi les soldats : ils avaient l'instinct de la vérité et de la sympathie, ils me savaient leur protecteur, au besoin leur vengeur, etc. »

— [2] Dans le *Dictionnaire des sièges et batailles* que feuilletait l'Empereur, il trouvait son nom à chaque page, mais entouré d'anecdotes tout à fait fausses et défigurées, ce qui le portait à se récrier sur toute la fourmilière des petits écrivains et les indignes abus de la plume. La littérature, disait-il, devenait une nourriture du peuple, lorsqu'elle eût dû demeurer celle des gens délicats.

---

1. Un ordre de l'empereur avait prescrit, qu'en campagne, les drapeaux seraient privés de leur soie, soit pour ressembler aux enseignes romaines, soit plutôt pour supprimer le poids de la partie flottante.

2. 28 août 1816.

« On me fait, par exemple, à Arcole, durant la nuit, prendre le poste d'une sentinelle endormie. Cette idée est sans doute d'un bourgeois, d'un avocat, peut-être ; mais sûrement pas celle d'un militaire. L'auteur me veut du bien, nul doute, et n'imagine rien de plus beau dans le monde que ce qu'il me fait faire. Il a certainement écrit cela pour me faire honneur ; mais il ignorait que je n'étais guère capable d'un tel acte ; j'étais trop fatigué pour cela ; il est à croire que j'étais endormi avant le soldat dont il parle. »

On a alors compté cinquante à soixante grandes batailles données par l'Empereur. Quelqu'un ayant demandé quelle était la plus belle, il disait qu'il était difficile de répondre ; qu'il était nécessaire de s'expliquer d'abord sur ce qu'on entendait par la plus belle des batailles. « Les miennes, continuait-il, ne pouvaient être jugées isolément. Elles n'avaient point unité de lieu, d'action d'intention. Elles n'étaient jamais qu'une partie de très vastes combinaisons. Elles ne devaient donc être jugées que par leur résultat. Celle de *Marengo*, si longtemps indécise, avait donné toute l'Italie ; celle d'*Ulm* avait vu disparaître toute une armée ; celle d'*Iéna* avait livré toute la monarchie prussienne ; celle de *Friedland* avait ouvert l'empire russe ; celle d'*Eckmühl* avait décidé de toute une guerre, etc., etc.

« Celle de la *Moskova*, disait-il, était une de celles où l'on avait déployé le plus de mérite et obtenu le moins de résultats.

« Celle de *Waterloo*, où tout avait manqué, quand tout avait réussi, eût sauvé la France et réassis l'Europe. »

Madame de Montholon ayant demandé quelles étaient les meilleures troupes : « Celles qui gagnent les batailles, Madame, a répondu l'Empereur. Et puis, a-t-il ajouté, elles sont capricieuses et journalières comme vous, Mesdames. Les meilleures troupes ont été *les Carthaginois, sous Annibal; les Romains, sous les Scipions; les Macédoniens, sous Alexandre; les Prussiens, sous Frédéric.* Toutefois, il croyait bien, disait-il, pouvoir affirmer que les Français étaient ceux qu'il était le plus facile de rendre et de maintenir les meilleurs.

« Avec ma garde complète de quarante à cinquante mille hommes, je me serais fait fort de traverser toute l'Europe. On pourra peut-être reproduire quelque chose qui vaille mon armée d'Italie et celle d'Austerlitz, mais, à coup sûr, jamais rien qui les surpasse. »

...[1] L'Empereur se mettait en jugement devant tous les peuples de l'Europe, et chacun d'eux l'absolvait successivement. Il a passé en revue tous les actes de son administration, et les a tous justifiés. « Les Français et les Italiens, a-t-il dit, gémissent de mon absence. J'emporte la reconnaissance des Polonais, et jusqu'aux regrets tardifs et amers des Espagnols mêmes, etc.

« L'Europe pleurera bientôt la perte de l'équilibre auquel mon empire français était absolument nécessaire. Elle est dans le plus grand danger; elle peut être à chaque instant inondée de Cosaques et de Tartares. Et vous, Anglais, a-t-il dit en finissant, vous Anglais, vous pleurerez votre victoire de Waterloo! On amènera les choses à ce que la postérité, les gens instruits, les vrais hommes d'Etat, les vrais hommes de bien, regretteront amèrement que je n'aie pas réussi dans toutes mes entreprises. »

1. 27 août 1816.

XI

ANGLETERRE

L'Angleterre et ses colonies. — Les idées de liberté. — Débarquement en Angleterre. — Le système continental. — Développement
de l'industrie et du commerce français. — Napoléon prisonnier de
l'Angleterre. — L'exil mortel.

—[1]... L'Empereur, par les journaux, les ouvrages
ou notre situation, était constamment ramené par la
force des choses sur l'Angleterre. Il revenait donc
souvent sur ce qu'elle avait dû faire, sur ce qui lui
demeurait à entreprendre, sur ce qui pouvait lui procurer un avenir plus prospère, etc., etc. Je vais tâcher
de recueillir ici quelque peu de ce que je lui ai
entendu dire à cet égard en diverses occasions.

Un jour il disait : « Le système colonial que nous
avons connu est fini pour tous, pour l'Angleterre qui
possède toutes les colonies, comme pour les autres
puissances qui n'en possèdent plus aucune. L'empire
des mers, aujourd'hui, appartient à l'Angleterre, sans
discussion. Pourquoi, dans une situation toute nouvelle, continuerait-elle une marche routinière ? Pourquoi ne créerait-elle pas des combinaisons plus
profitables ? Il faut qu'elle imagine une espèce
d'émancipation de ses colonies ; aussi bien beaucoup
lui échapperont avec le temps, c'est à elle à profiter
du moment pour s'assurer des liens nouveaux, et des
rapports plus avantageux. Pourquoi la plupart de ces
colonies ne seraient-elles pas sollicitées à acheter
leur émancipation de la mère patrie, au prix d'une

1. Samedi 7 septembre 1816.

quotité de la dette générale, qui deviendrait spécialement la sienne. La mère patrie s'allégerait de ses
charges, et n'en conserverait pas moins tous ses avantages. Elle conserverait pour liens la foi des traités,
les intérêts réciproques, la similitude du langage, la
force de l'habitude ; elle se réscrverait d'ailleurs, par
forme de garantie, un seul point fortifié, une rade
pour ses vaisseaux, à la façon des comptoirs d'Afrique.
Que perdrait-elle ? rien ; et elle sauverait les embarras,
les frais d'une administration qui ne la font que trop
souvent détester. Les ministres auraient, il est vrai,
quelques places de moins à donner ; mais la nation
recueillerait certainement davantage, etc.

« Je ne doute pas, ajoutait-il, qu'avec une connaissance approfondie de la matière, on n'obtînt quelque
résultat utile de ces idées brutes, quelque erronées
qu'elles pussent être à leur premier jet. Il n'est pas
jusqu'à l'Inde même dont il ne fût possible, sans
doute, de tirer quelque grand parti par quelques
combinaisons nouvelles. Les Anglais m'assurent ici
que l'Angleterre n'en retire aucun bénéfice dans la
balance de son commerce ; les frais emportent tout
ou dépassent même encore : il ne reste donc que des
gaspillages individuels et quelques fortunes personnelles colossales ; mais ce sont autant d'aliments pour
le patronage des ministres : et dès lors on se donnerait bien de garde d'y toucher. Puis ces *Nababs*,
comme ils les appellent, en revenant en Angleterre, y
sont autant de bonnes recrues pour la haute aristocratie. Peu importe qu'ils présentent le scandale d'une
fortune acquise par les rapines et le brigandage ; peu
importe qu'ils influent fortement sur la morale publique, en animant chacun du désir des mêmes richesses
poursuivies à tout prix ; les ministres actuels n'y
regardent pas de si près : ce seront autant de votes pour
eux, et plus ils seront pourris, plus ils seront faciles
à gouverner. Et avec les choses de la sorte, le moyen

d'attendre quelque réforme ? Aussi, à la moindre proposition, vous voyez quels cris ! car l'aristocratie
anglaise veut bien journellement gagner du terrain
en avant ; mais sitôt qu'on propose de la faire rétrograder d'un atome, elle n'y entend plus, et l'explosion
est universelle...

Enfin, dans une autre occasion encore, l'Empereur
disait gaiement : « L'Angleterre est réputée pour trafiquer de tout ; que ne se met-elle à vendre de la liberté, on la lui achèterait bien cher, et sans lui faire
banqueroute ; car la liberté moderne est essentiellement morale, et ne trahit pas ses engagements. Par
exemple, que ne lui payeraient pas ces pauvres Espagnols pour se délivrer du joug sous lequel on vient
de les rebâter ! Je suis sûr qu'on les y trouverait bien
disposés, j'en ai les preuves ; et c'est pourtant moi
qui aurai créé ce sentiment ; encore ma bévue du
moins aura-t-elle profité à quelqu'un. Quant aux Italiens, j'y ai implanté des principes qu'on ne déraci-
nera plus : ils fermenteront toujours. Qu'aurait de
mieux à faire l'Angleterre aujourd'hui que de donner
la main à ces beaux mouvements de la régénération
moderne ? Aussi bien faudra-t-il tôt ou tard qu'elle
s'accomplisse. C'est en vain que les souverains et les
vieilles aristocraties multiplieraient leurs efforts
pour s'y opposer : c'est la roche de Sisyphe qu'ils
tiennent élevée au-dessus de leurs têtes ; mais quelques bras se lasseront, et, au premier défaut, tout
leur croulera dessus. »

— [1] Eh bien, a repris l'Empereur, vous avez pu
en[2] rire à Paris, mais Pitt n'en riait pas dans Londres ;

1. 1ᵉʳ au 3 mars 1816.
2. Du projet d'invasion en Angleterre.

il eut bientôt mesuré toute l'étendue du danger ; aussi me jeta-t-il une coalition sur le dos au moment où je levais le bras pour frapper. Jamais l'oligarchie anglaise ne courut de plus grand péril.

« Je m'étais ménagé la possibilité du débarquement ; je possédais la meilleure armée qui fut jamais, celle d'Austerlitz, c'est tout dire. Quatre jours m'eussent suffi pour me trouver dans Londres ; je n'y serais point entré en conquérant, mais en libérateur : j'aurais renouvelé Guillaume III, mais avec plus de générosité et de désintéressement. La discipline de mon armée eût été parfaite, elle se fût conduite dans Londres comme si elle eût été encore dans Paris : point de sacrifices, pas même de contributions exigées des Anglais ; nous ne leur eussions pas présenté des vainqueurs, mais des frères qui venaient les rendre à la liberté, à leurs droits. Je leur eusse dit de s'assembler, de travailler eux-mêmes à leur régénération ; qu'ils étaient nos aînés en fait de législation politique ; que nous ne voulions y être pour rien, autrement que pour jouir de leur bonheur et de leur prospérité ; et j'eusse été strictement de bonne foi. Aussi, quelques mois ne se seraient pas écoulés, que ces deux nations, si violemment ennemies, n'eussent plus composé que des peuples identifiés désormais par leurs principes, leurs maximes, leurs intérêts ; et je serais parti de là pour opérer, du Midi au Nord, sous les couleurs républicaines (j'étais alors premier consul), la régénération européenne, que plus tard j'ai été sur le point d'opérer du Nord au Midi, sous les formes monarchiques. Et ces deux systèmes pouvaient être également bons, puisqu'ils tendaient tous deux au même but, et se seraient tous deux opérés avec fermeté, modération et bonne foi. Que de maux qui nous sont connus, que de maux que nous ne connaissons pas encore, eussent été épargnés à cette pauvre Europe ! Jamais projet, plus large dans les intérêts de la civilisation, ne fut conçu avec des intentions plus généreuses, et n'approcha davantage de son exécution. Et, chose bien remarquable, les obstacles qui m'ont fait échouer ne sont point venus des hommes; ils sont tous venus des éléments : dans le Midi, c'est la mer qui m'a perdu; et c'est l'incendie de Moscou, les glaces de l'hiver, qui m'ont perdu dans le Nord; ainsi, l'eau, l'air et le feu, toute la nature, et rien que la nature, voilà quels ont été les ennemis d'une régénération universelle, commandée par la nature même! Les problèmes de la Providence sont insolubles! »

Après quelques instants de silence, l'Empereur en est revenu à développer son invasion : « On croyait, a-t-il dit, que mon invasion n'était qu'une vaine menace, parce qu'on ne voyait aucun moyen raisonnable de la tenter; mais je m'y étais pris de loin, j'opérais sans être aperçu; j'avais dispersé tous nos vaisseaux, les Anglais étaient obligés de courir après sur les divers points du globe; les nôtres pourtant n'avaient d'autre but que de revenir, à l'improviste et tout à la fois, se réunir en masse sur nos côtes. Je devais avoir soixante-dix ou quatre-vingts vaisseaux français ou espagnols dans la Manche : j'avais calculé que j'en demeurerais maître pendant deux mois; j'avais trois ou quatre mille petits bâtiments qui n'attendaient que le signal; mes cent mille hommes faisaient chaque jour la manœuvre de l'embarquement et du débarquement, comme tout autre temps de leur exercice; ils étaient pleins d'ardeur et de bonne volonté, l'entreprise était très populaire parmi les Français, et nous étions appelés par les vœux d'une grande partie des Anglais. Mon débarquement opéré, je ne devais calculer que sur une seule bataille rangée; l'issue n'en pouvait être douteuse: et la victoire nous plaçait dans Londres; car le local du pays n'admettait point de guerre de chicane; ma conduite morale eût fait le reste. Le peuple anglais gémissait sous le joug de l'oligarchie ; dès qu'il eût vu son orgueil ménagé, il eût été tout aussitôt à nous ; nous n'eussions plus été pour lui que des alliés venus pour le délivrer. Nous nous présentions avec les mots magiques de liberté et d'égalité, etc. »

Et après être revenu encore à une foule de petits détails d'exécution tous admirables, et avoir fait remarquer à combien peu il avait tenu que le tout ne s'exécutât, il s'est interrompu assez brusquement, disant: « Mais sortons, allons faire un tour. »

— [1] L'Empereur lui [au colonel Wilks] a d'abord parlé de l'armée anglaise, de son organisation, et surtout de son mode d'avancement ; il l'a opposée à la nôtre, et a répété ce que j'ai dit ailleurs sur son excellente composition, les avantages de notre conscription, l'esprit valeureux des Français, etc.

Passant à la politique, il a dit : « Vous avez perdu l'Amérique par l'affranchissement ; vous perdrez l'Inde par l'invasion. La première perte était toute naturelle : quand les enfants deviennent grands ils font bande à part ; mais les Indous, ils ne grandissent pas, ils demeurent toujours enfants ; aussi la catastrophe ne viendra que du dehors. Vous ne savez pas tous les dangers dont vous avez été menacés par mes armes ou par mes négociations, etc., etc.

« Mon système continental !... Vous en avez ri peut-être ? — Sire, a dit le colonel, nous en avons fait le semblant ; mais tous les gens sensés ont senti le coup. — Eh bien, a continué l'Empereur, moi, je me suis trouvé seul de mon avis sur le continent ; il m'a fallu pour l'instant employer partout la violence. Enfin l'on commence à me comprendre, déjà

1. 20 avril 1816. — Visite d'adieu de l'ancien gouverneur, le colonel Wilks.

l'arbre porte son fruit : j'ai commencé, le temps
fera le reste.

« Si je n'eusse succombé, j'aurais changé la face
du commerce, aussi bien que la route de l'industrie :
j'avais naturalisé au milieu de nous le sucre, l'indigo ;
j'aurais naturalisé le coton, et bien d'autres choses
encore : on m'eût vu déplacer des colonies, si l'on se
fût obstiné à ne pas nous en donner une portion.

« L'impulsion chez nous était immense ; la prospérité, les progrès croissaient sans mesure ; et pourtant vos ministres répandaient par toute l'Europe
que nous étions misérables et que nous retombions
dans la barbarie. Aussi le vulgaire des alliés a-t-il
été étrangement surpris à la vue de notre intérieur,
aussi bien que vous autres, qui en êtes demeurés
déconcertés, etc.

« Le progrès des lumières en France était gigantesque, les idées partout se rectifiaient et s'étendaient,
parce que nous nous efforcions de rendre la science
populaire. Par exemple, on m'a dit que vous étiez
très forts sur la chimie, eh bien ! je suis loin de
prononcer de quel côté de l'eau se trouve le plus
habile ou les plus habiles chimistes... — En France,
a dit aussitôt le colonel. — Peu importe, continue
l'Empereur ; mais je maintiens que dans la masse
française il y a dix et peut-être cent fois plus de
connaissances chimiques qu'en Angleterre ; parce
que les diverses branches industrielles l'appliquent
aujourd'hui à leur travail ; et c'était là un des carac-
tères de mon école : si l'on m'en eût laissé le temps,
bientôt il n'y aurait plus eu de métiers en France,
tous eussent été des arts, etc., etc. »

Enfin, il a terminé par ces mots remarquables :
« L'Angleterre et la France ont tenu dans leurs mains
le sort de la terre, celui surtout de la civilisation
européenne. Que de mal nous nous sommes fait !
que de bien nous pouvions faire !

Message de Napoléon au prince régent. — Napoléon prisonnier. — Portefeuille perdu à Waterloo. — Les lois de l'hospitalité. — L'exil mortel.

— [1] L'Empereur m'a fait demander au jardin, sur les quatre heures, pour servir d'interprète. Un capitaine Hamilton, commandant la frégate *la Havane*, partait le lendemain pour l'Europe. Il était venu prendre congé de l'Empereur avec tous ses officiers.

Le capitaine Hamilton parlait français. Quand je suis arrivé, l'Empereur s'exprimait avec chaleur.

« On veut savoir ce que je désire, disait-il ; je demande ma liberté ou un bourreau ! Rapportez ces paroles à votre prince régent. Je ne demande plus de nouvelles de mon fils, puisqu'on a eu la barbarie de laisser mes premières demandes sans réponse.

« Je n'étais point votre prisonnier : les Sauvages eussent eu plus d'égards pour ma position. Vos ministres ont indignement violé en moi le droit sacré de l'hospitalité, ils ont entachée votre nation pour jamais ! »

Le capitaine Hamilton s'étant hasardé de répondre que l'Empereur n'était pas prisonnier de l'Angleterre seule, mais de tous les alliés, l'Empereur a repris avec chaleur :

« Je ne me suis point livré à la Russie, elle m'eût bien reçu sans doute ; je ne me suis point livré à l'Autriche, j'en aurais été également bien traité ; mais je me suis livré, librement et de mon choix, à l'Angleterre, parce que je croyais à ses lois, à sa morale publique. Je me suis cruellement trompé ! Toutefois il est un Ciel vengeur, et tôt ou tard vous porterez les peines d'un attentat que les hommes vous reprochent déjà !... Redites tout cela au prince régent, monsieur. » Et accompagnant ces dernières paroles d'un geste de la main, il le congédia.

1. 21 avril 1816.

[1] « Quant au bill qui a traîné Napoléon sur un roc, c'est un acte de proscription semblable à ceux de Sylla, et pire encore. Les Romains poursuivirent Annibal jusqu'au fond de la Bithynie; Flaminius obtint du roi Prusias la mort de ce grand homme, et pourtant à Rome Flaminius fut accusé d'avoir agi ainsi pour satisfaire sa haine personnelle. En vain allégua-t-il qu'Annibal, encore dans la vigueur de l'âge, pouvait être dangereux, que sa mort était nécessaire; mille voix répondirent que ce qui était injuste et ingénéreux ne peut jamais être avantageux à une grande nation; que de tels prétextes justifieraient les assassinats, les empoisonnements et toute espèce de crime!... Les générations qui suivirent reprochèrent cette lâcheté à leurs ancêtres : elles auraient payé bien cher pour effacer une telle tache de leur histoire. Depuis le renouvellement des lettres parmi les nations modernes, il n'est point de générations qui n'ait uni ses imprécations à celles que proféra Annibal au moment de boire la ciguë : il maudissait cette Rome qui à une époque où ses flottes et ses légions couvraient l'Europe, l'Asie et l'Afrique, assouvissait sa colère sur un homme seul et désarmé, parce qu'elle le craignait, ou qu'elle prétendait le craindre.

« Mais les Romains ne violèrent jamais l'hospitalité : Sylla trouva un asile dans la maison de Marius; Flaminius, avant de proscrire Annibal, *ne le reçut pas à bord de son vaisseau, et ne lui déclara point qu'il avait des ordres de le bien recevoir*; la flotte romaine ne le transporta pas au port d'Ostie; bien loin d'avoir recours à la protection des lois romaines, Annibal préféra confier sa personne à un roi d'Asie. Lorsqu'il fut proscrit, il n'était pas sous la protection de l'étendard romain : il était sous les drapeaux d'un roi ennemi de Rome.

1. 29 septembre 1816. — Dictée de Napoléon.

« Si jamais, dans les Révolutions des siècles, un roi d'Angleterre vient à comparaître devant le redoutable tribunal de sa nation, ses défenseurs insisteront sur l'auguste caractère de roi, le respect dû au trône, à toute tête couronnée, à l'oint du Seigneur! Mais ses adversaires ne seront-ils pas en droit de répondre : Un de ses ancêtres proscrivit son hôte en temps de paix, n'osant pas le mettre à mort en présence d'un peuple qui avait ses lois positives et ses formes régulières et publiques, il fit exposer sa victime sur le point le plus insalubre d'un roc situé au milieu de l'Océan, dans un autre hémisphère. Cet hôte y périt après une longue agonie, tourmenté par le climat, les besoins et les injures de toute espèce!... »

XII

NAPOLÉON A SAINTE-HÉLÈNE

Le débarquement. — Séjour à Briars. — Installation à Longwood.
— Description. — La vie de Napoléon. — Hudson Lowe gouverneur. — Persécutions morales et matérielles. — Au secret. — La
vie de Napoléon ne sera plus qu'une longue agonie.

—[1] « ... Arrivés à Sainte-Hélène, après deux ou
trois jours de mouillages nous fûmes débarqués à la
nuit dans James-Town, espèce de village, de colonie
ou de hameau composé de quelques maisons parmi
lesquelles la relâche annuelle de la flotte des Indes
en a fait construire quelques-unes assez considérables,
pour la commodité des voyageurs.

Le lendemain au matin, l'Empereur, conduit par
l'amiral, fut voir, dans l'intérieur de l'île, la demeure
qu'on lui destinait. Elle demandait des réparations
absolues, qui ne pouvait être prêtes de quelques jours.
L'Empereur devait donc revenir à James-Town, où la
chaleur était suffocante, insalubre, sans parler d'autres
inconvénients plus graves encore, surtout celui d'une
curiosité importune. Il préféra s'arrêter à trois ou quatre milles de la ville, et me fit venir le soir même : le
peu d'espace de cette nouvelle demeure ne permettait
d'admettre personne autre. C'était une espèce de
guinguette, à cinquante pas de la maison du propriétaire, composée d'une seule pièce au rez-de-chaussée,
de quelques pieds carrés. L'Empereur y fit dresser

1. 10 au 15 décembre 1816. — Fin de la lettre écrite par Las Cases
le 24 novembre 1816 et destinée à Lucien Bonaparte. Elle résume
exactement ce que fut l'existence de Napoléon à Sainte-Hélène. —
Voir son début, Chapitre II.

son lit de campagne, et dans cette seule pièce, il dut dormir, s'habiller, travailler, manger et se promener. Je couchais au-dessus dans une petite mansarde, où mon fils et moi avions à peine notre surface ; les valets de chambre de l'Empereur couchaient par terre en travers de la porte. La famille du propriétaire tout à fait honnête et bonne, était à cinquante pas. Il y avait deux petites demoiselles de treize à quatorze ans : ce sont elles sur lesquelles les papiers-nouvelles se sont trouvés si heureux de pouvoir s'égayer. L'Empereur y entra quelquefois les premiers jours. Mais les qualités hospitalières du propriétaire y réunissant souvent des curieux, l'Empereur y renonça. Les autres officiers de sa suite, qui étaient demeurés à la ville, venaient auprès de lui le plus souvent qu'ils le pouvaient ; mais à cause des méprises ou de la confusion des consignes, c'étaient presque toujours au travers des mortifications et des peines. L'Empereur était très mal, plus mal encore que vous ne l'imaginerez, Monseigneur. On était obligé, les premier jours, d'apporter son dîner de la ville. Plus tard on trouva moyen d'organiser une cuisine tant bien que mal. Il ne fut jamais possible de lui procurer un bain, bien que ce fût devenu pour lui un objet de première nécessité. Il était obligé de sortir de sa chambre pour qu'on pût la balayer et faire son lit. Nous nous promenions sur le sol rocailleux autour de la maison, ou dans une allée du voisinage, quand le soleil baissait, ou que le clair de lune nous le rendait praticable.

« Nous passâmes deux mois de la sorte, au bout desquels nous fûmes transportés à Longwood, que nous occupons en cet instant. Il avait fallu tout ce temps pour les premières réparations. La colonie s'y trouva toute réunie, à l'exception du grand-maréchal et de sa femme : le manque d'espace les força de demeurer à deux ou trois milles, dans une maison séparée.

« Longwood n'était, dans le principe, qu'une ferme de la compagnie ; elle avait été abandonnée au dernier sous-gouverneur, qui était venu à bout d'en faire une demeure de campagne. Les additions actuelles ont été faites avec une telle hâte, qu'elles n'offraient que des réduits fort insalubres, et elles sont si frêles, qu'au bout de l'année, la plupart se trouveront probablement hors de service.

« L'Empereur est très mal, et nous à peu près au bivouac. Pour votre parfaite connaissance, Monseigneur, je joins ici le plan de l'établissement que mon fils avait tracé pour sa mère. N'ajoutez donc aucune foi au fameux palais de bois dont ont retenti tous les papiers d'Angleterre. La pompe est pour l'Europe, la misère pour Sainte-Hélène. Il est bien vrai qu'il y a quelque temps, il est arrivé un grand nombre de madriers bruts ; mais comme il a été calculé qu'il faudrait de sept à huit ans pour accomplir leur emploi, que nous demeurerions tout ce temps au milieu des ouvriers, et que cela coûterait des sommes énormes, on y a renoncé. Ils pourrissent sur la plage.

« Ce n'est pas qu'il n'y ait dans l'île des demeures préférables à Longwood : *Ptantation-House* surtout, la demeure des gouverneurs, est une bâtisse européenne avec un joli jardin, de l'ombrage et tous les agréments qu'on peut attendre ici. L'Empereur y eût été beaucoup plus convenablement, et l'on eût épargné de grandes dépenses. Mais le déplacement d'un gouverneur pour l'illustre proscrit eût été une mesure d'égards que les ministres anglais, nous a-t-on dit, se sont empressés d'interdire. Les dehors de Longwood sont vraiment misérables ; on ne saurait y rien faire venir, ou du moins cela demanderait des soins fort au-dessus de ceux dont nous sommes capables. Pour dire tout en un seul mot, c'est la partie déserte de l'île ; la nature en a repoussé constamment jusqu'ici la population et la culture ; l'eau y est très rare, il n'y a point d'ombre ; on n'y trouve que des bruyères marines, quelques arbrisseaux et des gommiers, espèce d'arbre bâtard et difforme, ne donnant ni feuilles, ni ombrages. On y est littéralement infesté de rats et de souris.

« Toutefois, le voyageur qui vient de traverser les mers, dont l'œil fatigué de la monotonie des vagues est tout prêt à admirer le premier sol qu'il rencontre, s'il grimpe, par un beau jour, sur notre plateau dans l'étonnement des affreux rochers qui pointent autour de lui, et des abîmes creusés à ses pieds ; à l'aspect riant de la verdure sauvage qui dessine les gorges environnantes, il s'écrie que c'est fort beau. C'est souvent un de nos supplices. Mais, Monseigneur, pour celui qui est condamné à cette habitude, c'est un vrai lieu de désolation. Il en est de même du climat, ceux qui ne font que passer peuvent le trouver doux et innocent. Sous le soleil dévorant du tropique, cette île est, la plupart du temps, couverte de nuages, et Longwood sujet à de fréquentes pluies ; d'où il suit que si le soleil paraît, on est brûlé, et que, quand il se cache, l'on demeure dans une affreuse et constante humidité. On a donc à souffrir presque tout à la fois du froid et du chaud, contraste destructeur qui produit des ravages effrayants sur la structure humaine. La saison, toujours la même, laisse l'année sans couleur ; c'est une monotonie qui affecte l'imagination, l'esprit et le corps ; il serait difficile de rendre la fadeur et l'ennui qu'elle engendre : c'est une peine de tous les jours, de tous les instants. C'est ce tourment physique qui, joint à toutes les peines morales dont on abreuve journellement l'Empereur, lui a fait dire en apprenant le sort funeste de Murat : « Les Calabrois se sont montrés moins barbares, plus généreux que les gens de Plymouth ! »

« En arrivant à Longwood, l'Empereur essaya de reprendre l'exercice du cheval : la prodigieuse activité de sa vie passée lui en rendait l'interruption dangereuse; et vous savez peut-être, Monseigneur, que Corvisard le lui commandait comme nécessaire contre une incommodité dont il était menacé. On nous avait assigné des limites assez rétrécies que nous pouvions parcourir sans aucune surveillance étrangère. On connaît les prodigieuses et rapides courses auxquelles l'Empereur était habitué. Ici, le peu d'espace, la monotonie de l'endroit, la course toujours la même, qui réduisait cet exercice à une espèce de manège, le dégoutèrent bientôt; il y renonça tout à fait; nos sollicitations et nos prières n'ont jamais pu venir à bout de le lui faire reprendre. « Je ne saurais tourner ainsi sur moi-même, disait-il quand j'ai un cheval entre les jambes, l'envie me prend de courir, et je ne puis la satisfaire : c'est un tourment que je dois m'épargner. »

« L'île a vingt-cinq ou trente milles de tour; l'Empereur eût pu la parcourir sous la surveillance d'un officier anglais : il n'a jamais pu s'y soumettre. La couleur de l'habit ou la différence de nation n'est pas son objection; car quand on a reçu le baptême du feu, disait-il, on est à ses yeux d'une même religion; mais il ne voudrait sortir que pour se procurer une jouissance; c'est le moment où il pourrait s'épancher avec nous; un étranger le lui interdirait. Il voudrait se distraire de sa situation, et la présence de son geôlier la lui rappellerait sans cesse. Tout se calcule dans la vie, dit-il, tout se pèse; or, le bien qu'en retirerait son corps demeurerait fort au-dessous du mal qu'éprouverait son esprit. Un instant, l'amiral Cockburn se prêta avec assez de grâce à lui faciliter ses excursions extérieures; mais ce ne fut que l'arrangement d'un jour. Dès le lendemain, soit qu'il se repentît ou autrement, il fut prétendu qu'on ne s'était pas compris, et il n'en fut plus question.

« La grande occupation de l'Empereur est de lire dans sa chambre, ou de dicter à chacun de nous sur les principales époques de sa vie. Sainte-Hélène ne sera pas tout à fait perdue pour l'histoire ni pour la gloire française; les campagnes d'Italie et l'expédition d'Egypte sont déjà assurées : ce sont des ouvrages dignes de leur sujet. Il n'appartenait qu'à celui qui avait accompli ces prodiges de les écrire dignement.

« L'Empereur a appris l'anglais, Monseigneur, et j'ai la gloire de l'enseignement. En moins de trente leçons, il a pu lire les papiers-nouvelles; aujourd'hui il parcourt tous les ouvrages.

« Tout ce qui concerne la vie animale se trouve ici de la plus mauvaise qualité, on manque même tout à fait. C'est mauvais : d'abord parce qu'à cette latitude et dans cette colonie, sa nature est telle; ensuite parce que nous sommes pourvus à l'entreprise, par contract, sans aucune autorité ni contrôle de notre part. Nous n'avons jamais pu obtenir qu'on nous fournît les animaux vivants, on en devine la cause, non plus que d'être pourvus autrement qu'au jour la journée; si bien qu'il est arrivé plus d'une fois de voir les heures de nos repas retardées, parce que les provisions n'étaient pas encore venues, et qu'on s'est trouvé quelquefois, dans le courant du jour, privé de boire et de manger, parce qu'on se trouvait précisément entre la ration consommée et la ration à venir. La viande est détestable; le pain n'est pas le nôtre; le vin fort souvent ne saurait se boire; l'huile, sur laquelle l'Empereur est délicat, et qu'il aime, ne peut s'employer dans son état naturel ; il a été impossible de se procurer de la liqueur passable, et elle eût fait plaisir, etc. L'Empereur, qui a été si longtemps gâté sur tous ces objets à un tel point qu'on ne saurait le dire, et qu'il ignorait lui-même ; lui, pour qui ces jouissances ne sont que négatives, c'est-à-dire qu'il ne s'apercevrait pas si toutes ces choses étaient bonnes, est sensible à ce qu'elles se trouvent si mauvaises. Il ne se plaint pas, il vivrait de la ration du soldat; mais enfin il en souffre, et nous encore en souffrons pour lui bien davantage. Croirait-on jamais que l'autorité se soit opposée à ce que notre sollicitude attentive cherchât à lui procurer, à son insu, ces petites jouissances !

« L'Empereur n'a aucune distraction extérieure. Il ne reçoit plus ou à peu près : le nouveau gouverneur a mis aux visites de telles difficultés qu'elles équivalent à une interdiction. L'Empereur lui-même y a trouvé des inconvénients qui l'en ont éloigné : les voyageurs venaient employer auprès de nous les plus ardentes sollicitations pour obtenir l'honneur de lui être nommés, et rien de plus commun que de lire, cinq mois après, dans les papiers anglais, les rapports les plus déplacés sous les noms mêmes de ceux qui nous avaient montré les expressions les plus vives, les formes les plus obséquieuses, la reconnaissance la plus exaltée. Une fois pour toutes, Monseigneur, ne croyez aucun de ces papiers, ni aucune de leurs plates absurdités. Quand ces anecdotes nous reviennent ici, elles sont la risée, l'indignation des Anglais qui nous entourent.

« Ils se plaignent que leurs lettres sont défigurées; ils nous démontrent qu'aucun d'eux n'aurait pu écrire ces choses; qu'elles ont dû être fabriquées à Londres ou recueillies de la bouche des domestiques des voyageurs qui passent. Monseigneur, l'Empereur, votre auguste frère, est toujours lui; et nous qui avons le bonheur de l'entourer, nous apprenons par expérience ce dont on doutait proverbialement : qu'un grand homme peut le demeurer et croître encore aux yeux de ceux qui le voient à nu, et ne le quittent ni nuit ni jour.

« L'Empereur dort fort peu : il se couche de bonne heure; et comme il sait que je dors aussi très diffici-

lement, il me fait appeler souvent pour lui tenir compagnie jusqu'à ce qu'il s'endorme. Il se réveille assez
régulièrement sur les trois heures; on lui donne de
la lumière, et il travaille jusqu'à six ou sept, qu'il se
recouche pour essayer de dormir encore. A neuf
heures on lui sert son déjeuner sur une petite table
ronde ou espèce de guéridon près de son canapé. Il
y fait appeler parfois l'un de nous; puis il lit, travaille ou sommeille durant la grande chaleur du
jour; il nous dicte ensuite. Pendant longtemps il a
eu l'habitude, vers les quatre heures, de faire une
course en calèche, entouré de nous tous; mais il
vient de s'en dégoûter comme du cheval. Au lieu de
cela, il se promène, jusqu'à ce que l'humidité le force
de rentrer. S'il lui arrive de s'oublier au delà de cinq
heures, il est sûr d'être enrhumé du cerveau le soir,
d'avoir une toux assez forte et de violents maux de
dents. L'Empereur rentré, dicte encore jusque vers
huit heures, ou il passe au salon, et fait une partie
d'échecs avant d'aller à table. Au dessert, les gens
retirés, il nous lit lui-même quelques pièces de nos
grands poètes, ou quelque autre ouvrage choisi.

« Tels sont les petits détails de la vie de l'Empereur : heureux si, dans l'isolement de l'univers, il lui
était permis de jouir en paix, au milieu de nos soins
pieux et tendres, et dans l'entier oubli du monde, de
quelques heures dérobées à ses peines! mais depuis
l'arrivée du nouveau gouverneur, il n'est pas de jour,
d'heure, d'instant où il ne reçoive quelque nouvelle
blessure : on dirait un aiguillon sans cesse occupé à
réveiller les plaies dont un instant de sommeil aurait
pu suspendre les douleurs.

A notre arrivée dans la colonie, nous étions très
mal; mais nous tombions de si haut, qu'eussions-
nous été très bien, nous n'aurions su encore que nous
plaindre. Les Anglais généreux qui se trouvaient
autour de nous, ceux qui passaient, jugeant la vérité

de notre position, nous répétaient sans cesse, soit qu'ils voulussent nous consoler, soit qu'ils le prissent dans leur cœur : « Votre situation actuelle n'est que provisoire ; elle ne saurait durer de la sorte. La politique, à ce qu'on a cru, demandait à s'assurer de vos personnes ; mais le droit naturel, la générosité, l'honneur veulent qu'on vous entoure de toutes les indulgences possibles ; la partie pénible est accomplie. Des vaisseaux cernent la côte, des soldats bordent le rivage, des signaux peuvent vous tracer à chaque instant dans l'intérieur de l'île. Toutes les précautions de sûreté sont complètes. A présent les mesures de douceur vont se développer. On vous envoie un lieutenant-général pour gouverneur. Il a passé sa vie sur le continent, au quartier général ou à la cour des souverains : il y aura appris tout ce qu'on doit à Napoléon. Ce choix doit vous dire assez : on aura voulu un homme distingué, digne de sa haute mission, d'une élévation d'âme, d'une noblesse et d'une élégance de manières propres à la délicatesse de sa situation. Encore un peu de patience, et tout s'arrangera bientôt au mieux possible... » Il arriva enfin ce nouveau Messie... Mais, bon Dieu, Monseigneur ! le mot échappe ! on n'avait envoyé qu'un gendarme, un exécuteur. A sa voix tout a pris l'aspect et les formes les plus sinistres. Les apparences d'égards, les formalités de bienséance ont disparu. Chaque jour depuis a été pour nous un jour d'aggravation de douleur et d'injure. Il a resserré nos limites, attenté à notre intérieur, interféré dans nos plus petits détails domestiques ; il a interdit tout rapport avec les habitants, éloigné la communication des officiers de sa propre nation ; il nous a entourés de fossés, ordonné des palissades, multiplié les soldats, encerclé des prisons dans des prisons ; il nous a environnés de terreur et mis au secret. L'Empereur ne se voit plus que dans un donjon. Il ne sort plus de sa chambre. Le peu d'audiences qu'il a accordées à cet officier ont été désagréables et pénibles. Il y a mis un terme, et est résolu de ne plus recevoir ce gouverneur. « J'avais à me plaindre de l'amiral, a-t-il dit, mais du moins il avait un cœur; pour celui-ci, il n'a rien d'anglais, ce n'est qu'un mauvais sbire de Sicile. »

« Sir Hudson Lowe se rejette de tous ces griefs, il est vrai, sur les instructions de ses ministres. Si sir Hudson Lowe est exact, ses instructions sont barbares. Pour nous, nous pouvons affirmer qu'il les exécute barbarement.

« L'Empereur ne saurait survivre longtemps à de pareils traitements. Toute la faculté le pense ainsi. Et que ne dira pas l'histoire! Sir Hudson Lowe ne disconvient pas que sa vie ne soit en danger; mais il répond froidement que ce sera sa faute, que c'est lui qui l'aura voulu. La dernière conversation de l'Empereur avec lui a été vive et remarquable. Ayant prétexté des communications importantes, l'Empereur s'en est laissé accoster dans sa promenade. C'était pour lui dire que les dépenses annuelles de l'établissement étant de vingt mille livres sterling, et le gouvernement n'en accordant que huit mille, il voulût bien lui remettre entre les mains les douze mille qui restaient de déficit. L'Empereur, choqué, l'a prié de vouloir bien lui épargner ces objets; et comme sir Hudson Lowe s'obstinait à vouloir les discuter, l'Empereur s'est emporté, et lui a dit: « De le délivrer de ces ignobles détails et de le laisser tranquille; qu'il ne lui demandait rien; que, quand il aurait faim, il irait s'asseoir à la gamelle de ces braves (en montrant de la main le camp du 53ᵉ), lesquels ne repousseraient sûrement pas le plus vieux soldat de l'Europe. » Il en est résulté néanmoins que l'Empereur a été réduit à faire briser et vendre son argenterie pour fournir, mois à mois, à compléter le strict nécessaire; et vous auriez été touché, Monseigneur, de la douleur et des larmes des gens à ce spectacle si éloigné de leurs idées.

« Vous, Monseigneur, qui connaissez l'abondance à laquelle l'Empereur était accoutumé, vous vous récrierez sans doute ; mais vous savez aussi le véritable prix qu'il attachait à toutes ces choses. Il s'indigne, et ne se plaint pas. Toutefois, s'être saisi par la fraude de ce grand homme, l'avoir séquestré violemment de ses moyens et de ses ressources, avoir soigneusement stipulé, avec les autres intéressés, qu'on prenait sur soi toutes les charges, afin de demeurer seul maître de sa personne, et puis venir marchander avec lui sa propre existence, l'appeler en payement de ses propres besoins, il y a dans tout cet ensemble quelque chose de si choquant, qu'on manque d'expression pour le qualifier.

« Tout est ici, du reste, d'un prix fou, bien que si mauvais. Je ne crois pas trop dire que de le porter à six ou sept fois ce que vous le payez en Italie, d'où il devient facile d'évaluer les huit mille livres sterling que les ministres anglais y consacrent. Aussi je n'hésite pas à affirmer que nos propriétaires de province, de 15 à 18.000 francs de rente, sont mieux logés, mieux meublés, mieux nourris que ne l'est l'Empereur.

« Avec la connaissance de nos maux, vous soupçonnez peut-être, Monseigneur, qu'aigris par la douleur et les circonstances, nous sommes portés à nous plaindre toujours et de tout. Certes, nous serions excusables, peut-être. Toutefois, l'excès de nos maux ne nous a pas rendus assez injustes pour ne pas apercevoir et prendre de la reconnaissance pour l'intérêt et les attentions que nous témoignés quelques habitants et un bon nombre des officiers de la garnison. Nous avons distingué surtout la franchise des manières et la droiture de l'amiral Macolm. Notre susceptibilité dans le malheur, et la délicatesse de sa situation officielle, nous ont seuls empêché de lui témoigner, ainsi qu'à lady Malcom, dont nous honorons le caractère, toute la sympathie qu'ils nous inspiraient. Cet amiral ayant recueilli dans la conversation de l'un de nous que nous étions sans ombrages, et que nous nous occupions de procurer à l'Empereur une tente où il pût passer quelques instants, il arriva qu'à quelques jours de là l'Empereur put déjeuner sous une tente spacieuse, soudainement élevée par les matelots et avec les voiles de la frégate. C'était une galanterie européenne à laquelle nous n'étions plus faits ; nous avons dû y être sensibles. L'Empereur a joui et jouit encore de cette tente, mais non sans mélange. Combien de fois, à l'approche d'un ennemi importun, il y a interrompu sa conversation et ses dictées, en s'écriant : « Rentrons dans nos tannières : on m'envie l'air que je respire. »

« Tout, jusqu'au plus petit détail, trahit le caractère et les dispositions personnelles de notre gardien. Il nous permet le papier-nouvelle qui nous maltraite davantage, et nous interdira celui qui s'exprime avec moins d'inimitié. Il retiendra les ouvrages qui nous seront favorables, comme n'étant pas venus par le canal des ministres, et s'empressera de nous envoyer de sa bibliothèque des libelles contre nous.

« Mais c'est surtout à ce que sa *propre et seule vérité* parvienne en Europe, que sir Hudson Lowe donne sa plus grande attention. Toutes ses inquiétudes et sa jalousie sont tournées à ce que rien *de la nôtre* ne puisse percer au dehors. Il éloigne de nous les voyageurs ; il nous fait un crime de propager nos détails, de chercher à les faire connaître ; il m'a fait dire dernièrement que si je continuais à écrire à mes amis en Europe sur mon ton habituel, il m'ôterait d'auprès de l'Empereur, et me renverrait de Sainte-

Hélène. J'écrivais la vérité, je ne pouvais écrire que nous étions heureux et bien traités. Sir Hudson Lowe se défierait-il de ses ministres, qui lisent mes lettres après lui ? Car autrement ils peuvent, au besoin, les supprimer à leur gré, après s'en être éclairés, s'ils en ont le désir. Quoi qu'il en soit, je ne me le suis pas fait dire deux fois ; je n'écrirai plus à ma famille : me voilà mort pour elle. Cette présente relation même, Monseigneur, vous était destinée par les propres mains du gouverneur : je suis réduit à attendre désormais une occasion clandestine. Vous y gagnerez, car vraisemblablement mon écrit ne vous fût pas parvenu. Quant à cette occasion clandestine, elle se trouvera sans doute tôt ou tard : quelque voyageur généreux, ami de la vérité, se chargera de ce papier étranger aux affaires politiques, mais important à l'honneur de son pays ; et il croira n'avoir rempli que le devoir d'un honnête homme et d'un bon citoyen.

» Sir Hudson Lowe outre sans cesse tout ce qui nous regarde et tout ce qui nous concerne. On a voulu s'assurer de nos personnes ; et il pense qu'il faut nous mettre au cachot. On a voulu nous isoler du monde politique ; il se croit tenu de nous enterrer tout vivants. On a pensé à surveiller notre corespondance contre toute trame ou complot : il n'y voit que de nous faire oublier tout à fait et d'annihiler notre existence. Si telles sont ses instructions secrètes, les ministres s'éloignent de leur propre parole au parlement ; ils s'éloignent de l'opinion de leur pays, des vœux de tout ce qu'il y a de généreux en Europe, quelle que soit d'ailleurs la différence d'opinions. Ils chargent leur administration d'un odieux inutile ; la vérité sera connue, et l'on s'indignera, se demandant qu'ont à faire de pareils traitements avec la sûreté du prisonnier. D'un autre côté, si tout cela n'était qu'un excès de zèle dans sir

Hudson Lowe, cet excès de zèle condamne son caractère, déshonore sa mémoire.

« Quoi qu'il en soit, nous gémissons ici, en dépit du sens et des expressions de la législature anglaise, sous la tyrannie et l'arbitraire d'un seul homme ; d'un homme qui, depuis vingt ans, n'a eu d'autre occupation que d'enrégimenter et régir les malfaiteurs et transfuges de l'Italie ; d'un homme qui ne reconnaît point de limites à ses craintes ni à ses précautions, tant son cœur est endurci et son imagination effrayée. Cette affreuse situation est la funeste conséquence de nous trouver ainsi, au bout de la terre, dans les déserts de l'Océan. Combien de temps encore doit durer notre supplice ? Quand la vérité se fraiera-t-elle un passage jusqu'au peuple d'Angleterre ? Quand son indignation viendra-t-elle à bout de redresser des excès qui le flétrissent ? Devons-nous périr sans secours sur notre affreux rocher. Nous causons de grandes dépenses à la métropole, et nous ruinons cette misérable colonie. Elle maudit notre séjour, comme nous maudissons son existence. Et puis, à quoi bon tout cela ? L'Empereur disait assez gaiement, il y a peu de jours : « Bientôt nous ne vaudrons pas l'argent que nous coûtons, ni les soins que l'on se donne. » Et pourquoi les ministres ne nous rappelleraient-ils pas ? Notre retour prouverait leur force et fixerait leur caractère. On pourrait croire alors que notre exil passager aurait été la nécessité de la politique, et non l'ouvrage de la haine. Ils obtiendraient une grande économie, et se créeraient une véritable gloire. L'Empereur en est encore et demeure à jamais dans les mêmes intentions et les mêmes vœux que lorsqu'il vint librement et de bonne foi à bord du *Bellérophon*. Sa carrière politique est terminée. Le repos sous la protection des lois positives est tout ce qu'il demande, tout ce qu'il veut. Le dépérissement de sa santé, les infirmités naissantes, le nombre de ses années, le dégoût des choses humaines, peut-être celui des hommes, le lui rendent plus désirable, plus nécessaire que jamais.

« Quant à nous, qui sommes autour de lui, quelque inique que demeurât notre captivité, il n'est plus aujourd'hui de cachot sur le sol de l'Angleterre qui ne fût un bienfait pour nous. Nous serions sous la main d'un pouvoir protecteur, nous échapperions à l'arbitraire d'un agent subalterne, nous respirerions l'atmosphère européenne ; et si nous venions à succomber, nos ossements reposeraient en terre chrétienne.

« Il y a quelques mois que les commissaires des pouvoirs alliés sont débarqués dans la colonie. Sir Hudson Lowe leur a signifié que leur mission y était purement passive ; qu'ils n'avaient ni autorité ni *interférence* sur ce qui s'y passait à notre égard. Après quoi, il a envoyé à Longwood le traité du 2 août, et requis l'admission de ces commissaires. L'Empereur les a refusés dans leur capacité politique, mais n'a montré aucune objection à les voir comme simples individus. Il a fait faire à sir Hudson Lowe, par M. de Montholon, une réponse officielle, foudroyante de logique et sublime de pensées. J'espère qu'avec le temps elle vous parviendra, en dépit de tous les efforts de sir Hudson Lowe pour la tenir secrète. Il serait difficile de vous peindre son inquiétude à cet égard ; elle m'a déjà valu des reproches personnels.

« Monseigneur, l'Empereur parle bien souvent de vous tous. Il a des portraits de la plupart autour de lui, dans sa chambre. Son petit réduit est devenu un sanctuaire de famille. Il a reçu votre lettre, celle de Madame, du cardinal Fesch et de la princesse Pauline. Il lui en a coûté beaucoup d'imaginer que vos expressions de tendresse avaient subi l'inspection de toute

la filière des agents qui nous surveillent. Il désire
qu'on ne lui écrive plus à ce prix. Il a voulu, de son
côté, écrire aux siens par l'intermédiaire du prince
régent; mais on lui a dit ici qu'on n'expédierait pas
sa lettre, si elle n'était ouverte, ou qu'on en briserait
le sceau. Il s'est abstenu, et nous, nous avons souri
de voir que l'outrage qu'on prétendait lui faire,
se perdait dans celui dont on menaçait le prince
régent... »

Signé : Le comte DE LAS CASES.

— ' Le résumé habituel ne saurait être long désor-
mais; trois phrases, à la rigueur, pourraient suffire:
Tourments au comble.
Réclusion absolue.
Destruction infaillible.
Le reste de la vie de Napoléon ne sera plus qu'une
cruelle et longue agonie.

1. Résumé de juillet-octobre 1816. — C'est aussi la prophétie
de l'existence menée, depuis le départ de Las Cases, par Napoléon
jusqu'à sa mort, le 5 mai 1821.

CONCLUSION

Napoléon, qui en a si souvent appelé à l'Histoire, a résumé lui-même dans le Mémorial de Sainte-Hélène, son œuvre, devant elle.

— '... Il a dit : « Après tout, ils auront beau retrancher, supprimer, mutiler, il leur sera bien difficile de me faire disparaître tout à fait. Un historien français sera obligé d'aborder l'Empire ; et, s'il a du cœur, il faudra bien qu'il me restitue quelque chose, qu'il me fasse ma part, et sa tâche sera aisée, car les faits parlent, ils brillent comme le soleil.

« J'ai refermé le gouffre anarchique et débrouillé le chaos. J'ai désouillé la Révolution, ennobli les peuples et raffermi les rois. J'ai excité toutes les émulations, récompensé tous les mérites, et reculé les limites de la gloire ! Tout cela est bien quelque chose ! Et puis sur quoi pourrait-on m'attaquer qu'un historien ne puisse me défendre ? Serait-ce mes intentions ? mais il est en fonds pour m'absoudre. Mon despotisme ? mais il démontrera que la dictature était de toute nécessité. Dira-t-on que j'ai gêné la liberté ? mais il prouvera que la licence, l'anarchie, les grands désordres étaient encore au seuil de la porte. M'accusera-t-on d'avoir trop aimé la guerre ? mais il montrera que j'ai toujours été attaqué ; d'avoir voulu la monarchie universelle ? mais il fera voir qu'elle ne fut que l'œuvre fortuite des circonstances, que ce furent nos ennemis eux-mêmes qui m'y conduisirent pas à pas ; enfin, sera-ce mon ambition ?

1. 1er mai 1816.

ah! sans doute, il m'en trouvera, et beaucoup ; mais
de la plus grande et de la plus haute qui fut peut-être
jamais ! celle d'établir, de consacrer enfin l'empire
de la raison et le plein exercice, l'entière jouissance
de toutes les facultés humaines ! Et ici l'historien
peut-être se trouvera réduit à devoir regretter qu'une
telle ambition n'ait pas été accomplie, satisfaite ! »
Et après quelques secondes de silence et de réflexion :
« Mon cher, a dit l'Empereur, en bien peu de mots
voilà pourtant toute mon histoire. »

TABLE DES MATIÈRES

NAPOLÉON

I

L'HOMME : SON MILIEU ET SON CARACTÈRE

III

IV

IDÉES DE NAPOLÉON

CONCEPTIONS ET RÉALISATIONS

VII

VIII

Sté Gle d'Imp. et d'Ed., rue Cassette, 17, Paris. — S.